KB234756

주제로 들여다본
체코의 역사

초판인쇄 2013년 11월 15일
초판발행 2013년 11월 15일

지은이 김장수
펴낸이 채종준
기 획 이주은
디자인 윤지은
마케팅 송대호

펴낸곳 한국학술정보(주)
주 소 경기도 파주시 문발동 파주출판문화정보산업단지 513-5
전 화 031-908-3181(대표)
팩 스 031-908-3189
홈페이지 http://ebook.kstudy.com
E-mail 출판사업부 publish@kstudy.com
등 록 제일산-115호(2000. 6. 19)

ISBN 978-89-268-5334-4 93920

이담 Books 는 한국학술정보(주)의 지식실용서 브랜드입니다.

주제로 들여다본 체코의 역사

김장수 지음

후스의 **종교개혁**부터 **벨벳혁명**까지

이담 Books

I

필자가 체코 민족의 역사, 특히 체코 민족의 근·현대사에 대해 관심을 가진 지도 벌써 20년이 지났다. 이에 따라 필자는 그동안 연구한 자료들을 토대로 체코 근·현대사를 주제별로 새롭게 접근하겠다는 생각을 가지게 되었고, 체코 근·현대사에서 반드시 다루어야 할 사안들이 무엇인가를 숙고하여 후스(J. Hus)의 종교개혁, 모하치(Moháčs)전투, 빌라 호라(Bilá Hora)전투, 계몽 절대주의(osvícenský absolutismus), 마티체 체스카(Matice Česká)의 결성 및 활동, 프라하 대학생들의 정치적 활동, 친오스트리아슬라브주의, 제1차 프라하 슬라브 민족회의(1848), 팔라츠키(F. Palacký)의 헌법초안, 10월 소요와 크렘지어(Kremsier) 제국의회, 10월칙령과 2월칙령, 이중체제의 도입과 체코 정치가들의 반발, 체코 정치가들의 러시아 방문과 프랑스와의 접촉, 체코 정치가들의 소극정치와 능동정치, 마사리크(T. G. Masaryk)의 현실주의론, 인간얼굴을 한 사회주의(socialismus s lidskou tváří), 그리고 벨벳혁명(Sametová revoluce)을 다루기로 했다. 여기서 현대사보다 근대사에 보다 많은 비중을 두었는데 이것은 필자의 전공시기를 우선적으로 배려했기 때문이다. 그리고 부록에서는 현실적 상황을 직시하고 민족적 지위향상을 모색했던 체코 정치가들의 행보와 거기서 확인되는 공통점들을 언급하고 사회주의체제 붕괴 이후 체코역사학계의 변화 및 전망에 대해서도 거론하였다.

이렇게 주제들을 설정한 이후 필자는 각 주제에 필요한 보충자료들을 수집했고 그것들을 토대로 하여 집필 작업을 시작했다. 그러나 주변의 여러 일 때문에 집필 작업은 답보상태에서 벗어나지 못하다가 올봄부터 어느 정도의 진척이 가능하게 되었다.

Ⅱ

14세기 말부터 유럽에서는 교회의 세속화 현상과 그것에 따른 부패 현상이 만연되기 시작했다. 이 당시 가톨릭교회는 교회소유 토지에 부과하는 조세뿐만 아니라 십일조를 비롯한 각종 세금과 수수료도 징수하고 있었다. 그리고 고위 성직자들은 부도덕한 행위를 자행하는 데 주저하지 않았으며 심지어 이들 중의 상당수는 사치와 향락에 빠져들기도 했다. 보헤미아 왕국의 교회 역시 이러한 세속적 상황에서 예외는 아니었다. 실제적으로 보헤미아 왕국 내 교회들은 많은 봉토를 소유했을 뿐만 아니라 갖가지 사안을 빌미로 신자들에게 세금을 강제로 징수하는 적극성도 보였다. 이 당시 보헤미아 및 모라비아 교구에는 3,500여 개에 달하는 세금징수소가 있었는데 이것은 교회의 부패를 더욱 가속화시키는 요인으로 작용했다.

이러한 세속적 분위기 하에서 종교개혁은 사실상 불가피했다. 문제는 개혁이 가톨릭교회 내부에서 자발적으로 일어나느냐, 아니면 외부로부터의 도전적인 형태로 나타나느냐뿐이었다. 교회가 제대로 되지 않고서는 사회가 제대로 될 수 없으며, 교회의 개혁 없이는 사회의 개혁 역시 불가능하다는 것이 당시 개혁적 사고를 가진 인물들의 공통된 관점이었다. 그리고 이를 실제적으로 이행하고자 했던 인물이 바로 후스(Hus)였다. 비록 후스가 자신의 종교개혁에서 강조한 '하느님의 말씀은 성서를 통해서만 접할 수 있다'라는 성서지상주의를 실천시키지 못했지만 그의 이러한 관점을 추종한 루터(Luther)와 칼뱅(Calvin)에 의해 종교개혁은 완결되었다.

1526년 8월 29일 보헤미아·헝가리 국왕이었던 루드비크(Ludvik)가 남부 헝가리의 모하치(Mohács) 전투에서 오스만 튀르크 군에게 패배함에 따라 보헤미아·헝가리 왕국은 매우 급박한 상황에 놓이게 되었고 루드비크가 퇴각과정에서 목숨을 잃게 됨으로써 상황은 더욱 악화되었다. 그리고 지금까지 헝가리방어에 부담을 느껴왔던 보헤미아 귀족들 역시 모하치 전투 이후 보헤미아-헝가리 연합 유지에 대해 매우 회의적이었다. 이에 따라 이들은 1526년 9월 초 헝가리와의 결별을 공식적으로 선언한 후 자신들의 제 권한을 보장해 줄 군주를 찾게 되었다. 그리고 얼마 후인 10월 24일 이들은 오스트리아의 페르디난트 1세(Ferdinand I:

1618~1637)를 보헤미아 국왕으로 선출했다.

1526년부터 오스트리아·보헤미아·헝가리의 지배자가 된 페르디난트 1세는 선진화된 프랑스의 통치체제, 즉 절대왕정체제를 도입하려고 했을 뿐만 아니라 가톨릭으로의 종교단일화정책도 펼쳤다. 페르디난트 1세의 이러한 정책은 보헤미아 귀족들의 반발을 야기하는 계기가 되었다. 이후 등장한 합스부르크 가문의 지배자들, 막시밀리안 2세(Maximilian Ⅱ: 1564~1576), 루돌프 2세(Rudolf Ⅱ: 1576~1612), 그리고 마티아스(Matthias: 1612~1618) 역시 페르디난트 1세의 정책을 그대로 답습했다. 아울러 이들은 가톨릭을 우선시하는 종교정책을 지속적으로 펼쳤다. 이에 따라 보헤미아 왕국은 신교 우세지역임에도 불구하고 재가톨릭화가 추진되었고 그러한 종교정책은 왕국 내 신교 제후들의 강한 반발을 유발시켰다. 그러나 합스부르크 왕조의 지배자들은 그러한 반발에 전혀 개의치 않고 자신들의 정책을 관철시키는 데만 주력했다. 이러한 정책에 대한 보헤미아 귀족들의 불만은 점차 증대되었고 조직적인 저항도 유발시켰다. 그러나 이러한 저항은 빌라 호라(Bilá Hora)전투에서 보헤미아 귀족연합군이 페르디난트 2세의 오스트리아군에게 패함에 따라 실패로 끝나게 되었고 그 후유증은 매우 심각했다. 이제 보헤미아 왕국은 오스트리아의 한 지방으로 격하되었고 체코 민족 역시 피지배 민족으로 전락되었다. 그러다가 18세기 말부터 민족주의의 영향을 받기 시작한 체쿠 민족은 민족의 현실적 상황을 직시하게 되었을 뿐만 아니라 그러한 상황에서 벗어나는 데 필요한 방법에 대해서도 관심을 보이게 되었다.

3월혁명(1848)이 발생하기 직전 팔라츠키(Palacký)를 비롯한 체코 민족의 지도자들은 오스트리아 제국의 존속을 인정하고 반대급부로서 연방체제의 도입을 요구한 친오스트리아슬라브주의(Austroslawismus)를 제시했다. 이렇게 이들이 친오스트리아슬라브주의를 제시하게 된 것은 민족주의 원칙에 따라 그들 민족이 독립을 지향할 경우 당시 러시아가 지향하던 범슬라브주의의 희생물이 될 수밖에 없다는 우려와 빈 정부가 제국 내에서 과반수를 차지하던 슬라브 민족의 정치적 요구를 더 이상 무시할 수 없다는 판단에서 비롯된 것 같다. 그리고 체코 정치가들의 친오스트리아슬라브주의적 관점은 이원체제가 도입되었던 1866년까지 견지되었다.

그러나 이원체제가 도입된 이후부터 이들은 그들의 정치적 관점을 포기하게 되었고 그러한 과정에서 제국 내에서 소극정치를 펼쳤다. 그러나 이들은 이러한 정치에서 비롯되는 문제점들을 인지하게 되었고 이것은 이들로 하여금 적극정치, 즉 빈 정부와의 협력을 통해 그들의 법적·사회적 지위 향상을 도모하게 했다.

1890년대 초반부터 오스트리아 제국의 현실적 상황을 정치활동에 적극적으로 반영하기 시작한 정치가들도 등장하게 되었는데 그 대표적인 인물이 바로 마사리크(Masaryk)였다. 그는 제1차 세계대전이 발생한 이후부터 체코 민족의 독립 필요성을 부각시켰고 그것을 실현시키기 위해 당시 연합 국가들과 긴밀한 관계를 유지했을 뿐만 아니라 슬로바키아 민족의 대표자들과도 접촉을 펼쳤다. 특히 마사리크가 후자에 대해 깊은 관심을 보인 것은 독립 국가의 적정 규모를 우선적으로 고려한 데서 비롯된 것 같다.

제2차 세계대전이 끝난 후 체코슬로바키아는 소련의 동맹국 내지는 위성국으로 변형되었다. 이 시기에 반체제인사들은 숙청 또는 해외로 강제 추방되었다. 그러다가 1960년대 말부터 사회주의체제에 대한 비판적 관점이 본격적으로 표출되기 시작했고 그러한 상황에서 둡체크(Dubček)가 주도한 개혁정책도 본격적으로 펼쳐졌다. 소위 '프라하의 봄' 시기에 진행된 개혁정책에서는 사회주의 정책의 제 모순이 비판되었을 뿐만 아니라 새로운 시장질서체제의 도입 필요성도 거론되었다. 그러나 이러한 개혁정책은 소련 및 그의 동맹국들의 무력적인 개입으로 중단되었다. 이후부터 소련의 정책을 맹목적으로 추종한 정책이 후사크(Husák)의 주도로 펼쳐졌다. 그러다가 1985년 초반부터 본격화된 고르바초프의 개혁과 개방정책의 물결이 1989년 동유럽혁명으로 이어지면서 동유럽 공산주의의 마지막 보루였던 체코슬로바키아에서도 혁명적 기운이 감돌기 시작했다. 마침내 1989년 12월 29일 그동안 반체제활동을 주도한 하벨(Havel)이 대통령으로 선출됨에 따라 40년간 유지된 공산주의체제는 종지부를 찍게 되었고, 체코슬로바키아는 새로운 전기를 맞이하게 되었다. 이웃의 다른 국가들과는 달리 한 사람의 희생자도 없이 혁명이 비단처럼 부드럽고 유연하게 진행되었다 하여 '벨벳혁명' 혹은 '비단혁명'이라는 명칭을 얻게 된 이 혁명으로 체코슬로바키아는 오랜 전제주의체제를 청산하고 민주주의체제로 전환했으며, 국가명도 기존의 체코슬로바키아 사회주의 공화국(Československa socialisticka republika: ČSSR) 대신에 체코와 슬로바키아 연방 공화국(Česka a Slovenska federativni republika: ČSFR)으로 변경되었다. 이렇게 출발

한 체코슬로바키아 연방공화국은 심각한 상황에 놓이게 되었는데 이것은 1992
년 7월 3일에 실시된 연방의회의 대통령선거에서 슬로바키아 측 대표들이 체코
측이 내세운 하벨에 대한 지지를 거부함에 따라 하벨이 7월 20일 대통령직에서
사임한 것에서 비롯되었다. 이 당시 슬로바키아인들의 전폭적인 지지를 받던 메
치아르(Meciar)와 그의 추종세력은 프라하 중심의 중앙집권적 연방정부에 대해 매
우 부정적인 자세를 보였을 뿐만 아니라 체코슬로바키아 연방공화국의 해체 필요
성을 역설하는 데도 주저하지 않았다. 연방공화국의 대통령직에서 사임하기 전에
하벨은 체코슬로바키아 연방체제를 계속 유지시켜야 한다는 입장을 표방했고 그
것을 위해 슬로바키아 정치가들과 접촉을 펼쳤지만 거기서 아무런 성과도 거두지
못했다.

　11월 25일 연방의회는 1992년 12월 31일을 끝으로 체코슬로바키아
(Československo)의 소멸을 의결했고, 이보다 앞서 1992년 9월 3일 슬로바키아
민족회의가 독립슬로바키아 공화국 헌법을 채택한 데 이어 체코민족회의 역시
1992년 12월 16일 체코국가의 헌법(Sbírka zákonů České republiky)을 승인했다.
1993년 1월 1일자로 유럽의 지도에는 체코공화국(Česká republika: ČR)과 슬로바
키아공화국(Slovenská republika: SR)이 새로운 독립국가로 등장했다.

Ⅲ

　체코 근·현대사에서 매우 중요한 역할을 담당했던 보헤미아 왕국과 오스트리
아 사이의 관계는 1526년부터 시작되었다. 그런데 이러한 관계는 시간이 지남에
따라 변형되었음을 확인할 수 있는데 그것을 언급하면 다음과 같다. 1526년에 시
작된 보헤미아와 오스트리아 사이의 관계는 비교적 대등했다. 그러나 1620년 빌
라 호라 전투 이후 수직적 관계로 변형되었고 상황은 제1차 세계대전이 종료될 때
까지 근본적으로 변하지 않았다. 그러나 양국 사이의 수직적 관계는 민족 운동이
확산되면서 그 변화의 필요성이 강력히 제기되었고 과정에서 체코 정치가들은 친
오스트리아슬라브주의를 제시하게 되었던 것이다. 즉 체코 정치가들은 오스트리
아를 인정하는 대신에 반대급부를 요구했는데 그것은 바로 자치권의 확대가 가능

한 연방체제의 도입이었다. 그러나 빈 정부가 이러한 요구를 수렴하지 않음에 따라 수평적 관계, 즉 오스트리아 제국으로부터 독립해야 한다는 주장이 일련의 정치가들로 제기되었고 이는 1918년에 실현되었다.

Ⅳ

　본서는 체코 근·현대사를 개괄적으로 이해하려는 독자들을 위해 저술했다. 따라서 가능한 한 각 사안을 쉽게 서술하여 내용 이해에 도움을 주고자 했다. 그리고 부수적으로 설명해야 할 사안들은 각주를 통해 언급했다. 짧은 기간의 탈고에서 비롯된 문장이나 내용상의 오류는 개정판에서 시정하도록 하겠다.
　어려운 여건에도 불구하고 이 책의 출간을 기꺼이 허락하신 한국학술정보(주) 관계자 여러분께 이 자리를 빌려 감사의 말씀을 드린다.

2013년 7월
김장수

차례

1장

후스의 종교개혁

1. 교회의 세속화 및 부패 현상

14세기 말부터 유럽에서는 교회의 세속화 현상과 그것에 따른 부패 현상이 급속히 확산되기 시작했다. 이 당시 가톨릭교회는 교회소유 토지에 대한 과세권을 가졌을 뿐만 아니라 십일조를 비롯한 각종 세금과 수수료도 징수하고 있었다. 더구나 고위 성직자들은 부도덕한 행위를 자행하는 데 주저하지 않았으며 심지어 이들 중의 상당수는 사치와 향락에 빠져들기도 했다. 또한 이들은 금욕에 대한 규율을 무시하고 첩까지 두었으며, 교회 근처에 술집이나 여관, 심지어 도박장까지 운영하여 재산을 축적하는 데 주력했다.[*] 따라서 교회의 관심은 하느님의 가르침이나 인간의 구원보다는 돈과 사치, 권력에 쏠려 있었다. 이처럼 엄청난 부와 사치를 누리던 교회도 교황청의 행정체제를 유지하기 위한 지출이 증가됨에 따라 심각한 재정난에 시달리게 되었다. 이에 따라 교황청은

---

[*] 이렇게 교회가 부패하게 된 것은 세속군주가 성직자임명권을 가졌기 때문이다. 이러한 문제를 해결하기 위해 프랑스 리옹(Lyon) 북쪽에 위치한 클뤼니(cluny) 수도원이 910년부터 개혁운동을 펼쳤으나 당시 제기된 문제를 근본적으로 해결하지는 못했다.

부족한 재정을 충당하기 위해 각종 비정상적인 방법도 동원했는데, 그중에서 대표적인 것이 바로 성직매매*와 면별부(Indulgentia)** 판매였다. 성직은 공공연히 매관매직되었고 높은 대가를 지불하고 성직에 오른 성직자들은 그들의 재정적 손실을 만회하기 위해 교구민들에게 높은 세금을 부과하는 데 주저하지 않았다. 또한 이름만 성직자로 등록해 놓고 세속생활을 하면서 급여만 받아가던 부재성직자들이 속출했으며, 유년 성직서임, 즉 나이 어린 미성년자에게 고위 성직을 준 후 거기서 나오는 급여를 교회가 관리하는 일도 적지 않았다. 점차적으로 성직은 재산축적을 위한 손쉬운 방법으로 인식되기 시작했다. 그리고 이러한 상황에서 교회는 더욱 형식적이고 권위적으로 변질되어 갔다. 교회의식은 갈수록 성대해졌지만, 신앙은 점점 외양적인 행사로 변해 일반대중이 교회를 불신하는 상황까지 이르렀다.

보헤미아 왕국 역시 이러한 세속적인 상황에서 예외는 아니었다. 이 당시 보헤미아 교회들은 많은 봉토를 소유했을 뿐만 아니라 갖가지 사안을 빌미로 신자들에게 세금도 부과했다. 14세기 말에 이르러 보헤미아 및 모라비아 교구에는 3,500여 개에 달하는 세금징수소가 설치되었다. 1393년 교황 보니파시오 9세(Boniface XI: 1389~1404)는 체코인들에게 소위 '자비의 여름'이라는 이름의 면별부 판매를 선언했는데 그것은 최소 15번 교회를 방문할 경우 지금까지 행한 모든 죄를 용서한다는 내용으로, 매번의 고해 때마다 헌금을 해야 했고,

---

* 신약성서(사도행전: 8장 18~24절)에는 마술사 시몬(Simon)이 사도들에게 기적을 행하는 능력을 자신에게 팔라고 청하는 이야기가 나온다. 바로 이 마술사의 이름에서 '시모니(simony: 성직매매)'라는 단어가 유래되었다. 원래 이 단어는 영적 권능을 사려는 시도를 지칭하지만 오늘날에는 그 의미가 확대되어 성직이나 승진, 대사(大赦)를 사고파는 행위를 가리키게 되었다. 처음에는 성직매매가 드물었지만 일단 교회가 이것을 통해 부를 획득하면서 점차 확대되더니 11세기 무렵에는 성행하게 되었다. 많은 교황들이 성직 매매를 금지하는 교령을 발표했지만 성직자들이 수익성 높은 이 관행을 쉽게 포기하지 못하다가 16세기 후반에 이르러 교회의 영성에 일대 개혁이 일어나면서 이 관행은 사라졌다.

** 면별부, 즉 대사(大赦)는 죄 자체를 사면해 주는 것이 아니라 연옥에서 받아야 할 벌의 일부 또는 전부를 면제해 주는 은전이었다. 그런데 대사는 2세기 이상 지속되어 온 그리스도교의 실천사항이며 가톨릭교회의 구원절차에서 배제될 수 없는 부분이었다.

성지를 순례하는 맨 마지막 단계인 '죄를 사함'에서는 지금까지 기부했던 금액에 상응하는 액수를 다시 헌금해야 한다는 것이었다.

이러한 분위기 하에서 종교개혁은 불가피했다. 문제는 개혁이 가톨릭교회 내부에서 자발적으로 일어나느냐, 아니면 외부로부터의 도전적인 형태로 나타나느냐 뿐이었다. 그러나 교회 내부에서의 자발적인 개혁가능성은 매우 희박했다. 15세기 전반기에 개최된 일련의 종교회의에서 교회내부의 폐해를 제거하려고 했으나, 이 시기의 교황과 교회는 그 어느 때보다 부패하고 타락해 있었다.

2. 종교개혁의 필요성 제기

중세 보헤미아 역사의 황금기로서 정치적, 문화적으로 유럽의 강국임을 자임하던 카렐 4세(Karel Ⅳ: 1347~1378)*의 통치 시기가 끝남과 동시에 보헤미아 왕국도 점차적으로 쇠퇴기로 접어들었는데 그 요인들로는 국왕과 귀족들 간의 대립, 왕권과 교권 간의 불화, 통치력의 약화와 그것에 따른 국제적 위상 저하, 경제적 쇠퇴, 그리고 전염병의 확산 등을 제시할 수 있을 것이다. 이에 따

---

* 카렐 4세는 어릴 때부터 프랑스 궁중에서 성장했고 이 시기 그는 남다른 배려하에서 군주수업을 받는 데 주력했다. 매우 지적인 청년으로 성장한 카렐은 룩셈부르크(Luxemburg), 북부 이탈리아 등지에 머무르면서 견문을 넓혔고, 프랑스어, 이탈리아어, 독일어, 라틴어를 능숙하게 구사할 수 있는 능력을 갖추었으며, 1333년 보헤미아 지방으로 온 이후에는 체코어 공부에도 열중했다. 모라비아 후작이라는 직함을 가지고 프라하에 온 카를은 얀(Jan Lucemburský: 1310~1346)왕이 등한시한 보헤미아 내정에서 확인되는 제 문제점을 열심히 해결해 나갔고, 그것에 대한 공로를 인정받아 왕위에 오르기 전부터 아버지와 더불어 보헤미아 왕국을 통치했다.
1344년 프라하대주교청의 승격은 전적으로 카렐의 노력에서 비롯되었다. 그리고 이러한 승격을 기념하기 위해 프라하 성내에 있던 성 비트 성당을 장엄한 고딕 성당으로 개축한 것 역시 그의 업적 중의 하나였다. 보헤미아 왕위에 오른 지 얼마 안 된 1348년 카렐 4세는 보헤미아 왕국의 지위 향상과 위상 강화를 위한 획기적인 조치를 취했다. 그는 일련의 법률제정을 통해 보헤미아 왕국의 고유 영토인 보헤미아, 그 복속지인 모라비아 후작령, 슐레지엔 공국, 고지 라우지츠(Lausitz), 1365년부터는 저지 라우지츠를 포함시켜 연방형태의 토대도 마련했다. 그리고 보헤미아 지방의 수호성인 성 바츨라프의 이름을 따서 성 바츨라프 왕관을 만든 후 이를 단일 국가의 상징으로 삼았다. 이리하여 성 바츨라프 왕관으로 상징되는 보헤미아 왕국은 1620년 빌라 호라 전투에서 프리드리히 5세(Friedrich V)가 패배할 때까지 존속했다.

라 사람들 사이에 불안감이 증폭되었고, 위기의식 역시 고조되었다. 여기서 많은 사람들은 성서에 담긴 하느님의 계율을 제대로 이행하지 않은 것에 대한 신의 분노 및 응징에서 이러한 상황이 초래되었다는 생각을 가지게 되었고 그에 따라 교회에 대한 자신들의 비난 수위도 점차 높여 갔다. 이 당시 보헤미아 왕국 내 교회 역시 유럽 대다수의 교회들과 마찬가지로 막대한 부를 토대로 사치 및 영화에 치중했고, 성직자들 역시 자신의 사명과 본분을 잃은 채 세속 정치에 지속적으로 개입하여 그 폐해가 이미 도를 넘은 상태였다. 따라서 교회가 제대로 되지 않고서는 사회가 제대로 될 수 없으며, 교회의 개혁 없이는 사회의 개혁 역시 불가능하다는 것이 당시 개혁적인 사고를 가진 인물들의 공통된 결론이었다.

3. 후스의 등장과 활동

교회와 사회에 대한 개혁 운동은 이미 카렐 4세의 치세 하에서도 시도된 바 있었고, 후스주의의 초기 선구자인 얀 밀리치(Jan Milič z Kroměříže)의 활동을 거쳐 토마시(Tomas ze Stitneho)와 야노프의 마테이(Matej z Janova)에 이르러 강력한 지지를 확보했지만 이들은 교회와의 공개적 마찰에 대해서는 자제를 했다. 그러나 이들의 계승자들인 카렐 대학, 즉 프라하 대학의 개혁 운동가들은 달랐다. 이들은 가톨릭교회의 제 원칙을 과감히 비판했던 영국의 종교 개혁자인 위클리프(J. Wyclife)*의 사상을 지지하면서 교회 당국과 정면으로 맞섰다. 그런

---

* 일찍이 위클리프는 교회가 세속적인 부와 정치적 영향력을 스스로 포기할 수 없기 때문에 국가 및 국가의 대표들이 교회가 사도 생활을 할 수 있게끔 해야 한다는 주장을 펼쳤고 예정설(현세 및 인간생활의 모두가 신의 섭리에 따라 정해져 있다는 것)을 제시하기도 했다. 또한 이 인물은 1382년 당시 사제들만의 소유물이었던 성경을 영어로 번역해 영국인들이 쉽게 성경을 읽고 이해할 수 있게끔 했다. 그런데 그의 말년은 이단 시비로 얼룩졌는데, 미사의 핵심 교의인 이른바 화체설, 다시 말해 성찬식의 빵과 포도주가 외형은 그대로지만 실제로는 그리스도의 살과 피로 변한다는 교의를 그가 반박하면서 시작되었다. 이에 대한 그의 입장은 꽤 복잡했지만, 간단히 말하자면 빵과 포도주와 그리스도의 살과 피가 동시에 나란히 존재한다고 보았던 것이다.

데 이들을 주도한 인물이 바로 카렐 대학의 후스(J. Hus)*였는데 그는 자신의 친구였던 예로님(Jeroným Pražský)을 통해 위클리프의 사상을 받아들였다. 이 당시 프라하 대학의 교양학부 및 신학부 교수였던 후스는 1402년 3월 14일부터 프라하 구시가지에 있던 베들레헴 교회(Betlemská kaple)의 설교자로서 활동하기도 했다.** 그는 프라하 대학의 지도적인 체코인 교수로서 라틴어뿐만 아니라 체코어로도 저술 활동을 했으며, 체코어를 개량하고 체코어 철자법도 개혁하여 오늘날까지 사용하게끔 했으며, 체코어 찬송가를 보급하기도 했다. 그는 설교 및 저술을 통해 교회가 타락을 청산하고 초기 기독교 정신으로 회귀할 것도 촉구했는데, 그를 중심으로 한 프라하 대학 교수들의 이러한 비판은 왕실, 일부 귀족들, 그리고 광범위한 대중의 지지 및 갈채를 받았다. 물론, 고위 성직자들과 프라하의 독일인들은 이를 일축했고, 프라하 대학의 독일인 교수들은 후스에게 반기를 들기도 했다. 그리고 점차적으로 가시화되기 시작한 프라하 대학 내 독일인 교수들과 체코인 교수들 간의 갈등은 1409년 바츨라프 4세(Vaclav Ⅳ: 1398~1419)의 쿠트나 호라(Kutná Hora) 칙령으로 종식되었다.***

후스는 영국의 위클리프와는 달리 사람들 앞에 나아가 설교를 통해 가르침을 설파했고 그것을 실행에 옮길 것을 촉구했다. 교회의 재산권을 박탈하여 청빈한 교회를 만들어야 한다는 후스의 가르침은 소귀족들과 도시민들을 포함한 대중적 지지를 받았다. 상황이 이렇게 전개됨에 따라 로마 교황청은 후스에게 출두하여 자신의 입장을 밝힐 것을 요구했지만 이 인물은 그러한 것을 이행

---

* 후스는 1372년 남 보헤미아 후시네츠(Hussinec)에서 짐수레꾼의 아들로 태어났다. 그럼에도 불구하고 이 인물은 성직자로서 활동하는 데 필요한 제 교육을 프라하에서 받았는데 이것은 당시 가난한 계층의 자녀들이 사회적 신분향상을 위해 종종 밟았던 일반적인 수순이었다. 1396년 후스는 석사학위(Magister artium)를 취득했고 4년 후인 1400년부터는 성직자로 활동하기 시작했다.

** 이 인물은 1393년부터 카렐 대학에서 철학과 신학을 공부한 후, 1400년부터 카렐 대학교 교수와 가톨릭 사제로 활동했다. 1409년 후스는 프라하 대학의 제2대 총장으로 임명되었다.

*** 쿠트나 호라 칙령이 발표된 이후 후스파는 프라하 대학에서 우위를 차지하게 되었고 이것은 독일인 교수들과 학생들로 하여금 프라하를 떠나 라이프치히(Leipzig)에서 자신들의 대학을 세우게 했다.

하지 않았다. 이에 로마 교황 요한 23세(John XXⅢ: 1410~1415)는 1411년 2월 그를 파문시켰을 뿐만 아니라 그가 살던 지역도 금령조치(Interdikt)라는 종교적 징벌을 받게 되었다. 이 과정에서 바츨라프 4세는 로마 교회를 두둔했고, 후스는 1412년 프라하를 떠나야만 했다. 이후 그는 체코 남부의 코지 흐라데크(Kozí Hrádek)에서 머무르게 되었고 그곳의 소귀족들로부터 보호를 받으면서 농민들을 대상으로 설교 및 저술 활동을 지속적으로 펼쳤다. 이 시기에 후스는 구약성서를 체코어로 번역했을 뿐만 아니라 자신이 머물던 지방에서 사용되던 신약성서도 체코어로 번역했다. 1413년 후스는『포스틸러』(Postille: 교회력에 의해 그 날의 복음서와 사도서를 주제로 한 설교집)를 간행했고『교회에 대해서(De ecclesia)』라는 유명한 저서도 출간했다. 특히 후스는『교회에 대해서』라는 저서에서 '교회는 위계질서가 없는 평등한 공동체이지만 여기서 그리스도는 그 우두머리 역할을 담당해야 한다.'라고 했다. 그리고 그는 현재의 교회가 예정설(praedestinatorum)을 위배하고 그리스도가 선택하지 않은 사악한 인물들로 구성되었기 때문에 배척되어야 한다는 주장도 펼쳤다.

1412년 후스가 교회의 면벌부 판매를 공개적으로 비난함에 따라 그와 로마교회와의 대립은 더욱 심화되었다. 여기서 로마교회는 후스의 이교도적인 행위에 대해 더 이상 방관하지 않겠다는 입장을 보였고 그러한 것을 구체화시키기 위해 1414년 10월 제국 도시인 콘스탄츠(Kostnice; Constance)에서 공의회(Koncil; Council)*를 개최했다. 신성로마제국의 황제이자 바츨라프 4세의

---

* 콘스탄츠 공의회는 지그문트의 제안에 따라 당시 로마 교황이었던 요한 23세가 소집했는데 여기에는 300여 명의 주교, 100여 명의 대수도원장, 다수의 고위 성직자들, 신학자들, 교회법학자들, 그리고 세속 통치자들이 대거 참여했다. 공의회 참석자들은 당시의 대분열(동·서 교회의 분열: 1378~1417)을 종식시키고 이단을 추방시켜 교회개혁에 박차를 가하고자 했다. 이 당시 교회는 로마계 그레고리오 12세(Gregory : 1406~1415), 아비뇽(Avignon)계 베네딕토 13세(Benedict XⅢ: 1394~1417)와 공의회파 요한 23세의 3파로 분리되어, 각기 자신의 정통성을 주장하면서 이른바 교황정립시대를 맞아 교회 사상 최대 혼란을 겪고 있었다. 이에 교회의 일치를 최대의 목표로 설정한 공의회는 우여곡절 끝에 '공의회가 분열된 전 교회를 대표하며, 그 권능은 하느님으로부터 직접 부여받은 것'임을 선언하고 베네딕토 13세를 폐위시키고, 그레고리오 12세를 설득하여 자진 퇴위케 했다. 그리고 후임으로 마르티노 5세를 선출함으로써 유럽 교회의 대분열을 종식시키고 난국을 극복했다.

동생이기도 한 지크문트(Zikmund Lucemburský: 1411~1437)가 안전 통행(salvus conductus)을 보장하면서 후스로 하여금 공의회참석을 요구함에 따라 후스는 교회 성직자들에게 자신의 관점을 정확히 전달할 수 있으리라는 믿음에서 그러한 제의에 동의했다. 후스는 1414년 11월 3일 콘스탄츠에 도착한 후 약 3주에 걸쳐 자신이 머무르고 있던 간이숙박소에서 설교를 했다. 그러다가 이 인물은 12월 6일 체포되어 하수구의 악취가 심하게 나는 비위생적인 감옥에 투옥되었다. 이

■ 콘스탄츠에서의 후스의 화형식(1415)

후부터 공의회는 후스에게 교회에 대한 그의 모든 비판을 철회하고 교황에게 용서를 구하라는 일방적인 강요를 했지만 후스는 이를 거절했다. 처형되기 며칠 전에 후스는 자신의 친구에게 작별편지를 보냈는데 거기서 그는 자신의 재판을 담당한 인물들이 자신의 책들을 읽은 것에 대해 매우 기쁘다고 했다. 이어 그는 악의를 품은 이들이 성서보다 더 열심히 자신의 책들을 읽었는데 그것은 거기서 이단시되는 것들을 찾고자 했기 때문이라는 것이다. 1415년 6월 7일 후스는 화형에 처해졌다.* 당시 기록에 따를 경우 후스의 재판과 화형을 보기 위해 3명의 총대주교, 23명의 추기경, 106명의 주교, 그리고 28명의 왕과 대공 이외에도 수백 명의 귀족들과 기사들이 참석했다. 약 1년 후인 1416년 5월 30일 같은 장소에서 후스의 친구이자 동료였던 프라하의 예로님도 같은 화형을 당했다.

이 공의회는 또한 회의 자체가 공의회 지상주의를 채택한 특징을 가졌다. 중세 말기에 등장한 이 주의는 분열 등으로 인해 야기된 교황권 실추 이후 더욱 강화되었다. 특히 이 공회의가 당시 최대 현안문제로 부각된 분열을 수습하는 데 성공함으로써 결정적인 영향력을 가지게 되었다.

* 후스가 처형된 후 그의 골분은 라인(Rhein) 강에 뿌려졌다.

4. 후스주의 혁명 husitská revoluce

후스의 처형은 체코인들의 강한 반발을 유발시켰고, 보헤미아 지방에서는 혁명적 징후도 나타나기 시작했다. 이 당시 보헤미아 지방을 이단 지방으로 규정한 공의회의 결정에 대해 체코인들은 크게 분노했다. 이에 따라 1415년 가을 452명에 달하는 귀족들이 콘스탄츠 공의회의 결정을 거부한다는 결의문을 발표했고 후스의 가르침에 따라 보헤미아 지방에서 하느님의 말씀을 끝까지 수호하겠다는 선언문도 채택했다. 이러한 시도는 교회 당국에 대한 공개적인 도전 또는 봉기의 신호로서 프라하 대학 교수들을 비롯한 대중적인 지지도 받았다.

이러한 후스의 지지자들은 영성체 의식에서 빵과 포도주의 양종을 도입했다. 지금까지 성직자들에게만 포도주가 허용되고 일반 신도들에게는 금지되었는데, 후스 생전에 그의 허락을 받아 그의 지지자들은 양종제도를 채택했고, 이후 포도주를 담는 그릇인 성배(kalich; chalice)는 후스주의 운동의 상징으로 부각되었다.* 이에 따라 후스를 추종하던 후스주의자(husita; Hussite)들을 성배주의자(Kališnctví; Calixtinism) 또는 양종주의자(utrakvismus; Utraquism)라고 부르게 되었다. 1419년 초반부터 프라하의 대다수 교회들은 체코어로 성찬식과 예배를 진행했고 점차적으로 지방에서도 그러한 현상이 확인되었다. 1419년에 접어들면서 바츨라프 4세는 양종주의를 추종하던 성직자들을 프라하에서 강제로 추방시켰고 가톨릭 성직자들로 하여금 설교를 담당하게 했다. 아울러 자신의 명령을 거부하는 성직자들을 체포하여 구금하는 강경책도 펼쳤다. 상황이 이렇게 전개됨에 따라 7월 30일 프라하의 노베메스토(Nové Město)에서 얀 젤리프스키(Jan Zelivský)**가 주도하는 일련의 강경파 후스주의자들이 동

---

* 이러한 세속성찬은 성직자의 우월권 및 교회의 재산증식을 종식시키는 요인이 되었다.

** 젤리프스키는 1120년 프랑스에서 창설된 프레몽트레 수도원의 수도승으로 활동했었다.

료 후스주의자들의 석방을 요구하며 시위를 펼치다가 그것을 거절하는 시의회 배심원들을 시청의 창문 밖으로 내던져 버린 이른바 제1차 창문 밖 투척사건(defenstrace)이 발생했다. 이로써 후스주의 혁명(husitská revoluce)이 시작된 것이다. 8월 16일 바츨라프 4세가 사망하게 됨에 따라 혁명적 움직임에 대응하던 세력도 사라지게 되었다. 이에 따라 후스주의자들은 짧은 시간 내에 보헤미아 지방을 장악한 후 인접한 지방들까지 자신들의 영향 하에 놓이게 했다. 이후 가톨릭 세력들은 수세적 상황에 놓이게 되었지만 독일인들이 다수를 차지하던 모라비아의 대도시들과 슐레지엔에서는 계속하여 우위를 견지할 수 있었다.

후스주의자들은 1420년 프라하에 모여 4개 조항으로 구성된 이른바 프라하 4개 조항 프로그램을 제시했다. 이 프로그램은 하느님의 율법 정신에 따른 교회 및 사회의 제 개혁을 담고 있었는데, 그 내용을 살펴보면 첫째, 성체식에서 성직자 및 일반 신도들 모두는 예수의 살과 피의 상징인 빵과 포도주를 먹고 마실 권리를 가지며, 둘째, 하느님 말씀에 대한 자유스러운 설교권을 가지며, 셋째, 교회 소유 재산을 강제로 몰수하고 세속 정치에 대한 교회의 영향력을 배제하며, 넷째, 성직자들이나 일반인들이 영혼의 구제를 받지 못할 죄를 범할 경우 누구나 엄중하게 처벌한다는 것이다. 후스주의 혁명가들은 이 개혁 프로그램을 보헤미아 지방뿐만 아니라 유럽의 다른 지역까지 확산시키려고 했지만 당시의 상황하에서는 실현 불가능한 목표였다.[*]

그런데 후스주의는 4개 조항 프로그램에 대해 의견적 일치를 보이면서도 통합된 상태가 아니었다. 일련의 귀족들과 프라하 대학 교수들이 이끄는 온건파, 대다수의 프라하 시민들과 보헤미아 지방 내에서 다수의 지지자들을 확보하고 있던 중도파, 원칙을 고집하던 급진파가 있었고, 급진파 중에서는 동부 보

---

[*] 이러한 시도는 1세기 후인 16세기 유럽에서 전개되었던 종교개혁운동과 비교할 때 매우 큰 의미를 가진다 하겠다.

헤미아파와 타보르파(Táboři; Taborites)가 유명했다. 특히, 남부 및 남서부 보헤미아 지방을 기반으로 하고 있던 타보르파는 1420년 성서에서 차용한 타보르(Tabor)라는 이름의 도시를 건설하여 불완전한 인간의 법을 거부하고 오로지 하느님의 말씀을 따르는 '형제와 자매들'의 공동체적 삶의 터전을 건설하려고 했다. 이들은 당시 제시된 천년 왕국설에 입각하여 자신들의 타보르를 예수님 왕국의 중심지로 만들고, 절대 평등과 무소유의 공동체적 낙원으로 건설하려고 했던 것이다.

이 당시 대다수의 유럽 국가들은 후스주의를 이단으로 간주했고 그것에 따라 십자군도 파견했다. 십자군의 선두에는 신성로마제국의 황제이자 헝가리 국왕이었던 지크문트와 로마 교황청이 나란히 섰다. 지크문트는 자신이 바츨라프 4세의 동생임을 내세워 보헤미아 왕위에 대한 권리를 주장했지만 후스주의자들은 이를 거부했다. 교황 마르티누스 5세(Martin V: 1417~1431)*와 지크문트는 1421년, 1422년, 1426년, 1427년, 그리고 1431년 모두 다섯 차례에 걸쳐 십자군을 파견했지만 모두 실패로 끝났다. 1420년 여름 프라하를 향해 진격한 10만 대군의 십자군은 대부분이 독일인들로 구성되었지만 프랑스, 이탈리아, 헝가리에서 온 지원병들도 있었고, 영국에서 건너온 용병들까지 포함했다. 그러나 이들은 1420년 7월 14일 프라하의 비트코프(Vřtkov) 언덕에서 당시 불세출의 영웅으로 부각된 외눈박이 얀 지슈카(Jan Žižka)의 후스 군에 의해 패배를 당했다. 이후 지슈카의 후스주의 군은 1422년 동부 보헤미아의 니메츠키 브로드(Německš Brod)에서, 1427년에는 서부 보헤미아의 타호프(Tachov)와 스트지브로(Stříbro)에서, 1431년에는 국경 도시인 도마줄리체(Domažlice)에서 십자군을 격파했다. 나아가 얀 지슈카는 보헤미아 지방을 벗어나 슐레지엔, 작센, 브란덴부르크(Brandenburg), 프랑켄(Franken), 그리고 오스트리아의 여러 지

---

* 이 인물은 1417년 콘스탄츠 공의회에서 교황으로 선출되었다.

방을 공략하기도 했다.

　상황이 이렇게 전개됨에 따라 1431년 지크문트는 후스주의 군과 바젤(Basel)에서 협상을 펼쳤지만 양측 간의 협상은 순조롭게 진행되지 못했다. 특히, 교회 재산 박탈 문제는 양측 간의 첨예한 대립을 유발시키는 요인이 되었다. 이런 와중에 후스파 내에서도 분열징후가 나타났는데 그것은 오랜 전쟁으로 피폐해지고 지친 대다수의 온건파 후스주의자들이 협상 타결을 지향한 반면, 타보르파와 동부 보헤미아파는 강경한 입장을 고수한 데서 비롯되었다. 이에 따라 양측은 무력 대결을 하게 되었고, 1434년 5월 30일 중부 보헤미아의 리파니(Lipany) 전투에서 보헤미아 가톨릭 세력의 지원을 받던 온건파가 승리했다.

　그로부터 2년이 지난 1436년 7월 5일 이흘라바(Jihlava)에서 바젤 종교 회의 대표들과 체코 후스파 대표들 간에 이흘라바 협약이 체결되었다. 이에 따라 후스주의는 부분적인 승리로 만족해야 했고 17년간의 전쟁도 막을 내렸다. 이흘라바 협약에서는 보헤미아 및 모라비아의 성인 남녀들이 후스주의와 가톨릭 중에서 자신이 원하는 종교를 선택할 수 있는 권리를 가지며, 후스주의 교회를 로마교회의 한 부분으로 인정한다는 것도 명시되었다. 그러나 후에 로마 교황이 협약승인을 거부함으로써 분쟁의 불씨는 계속 남게 되었다. 협약이 체결된 후, 지크문트는 보헤미아 국왕으로 등극했고, 그 대신 교회 재산의 몰수, 소귀족과 도시 대표들의 보헤미아 의회 진출, 보헤미아 의회에서 교회의 대표성 배제 등에 대해 동의했다.

　이제 보헤미아 지방에서는 후스주의와 가톨릭이라는 두 종교가 한 국가에서 공존하는 그때까지 유럽 기독교 역사상의 전대미문의 상황이 전개되었고, 세속정치에 대한 교회의 영향력이 배제되었으며, 의회에서 교회가 대표성을 상실하게 됨에 따라 대귀족, 소귀족, 그리고 도시 대표들이 보헤미아 정치를 주도하게 되었고 그것은 보헤미아 왕국에서 귀족 정치의 등장도 예견하게 했다. 또

■ 후스주의 군대를 이끈 얀 지슈카 장군

한 후스주의는 도시의 급격한 부상을 가져왔고, 도시의 민족적 구성에도 변화를 끼쳤다. 프라하, 자테츠(Zatec), 쿠트나 호라 등 후스주의가 장악한 도시에서는 후스주의 전쟁 초기부터 독일계 시민들이 도시를 떠나기 시작하여 이들 도시들의 보헤미아화는 급속히 진행되었다. 그리고 가톨릭교회에 대한 재산 몰수로 귀족과 도시민들은 가장 큰 혜택을 보았다. 그러나 후스주의 전쟁에 가장 커다란 공헌을 한 농민들은 전쟁으로 폐허가 된 자신들의 농토를 다시 개간해야 하는 부담만 진 채 더욱 농토에 예속되는 상황에 놓이게 되었다.

후스주의 운동은 교회의 위상을 퇴조시키고 귀족 계층과 도시 계층을 부상시키면서 중세 봉건사회의 몰락을 재촉했고 그것은 새로운 사회의 도래를 예고했다. 무엇보다도 후스주의 운동의 가장 큰 공헌은 자유에 대한 불굴의 신념이었다. 사상의 자유 및 믿음의 자유에 대한 신념은 후스주의 운동이 유럽의 정신사에 남긴 불멸의 유산이 되었다. 비록 후스가 자신의 종교개혁에서 강조한 '하느님의 말씀은 성서를 통해서만 접할 수 있다'라는 성서지상주의를 실천시키지 못했지만 그의 이러한 관점을 추종한 루터(Luther)*와 칼뱅(Calvin)에 의해 종교개혁은 완결되었다.

---

* 1508년부터 본격적으로 신학을 공부하기 시작한 루터는 1512년 신학박사학위(Doktor der Theologie)를 취득한 후 같은 해 비텐베르크(Wittenberg)대학의 신학교수(Bibelauslegung: 성경해석)로 임명되었다. 이후 수도 생활과 대학에서의 신학연구 과정을 거치면서 루터는 오직 신의 은총에 의해서만 구원받을 수 있다는 사실을 확신하게 되었는데 이것은 후스의 기본적 관점과 일치된다고 하겠다. 즉 그는 죄악에 빠진 인간이 스스로 선을 행할 수 없다는 것을 인지했던 것이다. 그에 따를 경우 인간은 자신의 이익만을 추구하며 스스로를 교만하게 하는 선행을 하면서 스스로의 구원을 위해 노력 중이라고 믿게 되는데 그것은 그만큼 더 구원에서 멀어지는 잘못된 방법으로 자신을 위로하는 것에 불과하다는 것이다. 그러나 하느님의 속죄자이신 예수 그리스도의 중재를 통해 당신의 정의로 인간을 감싸며 죄인을 용서하신다는 것이다. 따라서 의인으로 인정받는 동시에 죄인인 인간은 믿음 안에서 하느님께 자신을 위임시켜야 한다는 것이 바로 루터의 관점이었던 것이다. 1517년 10월 31일 루터는 면벌부판매의 부당성을 지적하는 95개 조의 반박문을 라틴어(95 lateinische Thesen gegen den Missbrauch des Ablasses)로 작성하여 비텐베르크 궁성교회(Schlosskirche) 출입문에 게시했다. 루터의 항의문은 곧바로 독일어로 번역·출판되어 독일 전역에 유포되었다. 여기서 그는 형식상으로는 성서지상주의(sola scriptura), 내용상으로는 신앙지상주의를 지향했다. 즉 그는 믿음(sola fide)과 신의 은총(sola gratis)을 통해 인간은 영생의 축복을 얻을 수 있다는 관점을 피력했던 것이다. 아울러 그는 신앙을 중요시하고 그 유일한 근거로 성서를 제시했는데 이것은 백 년 전에 후스가 지향한 기본적 노선과 일치된다 하겠다. 루터는 자신의 논리를 전개하면서 7성사 중에서 세례(Taufe), 미사, 그리고 성체배령(Abendmahl)만을 인정하려고 했던 것이다. 지금까지 신과 인간의 중재자 역할을 담당했던 가톨릭교회는 루터의 이러한 표명으로 어려운 상황에 놓이게 되었다. 이 당시 루터의 관점에서 볼 때 교회는 믿음의 결합체에 불과했다.

2장

제2차 프라하 창문 밖 투척사건

1. 모하치^{Mohács} 전투와 보헤미아 귀족들의 선택

체코 민족이 주로 살았던 보헤미아 지방은 지리적인 호조건과 경제적인 활성화로 인해 항상 주변 국가들의 관심 및 침투대상으로 부각되곤 했다. 따라서 중부 유럽을 지배하려던 합스부르크(Habsburg) 가문이 16세기 초반부터 이 지방에 대해 관심을 가졌던 것 역시 그러한 맥락에서 이해해야 할 것이다. 실제적으로 합스부르크 가문은 16세기 초반부터 러시아 및 독일 기사단의 지원을 받아 폴란드를 압박했고 그것은 폴란드가 보헤미아 및 헝가리에서 자신들의 영향력을 포기하게 하는 요인으로도 작용했다. 이에 따라 보헤미아·헝가리 국왕이었던 블라디슬라프 2세(Vladislav II: 1471~1516)는 합스부르크 가문의 영향을 받게 되었고, 야겔로(Jagiello) 왕조(1383~1572)가 가졌던 주도권 역시 같은 가문으로 넘어가게 되었다. 1516년 블라디슬라프 2세가 죽은 후 그의 아들 루드비크(Ludvík: 1516~1526)가 보헤미아·헝가리 국왕으로 등극했는데 헝가리에서는 러요시 2세(Lajos II)로 지칭되었다. 그러나 루드비크 역시 그의 부친과 마찬가지로 오스만 튀르크의 압박을 효율적으로 방어하지 못했다. 더욱이 1526년 8월 29일 헝가리 남부의 모하치(Mohács) 전투에서 오스만 튀르크 군에게 패배함에 따라 보헤미아·헝가리 왕국은 매우 급박한 상황에 놓이게 되었고 루드비크가 퇴각과정에서 목숨을 잃게 됨으로써 상황은 더욱 악화되었다.

결국 보헤미아와 헝가리의 야겔로 왕조는 단절되었고 유럽의 많은 군주들은 그 후계자 선정에 대해 지대한 관심을 표명했다. 합스부르크 가문의 페르디난트 1세(Ferdinand I: 1526~1564) 역시 자신의 부인 안나(Anna Jagiellonica)가 블라디슬라프 2세의 딸이었음을 부각시켰는데 그것은 자신도 보헤미아·헝가리 국왕이 될 수 있다는 판단에서 비롯되었다. 그리고 지금까지 헝가리방어에 부담을 느껴왔던 보헤미아 귀족들 역시 모하치 전투 이후 보헤미아-헝가리 연합 유지에 회의적인 자세를 보이기 시작했다. 이에 따라 이들은 1526년 9월 초 헝가리와의 결별을 공식적으로 선언한 후 자신들의 제 권한을 보장해 줄 군주를 찾게 되었다. 그리고 얼마 후인 10월 24일 이들은 페르디난트 1세를 보헤미아 국왕으로 선출했다.[*]

2. 합스부르크 위정자들의 대보헤미아 정책

페르디난트 1세[**]가 보헤미아 국왕으로 등극한 이후부터 보헤미아 귀족들은 자신들의 제 권한을 보장받기 위해 이 인물과 정치적 타협을 모색했지만 보헤미

---

[*] 영토와 소수 인구라는 태생적 한계와 함께, 지리적으로나 역사적으로 주변의 강대국들의 이해 속에서 민족의 정체성 유지 및 발전에 어려움을 겪어 왔던 체코 민족은 민족의 생존과 미래를 위해 강대국과의 긴밀한 접촉을 자주 구사했다. 그리고 체코인들의 이러한 민족성은 하셰크(J. Hasek: 1883~1923)가 쓴 『착한 병사 슈베이크(Osudy dobrého vojáka Švejka za světové války)』에서 정확히 확인할 수 있다.

[**] 에스파냐에서 태어난 페르디난트 1세는 1521년 구오스트리아 지방에 대한 통치권을 부여받았다. 이에 따라 빈에 도착한 즉시 시민 계층과 귀족 계층으로 구성된 반대세력에 대응해야 한다는 사실도 인지했다.

아의 새로운 위정자는 이들의 요구를 수렴하지 않으려고 했다. 이에 따라 페르디난트 1세에 대한 보헤미아 귀족들의 압박은 점차 가중되었고 그것은 페르디난트 1세로 하여금 일종의 양해각서인 '1526년의 3개 합의각서(Drei Majestätsbriefe von 1526)'를 발표하게 했는데 거기서 다음의 것들이 거론되었다.[*]

① 보헤미아 왕국과 오스트리아는 군합국가의 일부이다.[**]

② 페르디난트 1세 및 그의 후계자들은 보헤미아 왕국에서 재가톨릭화를 추진하지 않는다. 그리고 페르디난트 1세는 이 왕국에서 종교적 자유도 허용한다.[***]

③ 오스트리아 위정자가 보헤미아 왕국의 국왕으로 등극하기 위해서는 보헤미아 귀족들의 동의를 얻어야 한다.

④ 오스트리아 위정자들은 생존 시 그들의 후계자를 선출하여 보헤미아 왕국에서 대관식을 거행하지 않는다.

⑤ 오스트리아 위정자는 보헤미아 귀족들의 고유권한을 침해하지 않는다.[****]

⑥ 만일 오스트리아 위정자가 이러한 합의 사안들을 무시하거나 이행하지 않을 경우 보헤미아 귀족들은 계약을 일방적으로 파기하고 독자적인 노선을 취할 수 있다.

이렇게 보헤미아 귀족들의 압박에 굴복했음에도 불구하고 페르디난트 1세는 자신의 통치 영역에 선진화된 프랑스의 통치체제, 즉 절대왕정체제를 도입

---

[*] 체코의 역사가인 토메크(V. Vl. Tomek), 토만(H. Toman), 그리고 칼로우체크(J. Kalousek)는 이 합의각서에서 '보헤미아 국가법'의 토대를 추출했다.
[**] 한 군주가 둘 이상의 독립 국가를 통치할 때 그것을 지칭하여 군합국이라 한다.
[***] 이 당시 보헤미아 귀족들의 80% 이상이 신교신자들이었다.
[****]이 당시 보헤미아 귀족들은 법률제정권 및 국왕의 재정권을 통제할 수 있는 권한을 가지고 있었다.

하려고 했다.* 이에 따라 그는 왕권 강화 및 중앙집권화에 필요한 일련의 조치들을 취하기 시작했다. 우선 이 인물은 1527년 국왕 직속의 행정 기구들을 설립한 후 군주에게만 책임을 지게 하고 기존 귀족들이 주도하던 행정기구들보다 서열상 우위를 차지하게 했다. 이 당시 신설된 대표적인 행정부서로는 가문정책과 외교정책을 관장하는 추밀원(tainá rada; Geheimer Rat), 왕국의 재무와 결산을 담당하는 일방재정원(dvorská komera; Allgemeine Hofkammer), 궁정업무의 궁정원(dvorská rada), 행정업무의 행정원(dvorská kancelář), 그리고 전쟁업무의 군사원(dvorská válečná rada: Hofkriegsrat) 등이 있었다. 페르디난트 1세가 재임 30년 동안 도입한 이러한 행정체제와 행정 기구들은 그 기본적 골격이 19세기 중반까지 유지될 정도로 참신하고 개혁적인 것들이었다.

보헤미아 왕국의 귀족들은 이러한 행정기구들에 참여하는 것을 거부했으나 점차적으로 자신들의 입신과 권력 확보를 위해 참여하게 되었다. 여기서 이들은 중앙집권적인 관료체제의 장점 및 효율성을 인지하게 되었고 그러한 것은 자신들이 속한 왕국과 영지에도 이러한 시스템을 도입하게 했다.

16세기 후반에 접어들면서 유럽에서는 신교와 구교 간의 종교적 갈등양상이 나타나기 시작했다. 이 당시 가톨릭교회는 트리엔트(Trient) 종교회의

---

* 절대왕정체제는 동방적 전제주의와는 달리 봉건적 정치체제로부터 근대 시민적 민주정치로 이행하는 과정에서 나타난 정치체제라 하겠다. 따라서 절대왕정 또는 절대주의 국가는 봉건 영주들이 주도한 지방분권적 정치체제를 탈피하고 강력한 왕권을 중심으로 사법, 행정, 그리고 군사적인 측면에서 중앙집권이 이루어진 근대 초기의 국가를 지칭한다. 절대왕정이란 국왕이 자신의 관료조직과 군사조직을 바탕으로 전 영토에 걸쳐 국가권력을 실질적이고 효과적으로 행사하는 정치체제를 말한다. 그러나 절대왕정체제에서의 왕권의 절대성은 중세의 봉건적 권력에 대비한 의미에서 절대적인 것이었고 비록 전제정치라 하더라도 고대 이집트의 파라오나 로마제국 황제의 경우에 비할 정도는 아니었다. 절대왕정체제를 유지하는 데 가장 중요한 요소로는 관료제와 상비군을 들 수 있다. 국가의 통치 및 행정에서 국왕의 의사를 충실히 수행하는 관료집단의 등장은 왕권강화의 필수적 요소이다. 그런데 관리들의 대다수는 귀족이 아닌 평민, 다시 말해서 중산층 또는 시민 계층이었고 이들은 봉토 대신에 봉급을 받았다. 그러므로 보다 많은 관리들을 채용하기 위해서는 국가의 재정지출증가가 요구되었고 그것은 국왕으로 하여금 보다 많은 재원을 확보하게 하는 요인으로 작용했다. 그리고 상비군의 주력은 용병이었으며 직업상의 위험으로 이들의 대다수는 낙후된 지역의 주민들과 하층민출신자들로 충당되었다. 용병은 실업해소와 유랑민을 억제할 수 있는 효과를 가져왔으며 상비군유지는 상공업발전에도 자극제가 되었는데, 특히 전쟁이 발생하는 경우에 무기제조업자와 군납업자들은 많은 이익을 보기도 했다.

(1545~1563) 이후 호전적인 제수이트(Jezuita) 교회의 도움을 받아 구체적인 종교프로그램을 마련한 후 실지회복 및 재가톨릭화에 박차를 가했고, 개신교인 루터교는 1555년 9월 25일에 체결된 아우구스부르크(Augusburg) 종교협약을 통해 가톨릭과 더불어 동등한 지위를 확보했다. 이후부터 가톨릭 세력이 압도적 우세를 유지하던 오스트리아를 비롯한 중부 유럽에서도 루터교와 칼뱅교가 유입됨에 따라 신교와 구교 간의 충돌은 점차 정치적 쟁점으로 부각되기 시작했다. 이에 따라 후스주의 전쟁 이후 신교와 구교 간의 평화적 공존이 유지되었던 보헤미아 지방에서도 종교문제가 전면으로 부각되기 시작했다. 여기서 가톨릭 신봉자였던 페르디난트 1세는 보헤미아 지방 내의 비가톨릭 세력을 약화시키려고 했다. 이에 따라 반합스부르크 항쟁의 책임을 물어 후스주의 정신의 진정한 계승자로 간주되던 보헤미아 형제교단에 대한 탄압이 본격화되었고 그 결과 형제교단 추종자들의 상당수는 보헤미아 지방을 떠나 모라비아 지방으로, 거기서 다시 폴란드로 건너가 자신들의 교회를 세우려고 했다. 한편 페르디난트 1세는 1549년 영성체 의식에서 빵과 포도주의 양종 도입을 지향한 우트라퀴스트 교회를 가톨릭교회에 병합시키려 했다. 그러나 이러한 계획은 보헤미아 귀족들의 저항으로 무산되었고, 모라비아 귀족들 역시 그의 재가톨릭화에 대해 이의를 제기함에 따라, 페르디난트 1세는 새로운 전략으로 대응했다. 그는 가톨릭세력의 강화라는 우회적 방법을 통해 1556년 호전적인 제수이트 교단을 프라하에 설립했다. 프라하 스타레메스토의 클레멘티눔(Klementinum)을 제수이트 대학으로 개편시켜 엄격한 훈련과 철저한 교육으로 무장된 제수이트 교도들을 배출한 후 이들로 하여금 체코의 젊은 귀족들과 부유한 도시 중산층들과 접촉하게 하여 그들 자녀들의 교육을 담당하게 했다. 자신이 추진한 비가톨릭 약화정책의 일환으로 페르디난트 1세는 1561년 프라하 대주교청의 기능을 회복시켰고 다음 해인 1562년 우트라퀴스트 교회의 행정

적, 사법적 중앙 기구였던 추기경 회의의 구성마저 금지시켜 비가톨릭 교회에
대한 타격을 가했다.

페르디난트 2세에 이어 보헤미아 왕국의 위정자로 등장한 막시밀리안 2세
(Maximillian Ⅱ: 1564~1576) 역시 가톨릭 강화정책을 펼쳤기 때문에 후스주
의 전통에다 루터교의 개혁적 요소들을 가미한 체코 신앙고백서(Confessio
Bohemica; Česká konfese)와 이를 토대로 한 독립교단의 설립요청을 거부했다.
이 당시 막시밀리안 2세는 자신의 결정에 대해 보헤미아 귀족들이 크게 반발하
리라는 것을 예상했지만 그는 보헤미아 지방 내의 가톨릭 세력과 이 세력과의
합의를 모색하던 구우트라퀴스트(staro utrakvista)의 강력한 반발, 에스파냐의
신속한 개입, 그리고 교황 비오 4세(Pius Ⅳ)의 반대 입장 표명 등을 우선적으로
고려해야만 했다. 이어 왕위를 계승한 루돌프 2세(Rudolf Ⅱ: 1576~1611)는 이
전의 위정자들과는 달리 보헤미아 귀족들과의 대립을 가능한 한 회피하려고
했지만 종교적 문제에 있어서는 타협을 포기하는 강력한 자세를 견지했다. 그
리고 이 인물의 동생이었던 마티아스 역시 보헤미아 왕국 내 비가톨릭 세력에
대한 탄압을 보다 강화시켜야 한다는 입장을 밝혀 향후 보헤미아 지방에서 종
교적 분생이 더욱 심화되리라는 것도 예견하게 했다.

3. 프라하 창문 밖 투척사건

보헤미아 지방 내 비가톨릭 세력에 대한 합스부르크 가문의 탄압이 강화되
면서 1617년 일부 신교 교회들, 브라우나우(Braunau: 북부 보헤미아)의 베네딕
드파 수도원(Benediktinerabtei) 내에 세워진 교회와 프라하 대교구 소속 영지에
건설된 클로스터그라브(Klostergrab) 교회가 강제로 폐쇄되었을 뿐만 아니라 그

일부는 파괴되기도 했다. 이 당시 보헤미아 지방의 신교도들은 1609년 7월 루돌프 2세가 그들에게 교회를 세워도 된다고 하락했을 때 이들은 어느 곳에서나 교회를 세워도 무방하다는 확신을 가졌기 때문에 마티아스의 이러한 정책에 대해 동의하지 않았을 뿐만 아니라 자신들의 반발 강도 역시 증대시켰다. 상황이 이렇게 전개됨에 따라 마티아스는 1618년 3월 21일 국왕 소유의 지역에서만 신교 교회를 세울 수 있을 뿐 가톨릭교회 영지에는 교회를 건립해서는 안 된다는 유권적 해석을 내렸다. 다음 날 비가톨릭 세력은 프라하에 집결한 후 국왕이 1609년에 공포된 칙서를 위배한 것에 대한 항의절차를 밟았으나 마티아스는 자신의 허가 없이 집회를 개최해서는 안 된다는 것으로 대응했다. 이와 더불어 당시 진행된 경제적인 이권쟁탈 역시 보헤미아 귀족들과 마티아스와의 대립을 보다 심화시키는 요인으로 작용했다. 이에 따라 1618년 5월 21일 보헤미아 귀족들과 프라하 시민들은 당시 부각된 현안문제를 해결하기 위해 신교집회를 개최했지만 마티아스는 그러한 집회활동을 불허한다는 성명을 발표했다. 상황이 이렇게 진행됨에 따라 다음날, 즉 5월 22일 보헤미아 형제교단의 부도바(V. Bodova)와 보헤미아 귀족들을 주도하던 투른(Thurn) 백작이 스미리키(Smiřicky)의 집에서 향후 대책에 대한 논의를 했고 거기서 보헤미아 총독을 살해하기로 합의했다. 5월 23일 중무장을 한 투른 백작과 슐리크(v. Schlick) 백작은 일부 보헤미아 귀족들과 더불어 프라하 성, 흐라드신(Hradschin) 왕궁으로 출발했다. 프라하 성에 도착한 이들은 즉시 궁중사무국(Hofkanzlei)으로 이동했고 거기서 4명의 핵심인물인 대성주대리 슈테른베르크(Sternberg), 기사단 부단장(Grossprior) 로브코비치(Lobkowicz), 마르티니츠(Martinic), 그리고 슬라바타(Slavata)를 억류하는 데 성공했다. 여기서 보헤미아 귀족들은 황제의 부적절한 답변서작성에 관여한 인물들을 찾아내려고 했지만 어느 누구도 그러한 것에 대해 언급하려고 하지 않았다. 이에 보헤미아 귀족들은 무력행사도 불사하

■ 제2차 프라하 창문 밖 투척사건

겠다는 입장을 밝혔고 이것은 억류자들로 하여금 답변서의 내용 모두가 자신들의 의지와는 전혀 무관하다는 입장을 표명하게 했다. 이러한 회피적인 자세에 대해 보헤미아 귀족들은 강한 분노를 표시했을 뿐만 아니라 전날 합의에 따라 구금자들의 일부를 창밖으로 던지는 데도 동의했다. 여기서 중도적 성향의 슈테른베르크와 로브코비치는 창밖투척대상에서 배제되었고 마르티니츠와 슬라바타가 창밖으로 던져졌다. 귀족명감작성자(Landtafelschreier)였던 파브리키우스(Fabricius)도 이들과 같이 투척되었다. 약 20미터 아래로 던져진 3인 모두는 크게 다쳤다. 특히 슬라바타는 머리를 크게 다친 후 황제 중재관의 저택으로 피신하여 로브코비치 부인의 간호를 받았다. 보헤미아 귀족들의 기대와는 달리 투척된 3인은 목숨을 잃지 않았는데 이에 대한 가톨릭과 프로테스탄트 측의 설명은 달랐다. 가톨릭의 설명을 따를 경우, 성모 마리아가 20미터 높이에서 떨어지는 마르티니츠, 슬라바타, 그리고 파브리키우스를 자신의 옷자락으로 받아 안전하게 땅에 내려놓아서 그들의 목숨을 구했다는 것이다. 이에 반해 프로테스탄트는 그들이 분뇨더미 위로 떨어졌기 때문에 생존할 수 있었다는 세속적인 언급을 했다. 30년 종교전쟁의 시발점이 되었던 이 사건은 후에 '제2차 프라하 창문 밖 투척사건'*으로 불리게 되었다.

4. 빌라 호라^{Bilá hora} 전투

프라하 창문 밖 투척사건 이후 프라하 시민들은 교회 및 수도원에 대한 방화를 자행했고 거기서 다수의 프란체스코 수도회(Franziskaner Kloster) 수도승들이 살해되기도 했다. 그리고 하층민들 역시 유대인 거주 지역을 습격하여 그들이 필요로 하는 생활필수품을 가져가기도 했다. 거의 같은 시기 보헤미아 귀족들은 '30인 집행위원회(Direktoren)'를 구성했는데 거기에는 대귀족, 기사, 그리고 도시의 대표들이 각기 10명씩 참여했다. 그러나 이 집행위원회의 실제적 권한은 몇몇 대귀족들이 장악했다. 이러한 폭동적 상황이 전개되었음에도 불구하고 '30인 집행위원회'는 보헤미아 총독과의 접촉을 통해 빈 정부의 양해

---

* 훼네스트라(fenestra)는 '창문'을 뜻하는 라틴어이고, 'Defenestration'은 '창문 밖으로'라는 의미를 가진다. 대화 과정에서 아무런 성과를 거두지 못할 경우 상대방을 창밖으로 던지는 것은 보헤미아 지방의 오랜 관습(nach altem böhmischem Brauch) 중의 하나였다. 그리고 이것은 기존의 질서체제와의 관계를 파기하는 상징으로도 간주되었다. 1419년 7월 30일 프라하의 노베메스토(Nové Město)에서 젤리프스키(Zelivský)가 주도하는 일련의 강경파 후스주의자들이 동료 후스주의자들의 석방을 요구하며 시위를 펼치다가 그것을 거절하는 시의회 의원들을 시청 창문 밖으로 내던졌는데 이를 지칭하여 '제1차 창문 밖 투척'이라고 한다. 그리고 제3차 프라하 창문 밖 투척사건은 1948년 3월 10일에 발생했다. 당시 체코슬로바키아 공화국의 외무장관이었던 얀 마사리크(Jan Masaryk)가 로레탄스케(Loretánské) 광장에 위치한 외무장관 공관의 정원에서 시체로 발견되었다. 발견 당시 자살로 결론이 내려졌지만 몇 년 후 체코의 비밀정보원이었던 아우구수트(F.August)가 서방으로 망명한 후 얀 마사리크가 자살한 것이 아니라 모스크바 당국의 사주로 자신의 집무실에서 창밖으로 던져졌다는 사실을 폭로했다. 그에 따를 경우 얀 마사리크가 장관직에서 사퇴하지 않은 상태에서 국외로 떠나려고 했기 때문에 암살되었다는 것이다.

를 구하려는 온건적인 방법도 동시에 추진했다. 당시 빈 정부 역시 프라하 사건을 하나의 우발적 재앙 또는 정치적 과실로 간주했기 때문에 크레슬(Kresl: 1553~1630) 추기경은 협상을 통해 보헤미아 문제를 해결해야 한다는 입장을 밝혔다.* 그러나 1618년 7월 20일 크레슬이 마티아스의 후계자로 등장한 페르디난트 대공에 의해 실각됨에 따라 분위기는 일시에 반전되었다. 더구나 1619년 3월 20일 마티아스가 사망함에 따라 '30인 집행위원회'는 보헤미아 왕국을 승계할 인물에 대한 입장을 명확히 밝혀야만 했다. 여기서 이들은 문서로 보장된 자신들의 선거권을 부각시켰지만 빈 정부는 단순히 합스부르크 가문의 인물을 새로운 위정자로 선정하는 것이기 때문에 선거권행사에서 배제된다는 유권적 해석을 내렸다.

빈 정부의 이러한 입장표명을 통해 '30인 집행위원회'는 더 이상의 협상이 불가능하다는 판단을 하게 되었고 이것은 이들로 하여금 독자적인 헌법 제정과 군대 소유를 선언하게 했다. 이에 따라 '30인 집행위원회'는 칼뱅 계통의 헤르보른(Herborn)대학에서 법률학을 강의하던 알트후시우스(Althusius)에게 헌법 제정을 요청했다. '단지 신의 영광을 증대시키거나 또는 동맹체[보헤미아, 모라비아, 오버라우지츠(Oberlausitz), 그리고 니터라우지츠(Niederlausitz)로 구성된 동맹체: 첨가]에 가입한 지방들의 특권을 지속적으로 보호하고, 방어하기 위해(Allein zu Beförderung Gottes Ehre, zu beständigen Schutz und Rettung eines jeden Landes Privilegien)'라는 머리말로 시작된 1619년 7월 31일의 헌법, 즉 보헤미아 연방문서(die böhmischen Konföderationsakten)에서는 귀족들의 제 특권이 다시금 부각되었는데 그러한 것은 보헤미아 국왕의 권위 및 위상이 크게 제한된 데서 확인할 수 있다. 이에 따라 국왕은 앞으로 귀족동맹에서 선출되고, 이렇게 선출된 국왕은 의회의 동의 없이 선전포고를 하거나 외국으로부터 차관도입도

할 수 없게 되었다. 아울러 헌법에서는 신교도들만이 고위관료로 임용될 수 있다는 것과 신교지역 내에서 가톨릭교회를 건립할 수 없다는 것 등도 명시되었다. 또한 헌법에서는 연방체제구축에 필요한 일련의 기본적 골격도 제시했는데 이것은 향후 스위스와 네덜란드의 헌법제정에도 지대한 영향을 주었다.

이 당시 '30인 집행위원회'는 프라하에서 제수이트 회원들을 추방했을 뿐만 아니라 국왕을 지지했던 인물들의 재산도 강제로 몰수했다. 이어 위원회는 1619년 8월 22일 페르디난트가 승계한 보헤미아 왕국의 국왕지위를 더 이상 인정하지 않겠다는 입장도 밝혔는데 그것은 '오스트리아 국왕이 보헤미아 귀족들의 권한을 침해하지 않는다'라는 1526년의 합의각서에서 비롯된 것 같다. 보헤미아 귀족들의 이러한 행동은 자신들을 지원할 외부 세력들, 즉 신교국가들이 있다는 확신에서 나온 듯하다. 실제적으로 네덜란드는 '30인 집행위원회'에게 50만 굴덴(Gulden)의 재정적 지원을 약속했을 뿐만 아니라 6천 명의 병사를 이미 보헤미아 남부지방에 파견하는 적극성도 보였다. 이러한 분위기에 고무된 '30인 집행위원회'는 영국의 제임스 1세(James I)의 사위였던 팔츠(Pfalz) 선제후(Kurfürst)의 프리드리히 5세(Friedrich V: 1610~1620)*와 접촉한 후 8월 26일 그를 보헤미아 왕국의 국왕으로 선출했다. 이에 앞서 같은 날 '30인 집행위원회'는 보헤미아 왕국이 선출왕국이라는 것을 다시금 강조했는데 이것은 자신들의 행위에 대한 당위성을 확보하려는 의도에서 비롯된 것이라 하겠다. 1619년 11월 4일 보헤미아 국왕으로 등극한 프리드리히 5세는 1608년 5월 신성로마제국 내의 신교 제후들과 더불어 일종의 군사동맹체제인 유니온(Union)

---

* 이 당시 팔츠 선제후는 네카르(Neckar) 강변의 하이델베르크(Heidelberg)를 수도로 삼고, 슈파이어(Speyer), 보름스(Worms), 마인츠(Mainz), 그리고 트리어(Trier) 주교들의 토지가 산재한 모젤(Mosel)강, 자르(Saar)강, 그리고 라인(Rhein)강 사이 삼각형 모양의 부유한 포도주 산지를 소유했다. 또한 그는 도나우 강과 보헤미아 숲 사이의 가난한 농촌 지역인 오버팔츠(Oberpfalz)도 지배했다. 팔츠 선제후는 이렇게 독일의 두 요지인 라인 강변과 도나우 강변을 차지하고 있었기 때문에 언제라도 여러 곳에 산재한 합스부르크 가문 소유의 영지들 간의 연락을 차단시킬 수도 있었다.

■ 빌라 호라 전투

을 결성한 이후부터 구교세력과 대립하고 있었다.

보헤미아 국왕으로 등극한 직후 프리드리히는 보헤미아-팔츠의 연합군을 이끌고 빈을 공격했으나 가시적인 성과를 거두지는 못했다. 그러나 이러한 선제공격은 유럽의 구교 국가들로 하여금 페르디난트 2세를 지원해야 한다는 인식을 가지게 했을 뿐만 아니라 오스트리아가 보헤미아-팔츠와의 대립에서 우위를 차지하게 하는 계기도 되었다. 이러한 상황을 역전시키기 위해 1620년 11월 8일 안할트(v. Anhalt)는 보헤미아-팔츠 연합군을 이끌고 빌라 호라(Bilá Hora)에서 틸리(Tilly) 장군이 지휘하는 오스트리아 및 그 동맹국가 군들과 대접전을 펼쳤으나 끝내 패하고 말았다.

이후 항쟁을 주도한 인물들이 처형된 이후 보헤미아 전 지역에서는 재산몰수, 추방, 그리고 재가톨릭화가 2년 이상 지속되었고 그러한 상황은 특히 프라

■ 스타로메스케 나메스티에서의 항쟁군 지도자들 처형

하의 사회 구조를 근본적으로 변경시키는 요인으로도 작용했다. 실제적으로 페르디난트 2세는 몰수한 신교귀족들의 영지를 자신의 추종세력과 보좌관들에게 하사했고 후스전쟁 이후 영토적 손실을 입었던 프라하 인근의 수도원들과 고위 성직자들에게도 분배했다. 이 당시 몰수 및 배상을 전담한 황제몰수연합위원회는 680명의 귀족들의 재산과 50여 개의 도시들이 보유한 자산을 강제적으로 몰수했다. 또한 항쟁에 참여한 많은 사람들 역시 자신들의 재산의 20%에서 50% 정도를 포기해야만 했다.[*]

---

[*] 체코의 저명한 역사가였던 코치(J. Kočí)는 프라하 창밖 투척사건에 역사적 의미를 부여했는데, 프라하 창문 밖 투척사건으로 체코 민족의 재난과 불행이 본격적으로 시작되었다는 것이다.

5. 개정지방법의 내용과 문제점

1621년 6월 21일과 22일에 프라하의 구시가지 광장인 스타로메스케 나메스티(Staroměstské náměstí)에서 27명의 항쟁군 지도자들이 처형되었다. 처형 이후 페르디난트 2세는 자신이 몰수한 신교귀족들의 영지들을 자신의 추종세력과 보좌관들에게 하사했고 후스전쟁 이후 영토적 손실을 입었던 프라하 인근의 스트라호브(Strahov) 수도원과 고위 성직자들에게 분배했다.

페르디난트 2세의 신교압박정책은 오스트리아 왕국 내 신교세력, 특히 보헤미아 지방에서 신교의 위상을 크게 약화시켰지만 이것은 합스부르크 왕조에 대한 유럽 국가들의 부정적 시각을 강화시키는 요인으로도 작용했다. 이제 유럽의 신교 국가들은 오스트리아의 국내 문제에 적극적으로 개입해야 한다는 의무감도 가지게 되었다. 이에 따라 오스트리아 왕국에서 발생된 종교 분쟁은 유럽 신교 국가들의 본격적인 개입을 통해 국제적인 분쟁으로 비화되었고 그것은 30년 전쟁(1618~1648)을 유발시켰다.[*]

---

[*] 30년 전쟁의 초반부터 페르디난트 2세를 적극적으로 지지한 인물은 발렌슈타인(Wallenstein)이었는데 이 인물은 1606년 구교로 개종한 이후부터 빈 정부에서 정치 활동을 펼쳤다. 발렌슈타인은 1609년 보헤미아와 모라비아에 거대한 영지를 가진 미망인 란드에크(L. v. Landeck)와 결혼함으로써 풍족한 생활을 했으며, 1614년 그녀가 죽고 난 후 재산 모두를 상속받았다. 그는 보헤미아 귀족들이 1620년 항쟁을 일으켰을 때 페르디난트 2세를 위해 헌신적 지원을 하기도 했다. 항쟁이 진압된 이후 그는 보헤미아의 총독으로 임명되었고 보헤미아, 모라비아, 그리고 오스트리아에서 액면가격의 절반으로 화폐를 찍어낼 수 있는 권한도 부여받았다. 이렇게 평가 절상된 화폐를 가지고 발렌슈타인은 처형 또는 추방당한 귀족들의 영지 60여 개를 공식 평가액의 절반값으로 사들였다. 이후 그는 프라하 인근의 프리드란트(Friedland; Frýdlant) 지방을 하사받고 이 지방의 공작으로도 임명되었다. 따라서 이 인물은 보헤미아 지방을 재분배하는 과정에서 가장 많은 경제적 이익을 얻었다. 그런데 신교 세력과의 대립과정에서 결정적 역할을 담당했던 발렌슈타인이 1630년 8월 13일 바이에른(Bayern)의 선제후 막시밀리안 1세(Maximilian I)가 결성한 제후동맹에 의해 갑자기 실각되었는데 그것은 황제권의 강화로 신성로마제국 내 제후들의 입지가 약화될 수 있다는 제후동맹의 판단에서 비롯된 것 같다. 상황이 이렇게 전개됨에 따라 발렌슈타인은 자신의 권력유지에 필요한 방법을 모색하게 되었다. 여기서 그는 빌라 호라 전투에서 패배한 이후 국외에 체류 중이었던 투른 백작과의 접촉을 시도했는데 이것은 그동안 견지한 친가톨릭 세력과의 결별로도 볼 수 있을 것이다. 프라하를 탈출한 이후 스웨덴에서 보병원수(Feldmarschall)로 활동 중이었던 투른 역시 발렌슈타인과 작센선제후의 도움을 받아 보헤미아 지방으로 돌아오려고 했다. 이후 스웨덴과 작센 선제후국에서 활동하던 투른과 그의 추종세력은 프라하로 귀환하게 되었고 이들은 즉시 자신들의 재산반환에 대해 관심을 보이기 시작했다. 아울러 이들은 정치적·종교적인 복수도 감행했는데 이것은 오히

백산전투에서 패한 후 네덜란드로 망명한 프리드리히 5세는 신교세력의 규합을 통해 오스트리아에 대응하려고 했다. 이에 따라 그가 보낸 팔츠의 대표가 1625년 12월 헤이그(Den Haag)에서 영국, 네덜란드, 그리고 덴마크의 대표들과 협상을 펼쳤고 거기서 동맹 체제의 구축도 합의했다. 동맹체제가 결성된 지 얼마 안 되어 동해(Ostsee)에서 주도권을 장악하려던 덴마크 국왕 크리스티안 4세(Christian Ⅳ)가 군사 개입을 선언했는데 그러한 행동이면에는 리슐리외(Richelieu)의 압력이 크게 작용한 것 같다. 크리스티안 4세는 3만 명의 병력을 이끌고 신성로마제국으로 진격 했다. 이후 그의 군대에 영국의 제임스 1세가 파병한 영국군과 신성로마제국 내의 신교 귀족들의 병력이 합류했지만 이들은 1626년 8월 27일 루테르(Lutter)에서 펼쳐진 전투에서 틸리의 리가 군에게 대패를 당했다. 이후 틸리의 리가 군은 홀슈타인(Holstein), 메클렌부르크(Mecklenberg), 그리고 포메라니아(Pommern) 지방*을 점령함으로써 발트 해 연안 전체를 수중에 넣게 되었다.

이렇게 신교세력이 쉽게 격파됨에 따라 페르디난트 2세는 1627년 5월 10일

려 당시의 상황을 악화시키는 요인만이 되었을 뿐이다. 실제적으로 투른과 그의 추종자들은 제수이트 교도들에게 24시간 이내에 프라하를 떠날 것을 요구함에 따라 가톨릭세력의 조직적인 반발이 야기되었다. 더욱이 당시 작센 선제후는 투른을 비롯한 귀향자들의 요구에 따른 소유토지의 재분배에 대해 부정적인 시각을 표시했고 그것은 투른의 시도에 제동을 거는 요인으로도 작용했다. 프라하를 재장악한 투른은 신교도들의 종교적 행사를 허용했고 이것은 가톨릭으로 개종한 많은 사람들로 하여금 다시 신교로 개종하게 하는 요인이 되었다. 그리고 투른은 빌라 호라 전투 이후 처형된 지도자들의 시신을 수습하여 매장하게 했다. 프라하에서 진행된 상황은 1620년 이전으로 회귀한 것 같은 느낌을 가지게 했지만 이러한 분위기는 7개월 만에 중단되었다. 투른과 그의 추종세력이 프라하로 귀환하는 데 큰 기여를 한 발렌슈타인은 프라하에서 진행된 일련의 상황에 대해 깊은 우려를 표명했다. 특히 그는 투른이 시도하려 했던 소유토지의 재분배와 재산반환에 대해 부정적이었는데 그것은 이러한 시도로 자신의 재산 역시 크게 감소되리라는 판단을 했기 때문이다. 이러한 시점에 페르디난트 2세 역시 보헤미아 상황을 더 이상 방치해서는 안 된다는 생각을 하게 되었고 그러한 상황해소의 적임자가 바로 발렌슈타인이라는 것도 인지하게 되었다. 이에 따라 페르디난트 2세와 발렌슈타인사이에 서너 차례에 걸친 독대가 펼쳐졌고 그 과정에서 페르디난트 2세는 발렌슈타인이 보헤미아 귀족들과 연계한 사실, 즉 반역이나 모반적 행위에 대해 더 이상 거론하지 않겠다는 입장을 밝혔을 뿐만 아니라 발렌슈타인을 보헤미아 지방의 총지휘관(Generalismus)으로 임명하여 보헤미아 문제를 해결하려 한다는 의도도 밝혔다. 이렇게 페르디난트 2세로부터 사면을 받은 발렌슈타인은 보헤미아 지방에서 신교세력을 축출하기 위한 수순을 공식적으로 밟게 되었고 그것에 따라 투른과 그의 추종세력은 다시금 보헤미아 지방을 떠나야만 했다.

* 포메라니아는 발트해 연안에 위치한 지방이다.

개정지방법(Verneuerte Landesordnung)을 공포하는 민첩성을 보였다. 합스부르크 왕가와 보헤미아 지방 사이의 법적 상황을 취급한 개정지방법에서 거론된 것들은 다음과 같다.

① 향후 오스트리아 위정자는 보헤미아의 왕위계승권을 가진다.

② 오스트리아 위정자는 법률제정권, 행정권, 그리고 군사통솔권을 가진다.

③ 보헤미아 왕국에서 가톨릭교회의 지위를 복권시킨다.

④ 오스트리아 위정자는 보헤미아 왕국의 고위관료들을 임명할 권리를 가진다. 그리고 이렇게 임명된 관료들은 보헤미아 귀족들에게 더 이상 책임질 필요가 없지만 오스트리아 국왕에게는 충성서약을 해야 한다. 또한 이들의 임기는 종신직이 아닌 5년으로 제한한다.

⑤ 보헤미아 궁내성은 빈으로 이전한다.

⑥ 보헤미아 귀족들의 제 권한 및 특권은 오스트리아의 지배체제에 영향을 주지 않는 한도 내에서만 그 행사가 가능하다.

⑦ 보헤미아 귀족회의의 법안발의권을 더 이상 허용하지 않는다. 다만 이들은 싱세권을 행사할 수 있다.

⑧ 향후 재판권은 더 이상 보헤미아 귀족들의 독점 권한이 아니다. 이제 빈의 군주재판소는 상소될 법률적 사안들에 대한 최종판결권을 가진다.

⑨ 오스트리아의 위정자들에게 충성스런 국외 인물들이 보헤미아 지방에서 재산 또는 토지를 임대할 수 있는 권한을 인정하고 보헤미아 성직자들이 신분질서체제에서 최상위를 차지하는 것도 보장한다.

⑩ 체코어와 더불어 독일어를 사회공용어로 통용시킨다.

개정 보헤미아 지방법이 공포된 이후 비가톨릭 신앙을 고수하려던 보헤미아 지방의회의 구성원들은 보헤미아 지방을 떠나야 했고 떠날 수 없었던 농민들은 가톨릭으로 개종해야만 했다. 아울러 개정 지방법이 본격적으로 시행됨에 따라 지금까지 보헤미아 왕국에서 절대적 권한을 행사하던 귀족들의 위상은 크게 실추되었고 이것은 보헤미아 왕국에서 절대적 권력을 가진 군주의 등장도 가능하게 했다. 점차적으로 보헤미아 왕국의 위상은 오스트리아의 한 지방으로 격하되었고 이러한 지위는 1918년 체코슬로바키아 공화국이 등장할 때까지 지속되었다.[*]

---

[*] 빌라 호라 전투에서 보헤미아의 프리드리히 5세가 오스트리아의 페르디난트 2세에게 패배한 이후 오스트리아와 신성로마제국의 신교세력은 붕괴 직전에 놓이게 되었고 그것은 유럽의 신교 국가들로 하여금 오스트리아 문제에 개입하게 하는 결정적 요인이 되었다. 이에 따라 덴마크, 스웨덴, 그리고 프랑스의 개입이 있게 되었고 그것으로 인해 신교국가들과 구교국가들 사이의 전쟁, 즉 30년 전쟁은 1648년까지 지속되었다. 그러다가 1648년 10월 24일 베스트팔렌(Vestfálsko) 조약이 체결되었다. 모두 194개국의 대표들이 서명한 이 조약에서는 신교도, 특히 칼뱅(Calvin)파에 대한 종교적 자유가 허용되었다. 아울러 1624년의 신교 및 구교의 재산이 인정되었을 뿐만 아니라 신성로마제국의 황제재판소에서 루터파와 칼뱅파는 동수의 재판관 주재 아래 재판도 관장하게 되었다. 또한 제국의회에서 종교적 안건(Itio in partes)을 원활히 토론하기 위해 구교와 신교 기구(Corpus Evangelicorum/ Corpus Catholicorum)를 별도로 운영한다는 것도 거론되었다. 그리고 종교적인 안건이 법적인 효력을 가지지 위해서는 양 기구의 합의가 반드시 필요하다는 것이 명시되기도 했다. 아울러 전쟁참여국들은 영토적 보상에 대해서도 합의했다. 이러한 영토보상으로 프랑스는 유럽에서 가장 강력한 국가로 부상했다. 베스트팔렌 조약에서는 스위스와 네덜란드의 독립도 공인되었다. 아울러 프랑스와 스웨덴은 1663년 레겐스부르크(Regensburg)에서 개원하기로 한 제국의회에 참석하여 평화협상이나 제국헌법제정에 관여할 수 있는 특권도 부여받았다.
30년 전쟁의 여파로 보헤미아 왕국은 상당한 영토를 상실했을 뿐만 아니라 ⅓에 해당되는 인구도 잃었다. 또한 국토가 황폐해지고, 경제마저 피폐해짐에 따라 체코인들의 고통은 한계상황에 놓이게 되었다. 그런데 이러한 고통은 귀족, 도시민, 그리고 성직자와 같은 특권 계층보다는 이들에게 종속된 인구의 90%를 차지하던 비특권 계층이 훨씬 많이 감내해야만 했다. 그리고 이러한 계층의 절대다수를 차지하던 농민들이 물론 자신들의 농사를 짓기도 했지만, 로보타(robota)라 불리는 강제 노역과 세금 때문에 그 생활의 궁핍도는 한계상황에 놓이게 되었다. 따라서 이 시기에 빈번히 발생했던 농민 소요의 배후에는 이러한 농민들의 고통이 있었다. 그리고 강제 노역의 법정 일수는 주당 최고 3일까지로 규정하고 있었지만, 추수기와 같은 특별한 경우에는 그 이상을 하도록 규정했는데 이를 악용하는 경우가 허다했다. 더욱이 복속된 농민들은 영주의 승인 없이는 영지를 떠날 수 없었고 반드시 영주의 영지에서 강제 노역의 의무를 다해야 한다는 규정을 두고 있었는데, 이러한 규정은 농민들을 농노의 신분으로 전락시키는 것이라고 하여 '제2의 농노제(druhé nevolnictví)'라는 말이 생길 정도였다.

3장

계몽 절대주의

1. 계몽 절대주의 Osvícenský absolutismus

18세기는 전통적 질서체제의 몰락이 가시화되면서 이성(rosum) 시대의 도래를 예고했다. 새로운 세계관이 창출되고 그것에 따른 새로운 생활양식이 도입되었고, 이성을 토대로 무지와 편견으로부터의 해방이 지향되었고, 귀족과 교회의 특권 및 권위에 반대하면서 인간의 합리적인 사유 및 자율이 제창되었고, 이성의 계몽을 통해 인간 생활의 개선 및 진보가 제안되기도 했다. 이러한 정신사적 움직임을 후세의 역사가들은 '무명을 밝히고 어둠을 몰아낸다'라는 빛(světlo)의 상징성을 빌려 계몽주의(osvícenství)라 지칭했다. 18세기의 유럽 정치사는 군주에게 권력이 집중되었던 절대왕정체제에서 벗어나지 못했지만 점차적으로 이러한 질서체제가 사상적 계몽주의와 결합하면서 계몽적 절대주의(osvícenský absolutismus)체제가 등장하게 되었다. 이렇게 등장한 계몽적 절대주의는 절대 군주가 계몽적 사상에 따라 공평무사한 개혁을 추진하는 계몽적-이신론적 국가상(osvícensko-deistický představastátu)을 지향했다. 따라서 완벽하게 제 기능을 발휘하던 국가는 어떠한 결함도 용납하지 아니했으며, 따라서 그 기능을 방해하는 자에게는 가차 없이 징벌을 가한다는 원칙이 제시되었고, 이 는 다시 국가의 안정을 지키고 국가의 이익을 위한다는 빌미로 경찰주의적 테 러를 정당화시키는 경찰 국가적 절대주의도 등장하게 했다.

2. 계몽 절대군주의 등장

마리아 테레지아

카를 6세(Karl Ⅵ: 1711~1740)는 1713년 4월 19일 자신의 딸인 마리아 테 레지아(Maria Theresia)가 오스트리아 왕위계승에서 '자신의 동생인 요제프 (Joseph)보다 우위를 차지한다'라는 내용의 국사조칙(Pragmatische Sanktion)을 발표했다. 그 이유는 자신을 이어 오스트리아 왕위를 계승할 아들이 없었고, 고대 게르만법에서 거론된 '여자의 상속은 불허한다'라는 조항에서 파생될 수 있는 문제점을 사전에 차단하기 위해서 였다.[*] 1740년 10월 20일 카를 6세

---

[*] 26세에 신성로마제국의 황제로 등극한 카를 6세(Karl Ⅵ: 1685~1740)는 1716년 4월에 탄생한 아들 레 오폴드(Leopold)를 7개월 만에 잃은 후 마리아 테레지아(Maria Theresia: 1717~1780/1740~1780), 마리 아 안나(Maria Anna: 1718~1744), 마리아 아미리아(Maria Amalia: 1724~1730)만을 얻었다. 이에 따라 그는 향후 후계자문제가 크게 거론될 것이라는 판단을 하게 되었고 그것을 극복할 수 있는 방안에 대해서 도 구체적으로 강구하기 시작했다. 따라서 그는 가족 간의 협약(Hausvertrag)인 '상호 간의 상속순위(pactum mutuae successionis)'를 자신의 관점에 따라, 즉 그는 '남자상속인이 없어도 자신의 가문이 계속하여 오스 트리아 왕위를 계승할 수 있다'라는 내용으로 변경시키려 했다. 그러나 이는 형 요제프(Josef)의 두 딸인 마 리아 요제파(Maria Josepha: 1699~1757)와 마리아 아마리아(Maria Amalia: 1701~1756)가 왕위계승권 (Sukzessionsrechte)을 포기해야만 자신의 장녀인 마리아 테레지아에게 왕위를 계승할 수 있었다. 또한 그는 법 적으로 규제되지는 않지만 왕국 내 귀족들과의 타협을 통해 그들의 동의도 얻어내야 하는 과제를 가지고 있 었다. 1713년 4월 19일 카를 6세는 자신의 장녀인 마리아 테레지아가 '오스트리아 왕위를 계승할 수 있다'라 는 내용의 국사조칙(Pragmatische Sanktion, Sanctio pragmatica)을 발표했는데 그것은 왕위계승에 대한 가 족 간의 협약을 국법으로 대체시킨 것으로 볼 수 있다. 이후 왕국 내의 귀족들은 카를 6세가 공포한 국사조칙 을 인정했다. 아울러 유럽의 열강들도 러시아를 필두로 국사조칙을 공인했다. 즉 러시아는 1726년, 프로이센은 1728년, 영국은 1731년, 그리고 프랑스는 1738년에 국사조칙을 인정했다. 국사조칙은 로마법에서 나온 것으 로 국가가 공공 이익을 위해 개인권리를 무시하면서 내릴 수 있는 결정이라 하겠다.

가 죽은 후 23세의 마리아 테레지아는 국사조칙에 따라 같은 달 오스트리아의 위정자로 등극했다. 국사조칙에 따라 마리아 테레지아는 오스트리아의 왕위를 계승했지만 바이에른의 선제후였던 알브레흐트(Albrecht)가 이에 대해 이의를 제기했다. 아울러 프랑스, 에스파냐, 그리고 작센(Sachsen)도 마리아 테레지아의 왕위계승에 대해 부정적인 입장을 표방했다. 이에 반해 영국은 국사조칙에 따라 왕위계승을 한 마리아 테레지아의 정통성을 인정하려고 했다. 이 당시 독일권에서 오스트리아와 대립상태에 있었던 프로이센의 프리드리히 2세(Friedrich Ⅱ) 역시 마리아 테레지아의 왕위계승을 인정하지 않았다. 따라서 그는 1740년 12월 16일 오스트리아의 슐레지엔(Schlesien: 보헤미아 왕국에 포함되었던 지방)의 여러 지역, 즉 제거른돌프(Jägerndorf), 브리그(Brieg), 리그니츠(Liegnitz), 보라우(Wohlau)를 선제공격했다. 이어 그는 슐레지엔의 주도였던 브레스라우(Breslau)도 점령했다. 프로이센의 이러한 군사적 행동에 고무 받은 국가들 역시 오스트리아를 침략하는 데 주저하지 않았다. 바이에른은 상오스트리아(Oberösterreich), 작센은 보헤미아 지방, 에스파냐는 이탈리아에서 오스트리아가 장악하고 있던 지역, 그리고 프랑스는 라인 강을 건너 오스트리아를 공략하기 시작했다. 1748년까지 지속된 이 전쟁에서 오스트리아는 당시 왕국에서 경제적으로 가장 활성화된 슐레지엔 지방과 클라트스코(Kladsko)를 프로이센에게 할애해야만 했다. 이후 슐레지엔 지방은 보헤미아 왕국으로부터 완전히 분리되었는데 그것은 보헤미아 왕국과 전혀 관계없는 전쟁으로 인해 체코인들이 감내해야 할 너무나 큰 손실이었다. 전쟁 중 마리아 테레지아는 1741년에 헝가리 국왕, 1742년에 보헤미아의 국왕으로 등극했다.

즉위 초부터 마리아 테레지아는 중앙집권체제를 구축하려는 시도를 펼쳤고 그러한 과정에서 하우그비츠(F. W. v. Haugwitz) 백작과 카우니츠−리트베르크(Kaunitz−Rietberg) 백작이 핵심적 인물로 참여했다. 하우그비츠 백작은 보헤미

■ 마리아 테레지아의 프라하 방문

아의 최고행정기구였던 궁내성(Hofkanzlei)을 빈 궁내성에 포함시켰다. 그러나 헝가리 궁내성은 그대로 존속시켰는데 그것은 헝가리인 들에게 자치권을 계속 부여하려는 의지에서 나온 것 같다.[*] 마리아 테레지아는 중앙집권화를 구축하는 과정에서 사법권과 행정권을 분할시키려 했고 각 지방에는 지방청(Kreisamt)을 설치했다. 아울러 그녀는 지금까지 면세계층이었던 귀족 및 성직자들에게도 세금을 부과했다. 이에 따라 이들 특권계층은 그들 수입의 18.75%를 세금으로 납부해야만 했다. 이에 대한 반대급부로 국가는 징집, 군대의 무장 및 유지비를 부담하기로 했다. 그런데 이러한 세금부과는 경제적으로 활성화된 오스트리아와 보헤미아 지방에서 집중적으로 이루어졌다. 이제 농민들은 그들의

---

[*] 제1차 오스트리아왕위계승전쟁이 발발한 직후 마리아 테레지아는 어려운 상황에 놓이게 되었다. 이에 따라 그녀는 자신의 어린 아들인 요제프와 같이 헝가리로 가야만 했다. 이 시기에 헝가리 귀족들은 기존의 반오스트리아적 입장을 포기하고 마리아 테레지아의 지원요청을 기꺼이 받아들였는데 이는 후에 마리아 테레지아와 그녀의 후계자들이 헝가리에 대해 특별배려를 하게 하는 결정적인 요인이 되었다.

지주에게 더 이상 현금이나 현물을 납부하지 않아도 되었지만 이들은 국가에 기본세를 내는 의무를 부여받았다. 아울러 마리아 테레지아는 농민들의 어려운 상황을 고려하여 부역을 법적으로 제한시키려고 했지만 그러한 조치는 잘 지켜지지 않았다.* 그리고 1774년 일반학교법을 제정하여 신민들의 교육기회를 확대시켰다.**

요제프 2세

마리아 테레지아에 이어 오스트리아의 군주로 등장한 요제프 2세(Joseph II: 1765~1790)는 요제프주의(Josephinismus)라 지칭되는 개혁정책을 펼쳤다. 그가 추진했던 개혁정책의 실체는 사람은 모두 하느님 앞에서 평등하기 때문에 귀족 및 성직자들의 특권은 시정되어야 한다는 것이다. 따라서 그는 농노들이 해방되어야 할 뿐만 아니라 비생산적인 교회의 재산역시 국가에 환원되어야 한다는 입장을 피력

■ 요제프 2세

했다. 아울러 요제프 2세는 인간의 본능에 역행하고 인구증가를 저해하는 금욕주의와 독신주의는 배격되어야 하며 국가의 신민 모두는 하느님을 섬기듯 국가의 군주도 섬겨야 한다는 견해를 제시했다.

1781년 요제프 2세는 보헤미아 지방에서 '농노제 폐지에 대한 칙령(patent o zrušení nevolnictví)'을 발표했다. 이에 따라 영지에 예속된 농민들은 봉건 영주의 허가 없이 결혼 및 이주가 가능하게 되었고 자녀들 역시 학교에 보낼 수 있

---

* 농민들의 부역은 주당 3일로 제한되었다.

** 이에 따라 전국 각지에 초등학교가 설치되었다.

게 되었다. 그러나 봉건 영주에 대한 강제 노역(robota)의 의무와 현금세와 물납세에 대한 의무는 그대로 유지되었기 때문에 보헤미아 지방의 여러 곳에서 농민소요가 발생했다. 이에 요제프 2세는 1785년부터 전국적인 토지조사에 나서게 되었고 그것을 토대로 1789년 혁명적인 조세정책도 발표했다. 요제프 2세는 그의 어머니가 추진했던 중앙집권화정책을 보다 강화시켰는데 그러한 것은 신분의회가 가졌던 조세 징수권을 박탈한 것과 상비군 수를 300,000명으로 늘린 것 등에서 확인할 수 있다. 아울러 그는 독일어를 사회공용어로 채택하는 칙령을 발표하여 비독일계 민족, 즉 체코인, 폴란드인, 그리고 마자르인들의 반발을 유발시켰다. 그럼에도 불구하고 요제프 2세는 1784년 체코과학협회(Česká společnost nauk)를 설립했고, 이 협회는 바로 왕립체코과학협회(Královská Česká společnost nauk)로 확장되어 체코 학문 발전에 크게 공헌했다. 또한 1783년에 프라하에 스타보프스키 극장(Stavovské divadlo)이 설립되어 모차르트(Mozart)의 '돈 지오반니(Don Giovanni)'를 비롯한 많은 가극과 연극들이 상연되었는데, 이 중에는 체코어로 된 공연도 포함되어 있었다.*

요제프 2세는 자신이 지향한 요세프주의에 따라 교회에 대한 개혁도 본격적으로 추진했다. 그는 1773년 제수이트 교단을 폐지시켰는데 이것은 지금까지 제수이트 교단에 소속되었던 인문계 고등학교들과 대학들이 교회로부터의 간섭에서 완전히 벗어나게 된다는 것을 의미한다고 하겠다. 또한 요제프 2세는 국가행정에 참여한 성직자들을 물러나게 했을 뿐만 아니라 교회 자체도 국가행정 개혁의 대상으로 간주했다. 요제프 2세는 1781년 '관용의 칙서(toleranční patent)'를 발표하여 보헤미아 지방에서의 종교의 자유를 보장했다. 이로서 빌라 호라 전투 이후 160년 만에 루터교와 칼뱅교와 같은 프로테스탄트가 합법

---

* 돈 지오반니는 프라하 시가 모차르트에게 의뢰하여 만든 작품이다. 돈 지오반니는 에스파냐의 유명한 전설적 여색가이자 바람둥이였던 귀족 돈 주안(Don Juan)의 행적을 다룬 작품으로 희극과 비극적 요소를 적절히 혼합하여 만든 수작이다.

적인 종교로 인정되었고, 동방정교회와 유태교도 종교의 자유를 얻게 되었다. 이어 1782년부터 수도원을 축소시키는 정책이 펼쳐졌고 4년 후인 1786년에 이르러 738개의 수도원이 폐쇄되었는데 그것은 전체 수도원(2,163)의 ⅓이 넘는 비율이었다.* 그러나 이러한 과정에서 교육기관으로 활동했던 수도원들은 폐쇄대상에서 제외되었다.

이 당시 요제프 2세는 국력을 증대시키고 국방을 튼튼히 하기 위해서는 교육을 통한 신민의 자질함양이 필요하다는 인식을 가지고 있었다. 따라서 그는 교육개혁에 착수했고 1774년에 새로운 교육정책을 공포하여 6세부터 12세까지의 아동들에게 의무교육제를 도입했으며, 초등과 중등교육제도를 새로이 정비했다. 1784년에는 실용적인 전문 인력과 사무 관료의 양성이라는 국가목표를 보다 충실히 이행하기 위해 왕국 내의 대학들을 개편하기도 했다. 이러한 계몽적 절대주의에 입각한 교육개혁은 농민들이나 하층민들에 대한 인도주의적 교육과는 사실상 거리가 먼 것으로서, 절대적 국가권력의 강화를 위한 국가의식과 일사불란한 규율의식의 함양을 궁극적인 목표로 설정했다.

요제프 2세는 법전 선진화에도 관심을 보였다. 이에 따라 1787년에 형법이 제정되었고 다음 해 공포된 형사법정안은 법전 선진화에 크게 기여했다. 여기서는 사회성원의 법적 평등화**가 거론되었을 뿐만 아니라 3심제도의 운영에 대해서도 언급되었다. 아울러 언론에 대한 검열제도 역시 폐지되었다. 또한 유태인들의 법적 지위에 대한 관심도 표명했는데 그것은 이들에게 시민권을 부여한 것에서 확인할 수 있다.*** 요제프 2세는 국내 산업을 보호하기 위해 관세를 수시로 인상했고 경제적 활성화에 걸림돌이 되었던 길드(Guild)제도도 폐지시켰다.

---

* 폐쇄된 수도원의 재산은 빈에 위치한 병원들의 운영 및 연구자금으로 활용되었다.
** 범법자는 계층에 관계없이 똑같이 처벌되었다.
*** 아울러 요제프 2세는 이들에게 신앙의 자유도 허용했다.

4장

마티체 체스카의 결성 및 활동

1. 민족운동의 제 단계

근대 세계에서 민족주의는 항상 관심의 대상이었다. 그러나 민족주의를 논의하는 과정에서 등장하는 민족의 개념을 정확히 설명한다는 것은 그리 쉬운 일이 아니다. 그러나 같은 종족·지방·직업을 중심으로 그 성원들의 충성심만으로 개괄적 설명도 가능한데 그것은 동일한 경험적 배경을 가진 사람들이 그들 스스로를 하나의 집단으로 생각하고, 그들 이외의 사람들을 배타시하기 때문이다. 민족 역시 자기를 집단으로 의식하는 하나의 단위로 볼 수 있다. 그러나 이것은 다른 집단과는 달리 그 자신만의 독특한 성격도 가지고 있다. 일반적으로 이것의 규모는 매우 크며, 수백만 명 이상의 성원을 중심으로 계층·직종 그리고 다양한 지방적 하부문화까지 포함하는 경우가 많다. 아울러 그 성원들은 상이한 종파에 속하며, 경우에 따라서는 서로 다른 언어를 사용하는 경우도 있다. 그러나 이러한 이질적인 요소에도 불구하고 자신들을 하나의 집단으로 생각하고, 그 밖의 모든 사람들을 외국인이라고 간주하는 하나의 민족은 그러한 유대감을 유발시키는 과거 또는 현재에 무엇인가 서로 공감할 수 있는 것을 가지고 있어야 한다. 이유야 어떻든 하나의 민족은 스스로를 타민족과 뚜렷이 구별하는 의식을 가진 집단으로서 이민족에 의한 지배를 혐오하며 자기들의 주권국가를 요구하게 되는데 바로 이러한 요구가 근대정치발전에서 매우 중요한 역할을 담당하게 되었던 것이다.

　다민족국가였던 오스트리아도 18세기 말부터 민족주의의 영향을 받기 시작했고 그것에 따라 이 국가 역시 어려운 상황에 놓이게 되었지만 당시의 질서체제, 즉 절대왕정체제는 이러한 것을 효율적으로 통제할 수 있었다. 그런데 오스트리아 제국에서 민족주의가 확산됨에 따라 비독일계 민족의 선각자들은 그들 민족이 처한 상황을 정확히 직시하게 되었다. 따라서 이들은 독일 민족과 그들 민족 간의 관계를 수평적으로 재정립해야 한다는 주장을 펼치기 시작했고 그러한 관점에 관심을 보이지 않던 빈 정부에 대해서도 신랄한 비판을 가하기 시작했다. 특히 여러 민족이 혼거한 지방에서 전개된 민족 운동은 매우 격렬했는데, 그중에서도 독일 민족과 체코 민족이 혼거한 보헤미아 지방에서 진행된 민족 운동과 거기서 부각된 문제점들은 다른 지방에 비해 심각했다.

　이 당시 체코 민족이 전개한 민족 운동 역시 제국 내 비독일계 민족들과 마찬가지로 초기, 중기, 말기 단계를 거쳤는데 그것을 살펴보면 다음과 같다.

① 초기 단계 : 마리아 테레지아에 이어 오스트리아의 위정자로 등장한 요제프 2세 시기부터 체코의 민족 운동은 본격적으로 시작되었는데 그것은 이 시기부터 왕국의 독일화 내지는 중앙정책이 보다 구체적으로 추진되었기 때문이다. 보이그트(Voigt), 펠츨(Pelcl), 도브네르(Dobner), 그리고 도브로프스키(Doborovsky) 등이 이 시기의 민족 운동을 주도했는데 체코 민족의 언어, 역사, 그리고 문화가 이들의 관심 및 연구대상이었다. 그런

데 이들 모두는 헤르더(Herder)에서 비롯된 독일 낭만주의의 영향을 많이 받았다. 이 당시 헤르더는 루소(Rousseau)의 영향을 받아 독일 민족의 독자성을 강조했고 거기서 민족의 정신과 전통을 중시하는 이론을 정립했다. 헤르더는 문명이 인류나 개인보다는 민족이라는 집단에 의해 이룩되고 창조력 역시 그러한 집단 내에서 발휘된다는 주장을 펼쳤다. 이렇게 낭만주의의 영향을 받은 민족의 선각자들은 그들 민족의 과거를 올바르게 재조명해야 한다는 것과 그것을 근거로 그들 민족이 처한 상황도 극복해야 한다는 것을 인지한 상태였다. 그럼에도 불구하고 이들 선각자들은 그들 민족에게 민족 운동에 동참할 것을 요구하지 않았는데 그것은 그들의 학문적 순수성과 부합되지 않았을 뿐만 아니라 당시의 정치적·사회적 여건, 즉 메테르니히(Metternich) 체제(1815~1848)하에서 불가능했기 때문이다. 물론 이들 중의 일부는 이러한 학문적 관심에서 벗어나 민족적 감정 내지는 자긍심을 그들 민족에게 부여하려는 적극성을 보이기도 했다.

② 중기 단계 : 중기 단계는 18세기 말부터 19세기 초에 태어난 인물들이 주도했는데 팔라츠키(F. Palacký), 샤파르지크(P. J. Šafarík), 그리고 하브리체크-보로프스키(K. Havlíček-Borovský) 등이 그 대표적인 인물들이라 하겠다. 독일의 여러 대학에서 수학한 이들은 낭만주의와 자연스럽게 접하게 되었고 거기서 민족적 자긍심을 그들 민족에게 부여할 수 있는 구체적인 방법도 터득하게 되었다. 이후 이들은 왜곡된 체코 민족의 과거를 재기술하는 작업에 적극적으로 참여했는데 그것은 체코 민족의 원초적 감정을 자극시켜 민족적 연대감을 확보하려는 의도에서 비롯된 것 같다. 뿐만 아니라 이들은 민족 운동이 그들만의 관심이 아닌 민족 전체의 관심으로 승화될 수 있게끔 노력했고 그것을 실천시키기 위한 조직결성, 즉 민족

운동이 저변으로 확산될 수 있게끔 독서협회(Leseverein)결성에도 열의를 보였다. 아울러 이 시기 프라하를 비롯한 일부 대도시의 대학생들이 예나 (Jena) 대학에서 결성된 부르셴샤프트(Burschenschaft)의 활동 및 지향목표에 대해 관심을 표명했고 그것에 따라 같은 성격의 학생단체 결성에도 적극성을 보였다.

이 시기의 후반기에 접어들면서 민족의 장래를 논하는 정치적 견해들도 간헐적으로 제기되기 시작했는데 그것은 이 시기에 활동했던 민족주의자들이 오스트리아 제국에서 그들 민족이 자치권(samospráva)을 획득해야 한다는 입장을 밝힌 것에서 확인할 수 있다. 그러나 이들은 어떠한 방법으로 그러한 자치권을 획득할 것인가에 대해서는 구체적으로 언급하지 않았다.

③ 말기 단계 : 중기 단계에 결성된 '보헤미아 국립박물관'과 '마티체 체스카 (Matice Česká)'의 활동이 이 단계에서 어느 정도 가시적인 효과를 거두게 되는데 그것은 민족 운동이 민족 성원 모두의 관심 및 실천 대상으로 부각된 데서 확인할 수 있다. 그리고 이러한 단계는 민족 운동의 진행 어부에 따라 약간의 차이는 있었지만 대체적으로 1860년대 초반부터 시작되었다. 여기서 체코의 민족 운동이 어느 특정 계층의 주도로 진행되었다는 사실을 확인할 수 있다. 그리고 이 계층은 자신들의 의도 속에 사회의 다른 계층들을 포함시키려는 노력을 적극적으로 펼쳤을 뿐만 아니라 민족 운동의 진행과정에서 계급적인 한계선을 설정하여 계급 간의 수평적 연대도 강화시키려고 했다.

2. 마티체 체스카의 결성과 지향목표

마티체 체스카의 결성

체코 민족 운동의 중기 단계는 앞에서 언급한 바와 같이 독일 대학에서 수학했던 인물들이 주도했다. 고향으로 돌아온 이들은 보헤미아 지방에서 민족 운동을 확산시키려고 했고 그것을 위해 이 지역에서 간행되던 신문이나 잡지 출간에도 적극적으로 참여했다. 이러한 노력은 신문이나 잡지라는 매개체로 사회적 공감대를 형성할 수 있다는 확신에서 나온 것이다. 아울러 이들은 그것을 토대로 체코인들의 연대성도 구축할 수 있다는 판단을 했다. 1826년 프라하에서 보헤미아 국립박물관 개관 및 그 활동이 가시화되었는데 여기에는 당시 보헤미아 귀족 계층을 대표하던 슈테른베르크(Sternberg) 형제, 호테크(Chotek), 다임(Deym), 코로브라트−립스타인스키(Kolowrat Liebsteinsky), 그리고 킨스키(Kinsky) 백작 등이 참여했다. 보헤미아 국립박물관은 설립 다음 해인 1827년부터 보헤미아 박물관지(Časopis Českého musea)를 발간하기 시작했는데 그 간행목적은 보헤미아 지방의 민족 운동에 관심을 보인 인물들을 결집시켜 민족 운동을 저변으로 확산시키겠다는 것이었다. 물론 이러한 신문이나 잡지를 구독하거나 보조한 계층 모두가 민족운동에 적극성을 보였다고는 볼 수 없으나 적어도 이 부분에 대해 수동적(pasivní) 관심을 가진 것은 사실이었다. 그리고 이 당시 신문들은 민족 운동이 전개된 대부분의 지역에서 적지 않은 역할도 담당했는데 그것은 이 매개체가 상당한 독자를 보유했다는 데서 기인된 것 같다. 그런데 신문의 이러한 위상 증대는 1820년대 말부터 도입되기 시작한 윤전기의 덕이라 하겠다.

보헤미아 박물관의 출판 의도는 1830년대에 접어들면서부터 가시적인 효과를 거두기 시작했다. 이에 따라 보헤미아 박물관지에 관여했던 인물들은 자신들이 설정한 목표를 보다 빨리 구체화시키기 위해 1831년 1월 1일 마티체 체스카라*는 독서 협회를 결성했다. 이렇게 보헤미아 박물관지의 부속기구로 출발한 이 독서 협회는 체코 문학을 활성화시키는 작업에 적극적으로 참여했을 뿐만 아니라 체코 민족 운동의 중추적인 역할도 점차적으로 담당하게 되었다. 이 독서협회의 초대 의장으로 팔라츠키가 선출되었고, 협회 창설에 적극적으로 관여했던 프레슬(J. S. Precl)은 부의장으로 지명되었다. 이 당시 팔라츠키는 역사적·언어적 동질성 하에서 민족적 개념을 정립해야 한다는 관점을 가지고 있었다. 특히 그는 후스주의에서 언급된 초기 슬라브적인 요소를 강조했고 슬라브 민족의 역사적 사명을 부각시켜 독일 민족과의 차별화도 모색했다. 이러한 팔라츠키의 역사관은 민족운동에 관심을 보인 시민 계층에게 정치적 자각 및 반독일 감정의 역사적 토대도 제공했다.

마티체 체스카의 지향목표

팔라츠키 이외에도 사파르지크, 하브리체크-보로프스키 등의 저명한 체코 인사들이 마티체 체스카에 참여했는데 그것은 이 독서협회가 당시 체코 지식인 사회에서 차지하는 위상과 지향노선을 예측·가능하게 했다. 마티체 체스카의 편집진과 그것의 간행에 깊이 관여했던 인물들은 체코 민족이 처한 상황과 거기서 벗어나려는 시도, 즉 체코 민족의 자치권 쟁취에 대해 깊은 관심을 보인 인물들이었다. 이 당시 메테르니히는 비독일계 민족들이 그들의 특성, 즉 인종적, 문화적, 그리고 언어적 특성을 고집할 것이 아니라 독일 민족의 선진적 제 특성을 수용하여 '사회적 일체감'을 조성해야 한다는 견해를 가지고 있었다. 따라서 그는 자신의 기본적 관점을 실천시키기 위한 일련의 정책을 펼쳤다. 그러

---

* 마티체 체스카는 '체코 민족의 어머니'라는 뜻을 가졌다. 그리고 그리스의 독립전쟁과 폴란드의 11월 폭동도 이 독서협회 결성에 큰 영향을 주었다.

■ 마티체 체스카의 활동

나 팔라츠키를 비롯한 마티체 체스카의 핵심인물들은 메테르니히의 이러한 정책에 대해 깊은 우려를 표명하였고 더 나아가 그것의 철폐도 주장했다.

점차적으로 마티체 체스카는 당시 지식인 사회에서 비교적 큰 영향력을 행사했던 '데디츠트비 스바토얀스케(Dědictví svatojánské: 성 요한의 유언)'라는 종교문학지와 차별화를 지향했는데 그 이유는 제국의 독일화 및 중앙정책을 적극적으로 지지한 이 종교문학지가 비독일계 민족의 관심에 대해서는 등한시하는 자세를 보였기 때문이다. 따라서 마티체 체스카는 민족 운동을 활성화시키기 위한 방안으로 문학작품 또는 역사서 출간에 주력했다. 그리고 그러한 출간의 재정적 부담은 민족 운동에 관심을 보인 기부자들에게 전가시켰는데 그 이유는 이 독서협회가 독자적으로 문학작품 및 역사서를 출간할 만큼의 재정적인 여력을 갖추지 못했기 때문이다.

마티체 체스카의 이러한 시도에 재정적 지원을 한 인물들은 정례적으로 '보헤미아 박물관지'에 게재되었고 그들의 직업, 사회적 지위, 그리고 거주지 등도 자세히 언급되었다.

비록 이러한 자료를 통해 당시 어떠한 계층이 민족 운동에 대해 관심을 표방했는가를 확인할 수 있지만 여기에는 다음의 문제점들도 들어 있었다.

첫째, 마티체 체스카 기부자들 모두가 민족 운동에 대해 관심을 가진 것이 아니라는 것이다. 이것은 오스트리아 제국, 특히 보헤미아 지방의 사회적 분위기를 파악한다면 쉽게 이해할 수 있을 것이다. 이 당시 상류 계층의 인물들은 주변을 의식하는 경우가 많았는데 그러한 것은 마티체 체스카의 재정적 부담에서도 그대로 반영되었다. 즉 민족 운동에 대해 관심을 보이지 않던 사람들도 주변을 의식하여 기부금을 냈고 이들 중 일부는 저명한 민족주의자들과 더불어 민족의 선각자 내지는 추앙대상이 될 수 있다는 점에 더 깊은 관심을 가졌다는 것이다.

둘째, 기부자들의 사회적 성분을 정확히 파악하기가 어렵다는 점이다. 마티체 체스카에 대한 기부금은 1년 단위로 모금되었고 그것의 최저 하한선은 50프로린(Florin)이었다. 그런데 당시의 경제적 상황을 고려할 때 일반인들이 50프로린을 일시불로 낸다는 것은 거의 불가능하였다. 왜냐하면 이들의 연 수입이 20프로린을 넘지 못하는 경우가 많았기 때문이다. 물론 이러한 금액을 일시적으로 납부하는 계층도 있었지만 대다수의 기부자들은 당시 허용되었던 분납제를 채택했다. 이에 따라 일시에 완납한 기부자들은 '보헤미아 박물관지'에 단 1회 기재된 반면, 분납을 선택한 기부자들은 완납할 때까지 그들의 이름이 실리는 모순점을 가지게 되었던 것이다.[*]

---

[*] 보헤미아 박물관지에는 기부자들의 이름만 거론되었지 그들이 기부한 금액은 구체적으로 명시되지 않았다. 기부자들의 명단에서 중복된 이름들을 제외시킬 경우 기부자는 총 2,743명에 달했다.

마티체 체스카 기부자들의 사회적 지위 및 그 변화적 추이

이 당시 어떠한 계층이 민족운동에 대해 관심을 보이고 참여했는지를 보다 구체적으로 파악하기 위해 보헤미아 박물관지에서 거론된 기부자들의 직업, 사회적 지위, 그리고 거주지를 근거로 아래의 〈표 1〉과 〈표 2〉를 작성했다.

〈표 1〉은 기부자들의 직업 및 사회적 지위를 토대로 작성한 것이고, 〈표 2〉는 거주규모에 따라 기부자들의 거주지를 구분한 후 그것을 다시 직업 및 사회적 지위에 따라 세분화시킨 것이다.

아래 〈표 1〉을 통해 귀족 및 성직자 계층, 즉 구질서 체제의 특권 계층들이 민족 운동의 초반부를 주도했지만 점차적으로 시민 계층*과 대학생들이 이들을 대신하여 민족 운동을 이끌어 나갔음을 확인할 수 있다. 그런데 이 당시 대학생들 모두가 민족 운동에 대해 관심을 표명한 것은 아니었다. 신학이나 철학을 전공한 학생들이 민족 운동에 대해 관심을 보인 반면 의학이나 법학을 공부한 학생들은 그렇지 않았다. 즉 민족 운동에 대한 관심도는 전공학과에 따라 큰 차이를 보였던 것이다. 그리고 대학생들의 참여가 증가된 이유로는 첫째, 이들이 민족 개념을 빨리 정립할 수 있었다는 것, 둘째, 이들이 민족 운동에 적극적으로 참여할 수 있는 분위기 속에서 생활했다는 것을 들 수 있다. 또한 이 표는 마티체 체스카에 대한 귀족 계층의 지지도가 시간이 지날수록 급격히 감소한 것을 알려 주지만** 성직자 계층에서는 그러한 현상이 확인되지 않았다.*** 이렇게 귀족 계층의 참여가 급속히 줄어든 이유로는 마티체 체스카가 초기에 표방한 보헤미아주의를 견지하지 않고 점차적으로 체코적 요소를 부각시킨 데서

---

* 자유업 종사자, 관료, 교육자, 그리고 수공업자들을 시민 계층에 포함시켰다.

** 1831년의 귀족 계층의 참여율은 13.5%이었다. 그러나 이러한 참여율은 시간이 지날수록 축소되었고 1847년에 이르러서는 불과 1.5%에 불과했다.

*** 1847년의 성직자 계층의 참여율은 28%이었는데 그것은 1831년의 참여율보다 17% 정도 감소된 비율이었다. 이러한 감소에도 불구하고 성직자 계층은 마티체 체스카 후원회에서 우위를 주장할 수 있었지만 다음 해인 1848년 그들의 우위권을 대학생들에게 넘겨주어야만 했다. 그리고 3월혁명 이후 이들의 참여율은 급속히 감소되었다.

찾을 수 있을 것이다. 그리고 성직자 계층의 기부가 지속적으로 이루어진 것은 신교와 구교 간의 대립, 즉 종교적 측면에서 이해해야 할 것이다. 전통적으로 신교를 신봉한 보헤미아의 성직자들은 오스트리아 제국에 대해 강한 반감을 가지고 있었다. 뿐만 아니라 이들은 오스트리아 제국 내에서 구교와 신교의 평등화가 불가능하다는 확신도 가지고 있었다. 이러한 이유들로 성직자들은 민족 운동에서 부각된 자치권에 대해 깊은 관심을 보였던 것이다. 그러나 이들이 생각했던 자치권은 지역적인 성격에서 벗어나지 못했기 때문에 오스트리아 제국으로부터 보헤미아 지방을 독립시켜야 한다는 일부 선각자들의 주장과의 타협가능성은 거의 없었다.[*]

그리고 〈표 1〉을 통해 전체 인원에서 차지하는 비율은 미미하지만 농민 및 노동자 계층이 1840년대에 접어들면서부터 민족 운동에 대해 관심을 표방하고, 동참하기 시작했다는 것을 확인할 수 있다.[**] 이러한 현상은 체코의 민족 운동이 서서히 중기단계를 벗어나고 있음을 알려주는 중요한 단서라 하겠다. 아울러 여기서 확인되는 것은 기부자의 수가 1839년부터 1841년까지 급격히 감소된 것인데 그것은 메테르니히 체제 말기에 진행된 강도 높은 반동적 민족정책과도 무관하지 않을 것이다. 또한 이 시기의 경제적 침체 현상 역시 기부자 수를 급격히 감소시키는 요인으로 작용했을 것이다.[***]

---

[*] 기존의 질서체제와 대립되는 정치적 목표들이 구체적으로 설정될 경우 성직자들은 민족 운동에서 이탈하게 되는데 그러한 현상은 보헤미아 지방을 비롯한 동·중부 유럽에서 쉽게 확인되었다.

[**] 체코 노동자들이 민족 운동에 관심을 보이기 시작한 것은 보헤미아 지방의 산업화로 그들의 경제적 여건이 다소나마 호전되었기 때문이다.

[***] 이 시기 산업혁명의 초기적 징후들이 오스트리아 제국에서도 나타났다. 1842년과 1843년에 시민 계층이 기부자들의 절반 이상을 차지했는데 그것은 제국의 경제적 상황이 일시적으로 호전된 것과 연계시킬 수 있을 것이다.

구분	귀족	시민	대학생	농민	노동자	성직자	총계(%)
1831	13.5	36.1	5.3		—	45.1	133(100)
1832	9.4	40.9	9.4	—	—	40.2	276(100)
1833	2.2	31.0	22.9	—	—	43.9	223(100)
1834	0.9	32.3	25.6	—	—	41.2	223(100)
1835	0.9	32.1	22.9	—	—	44.1	227(100)
1836	3.8	30.6	23.5	—	—	42.1	183(100)
1837	7.4	35.8	10.5	1.4	0.5	44.4	219(100)
1838	3.2	31.5	18.5	—	—	46.8	124(100)
1839	2.7	35.1	25.6	1.4	—	39.2	74(100)
1840	4.1	28.6	20.4	—	—	46.9	49(100)
1841	2.6	42.1	14.5	1.3	—	38.5	76(100)
1842	3.9	55.0	13.0	—	—	28.1	231(100)
1843	2.6	51.1	17.1	0.5	0.5	28.2	380(100)
1844	1.5	47.9	22.0	—	0.6	28.0	518(100)
1845	0.5	43.8	22.0	—	0.5	33.2	918(100)
1846	1.5	42.0	24.0	1.5	2.0	29.0	1155(100)
1847	1.5	40.5	27.0	1.0	2.0	28.0	1441(100)

　　아래의 〈표 2〉는 거주지 규모에 따라 기부자 계층이 각기 다르다는 것을 확인시켜 주는데 그것을 살펴보면 다음과 같다.

〈표 2〉 마티체 체스카 기부자들의 사회적 성분

도시규모 / 기부자	프라하		5,000명 이상의 도시		2,000~5,000명의 도시		2,000명 미만의 도시 및 마을(읍)		총계	
	1831~1841	1842~1848	1831~1841	1842~1848	1831~1841	1842~1848	1831~1841	1842~1848	1831~1841	1842~1848
귀족	58	36	6	8	4	5	6	13	74	62
시민계층	20	61	13	33	29	57	9	60	71	211
자유업종사자	69	55	7	10	7	18	—	6	83	89
지역 관료	25	63	7	27	34	64	58	142	124	296
성직자	20	21	13	29	72	85	208	318	313	453

교육자	19	41	9	20	17	23	10	33	55	117
대학생	113	257	14	77	28	107	5	49	160	490
자영농민	1	7	—	2	—	2	2	17	3	28
임금노동자	1	5	—	2	2	2	2	14	5	23
기타	3	10	3	6	2	14	2	16	10	46
총계	329	556	72	214	195	377	302	668	898	1815

당시 보헤미아 지방의 주도였던 프라하를 비롯하여 2,000명 이상의 도시에서는 대학생*, 자유업 종사자(의사, 변호사, 예술가), 그리고 시민 계층에 포함되는 상인, 산업 자본가, 그리고 수공업자들이 민족 운동에 관심을 보인 반면** 2,000명 미만의 도시 및 소읍에서는 성직자들과 지역 관료***들이 비중 높은 기부자들로서 등장했다는 것이다.****

이를 통해 다음의 문제점들을 제기할 수 있는데 그것은 구체제의 특권계층이 농촌 및 소읍의 민족 운동을 주도했기 때문에 이 지역에서의 민족 운동은 처음부터 한계성을 가지지 않았나, 그리고 그것 때문에 민족 운동의 성격이 도시의 그것과 차별화되지 않았을까이다. 이러한 우려는 시간이 지남에 따라 가시화되었다. 즉 프라하를 비롯한 대도시에서 전개된 민족 운동이 독일 민족과 체코 민족의 공존을 거부하고 체코적 요소를 부각시키려고 한 반면, 농촌과 소도시에서는 그러한 징후가 거의 나타나지 않았다.

그러나 농촌과 소도시도 시간이 지남에 따라, 즉 3월혁명에 근접할수록 프

---

* 2,000명 이상의 도시인 프라하, 올로모우츠(Olomouc), 흐라데츠 크랄로베[Hradec Králové(=Königgrätz)], 리토메르지체[Litoměřice(=Leitmeritz)], 그리고 체스케 부데요비체[České Budějovice(=Budweis)]에서 대학생들의 참여율이 높은 것은 이들 도시에 대학 및 그것에 상응하는 교육기관들이 있었기 때문이다.

** 이들의 비율은 1848년에 근접할수록 높아졌다. 예를 들면 1842년부터 1848년까지의 기부자 명단에서 대학생들이 차지하는 비율은 27.0%이었는데 이는 1827년부터 1841년까지의 비율인 17.7%를 10%나 상회하는 수치였다. 그리고 프라하를 제외한 5,000명 이상의 도시에서 대학생들이 차지하는 비율은 2배 이상 증대되었다.

*** 이렇게 지역 관료들이 민족 운동에 관심을 표방한 것은 이들 역시 대학에서 교육을 받았던 계층이었기 때문이다.

****농촌과 소읍의 시민계층들도 1840년대에 접어들면서 민족 운동에 대해 관심을 보이기 시작했다.

라하를 비롯한 대도시에서 전개된 민족 운동의 영향을 받게 되었고 그것에 따라 이들 지역에서의 민족 운동 역시 체코적 성격을 부각시키게 되었다. 이렇게 민족 운동의 성격이 변화됨에 따라 성직자 계층을 비롯한 구체제의 특권계층들은 자신들의 역할을 포기하게 되었고 그 결과 지방에서의 민족 운동은 일시적인 공백 기간을 맞이하게 되었다.[*]

---

[*] 3월혁명 이후 농촌과 소읍의 민족 운동은 대도시에서와 마찬가지로 시민 계층과 대학생들이 주도했다.

5장

프라하 대학생들의 정치적 활동

1. 부르셴샤프트 토이토니아Buršácký Spolek Teutonia

부르셴샤프트에 대한 관심 증대

1900년 2월 25일에 간행된 『프라하 대학의 대학사(die Universitätsgeschichte der Prager Universität)』는 부르셴샤프트(buršácký spolek)의 활동을 비중 있게 취급했다. 그러나 여기서는 3월혁명(1848) 이후의 활동만을 확인할 수 있는데 그 이유는 프라하 대학당국이 그 이전에 결성된 부르셴샤프트를 정식학생단체로 인정하지 않았기 때문이다.

1817년 10월 18일 바르트부르크(Wartburg) 축제에서 제시된 정치적 견해 및 진행 상황, 특히 얀(Jahn)*의 추종자들이 반자유주의적인 서적들과 구체제

---

* 베를린 플라만(Plamann) 고등학교의 교사였던 얀은 1811년 베를린 대학의 총장이었던 피히테(Fichte)에게 기존의 지방 학생단체(Landmannschaft)를 대신할 새로운 학생단체의 설립을 제안하면서 부르셴샤프트라는 용어를 최초로 사용했다. 거기서 그는 학생들의 육체적 단련(körperliche Ertüchtigung), 민족 사상의 함양(Förderung des nationalen Gedankens), 그리고 개성의 강화(Stärkung des Charakters) 등이 절실히 필요하다는 견해를 제시했을 뿐만 아니라 그러한 것들이 독일 통합의 전제 조건이 될 수 있다는 주장도 펼쳤다. 아울러 그는 기존의 학생조직으로 그러한 것들을 실천시킬 수 없다는 입장도 밝혔다. 실제적으로 특정 지역의 학생들로 구성된 지방 학생단체는 범세계주의적인 이념만을 지향했기 때문에 독일 통합이라는 이상구현에는 아무런

의 상징물들을 소각한 것은 프라하 대학의 학생들에게 커다란 관심을 가져다 주었음은 물론 이들로 하여금 부르셴샤프트 결성필요성도 인식하게 했다. 점차적으로 프라하 대학의 학생들은 이 운동으로 메테르니히체제를 붕괴시킬 수 있다는 확신도 가지게 되었다. 물론 이러한 견해를 가진 학생들이 전체 학생에서 차지하는 비율은 10%에 불과했지만 그들은 부르셴샤프트를 가능한 한 빨리 결성해야 한다는 데 인식을 같이했다. 이후 이들은 부르셴샤프트를 결성하는 방법을 구체적으로 논의하는 적극성을 보이기 시작했으며 이러한 학생단체가 결성될 경우 학생활동에 대한 학생들의 무관심 역시 사라지리라는 예견도 했다.

그러나 프라하 대학 학생들의 대다수는 독일권의 학생들과 마찬가지로 정치적인 현안보다는 음주 및 결투에 대해 더욱 큰 관심을 가지고 있었다. 그리고 학생들의 이러한 태도는 부르셴샤프트 결성에 관여했던 학생들이 기대한 것처럼 쉽게 바뀌어지지도 않았다.

프라하 대학의 부르셴샤프트 토이토니아의 결성

이 당시 프라하 대학의 교수였던 볼차노(B. Bolzano)[*]도 바르트부르크 축제가 끝난 직후 학생들에게 부르셴샤프트의 결성 필요성을 부각시켰다. 볼차노 교수는 보헤미아 지방이 발전하기 위해서는 이 지방의 독일 민족과 체코 민족이 반드시 결속해야 한다는 주장을 펼쳤는데 그것이 바로 보헤미아주의

도움도 주지 못했다.

[*] 1785년 보헤미아 지방에서 태어난 볼차노는 프라하 대학을 졸업한 후 1년 이상을 칸트(Kant)의 '비판서'들을 공부하는 데 할애하면서 수학자로서의 능력도 발휘했다. 1805년 볼차노는 수학교수가 되어야 할지 철학교수가 되어야 할지 결정을 못 한 상태였다. 신부직도 강한 매력으로 그를 끌어당겼다. 같은 해 프라하 대학 철학부에 종교학 교수 자리가 신설된다는 소식이 알려졌을 때, 볼차노는 세 가지 전공을 연계시킬 수 있는 기회를 포착했다. 1805년 2월 그는 수학 교수로서 활동을 시작했고, 4월에는 신부 서품을 받고 교목직도 인수했다. 이 당시 볼차노는 학문적으로 탁월한 능력을 가진 교수로 존경을 받았고, 그가 매주 했던 설교에는 많은 청중들이 참석했다.

(Böhmenismus)의 핵심적 내용이라 하겠다.[*] 그러나 그는 그러한 결속이 메테르니히 체제하에서 불가능하다는 것도 잘 알고 있었다. 따라서 그가 메테르니히 체제를 부정하고 그것의 타파를 공식적으로 밝힌 부르셴샤프트에 관심을 보인 것은 지극히 당연한 일이라 하겠다. 이후 그는 민족주의와 자유주의 이념으로 구축된 부르셴샤프트의 이상 및 목표를 나름대로 분석·정리했고 거기서 부르셴샤프트의 활동으로 기존 질서체제의 문제점과 그것에 대한 해결책 역시 제시하게 되었다는 주장을 펼쳤다. 게다가 그는 부르셴샤프트의 결성으로 학생들의 학문적 수준도 증대시킬 수 있다는 확신을 가졌는데 그러한 자세는 부르셴샤프트의 강령에서 학문증진의 필요성과 그 실천방안 등이 구체적으로 거론된 데서 비롯된 것 같다. 점차 적지 않은 학생들이 볼차노 교수의 이러한 관점을 지지하게 되었고 그들이 전체 학생에서 차지하는 비율도 바르트부르크 축제 직후보다 다소 높아졌다. 그리고 이들 중 일부 학생들, 즉 핀카스(A. Pinkas), 폴스터(E. Forster), 노바체크(V. J. Nováček), 그리고 손(K. Schon)은 볼차노 교수와 직접적인 접촉도 모색했다. 이후부터 볼차노 교수는 이들과 더불어 부르셴샤프트 결성에 필요한 준비를 본격적으로 펼치기 시작했다. 특히 수차례에 걸친 핀카스와의 개별 접촉을 통해 볼차노 교수는 부르셴샤프트의 명칭과 조합정관의 윤곽 및 토대를 마련할 수 있었다. 여기서 이들은 부르셴샤프트의 명칭을 토이토니아(Teutonia)라 정했고 이 단체의 정관에 다음의 것들도 명시하기로 했다.

첫째, 프라하 대학의 재학생들은 토이토니아의 정회원이 될 수 있다.

---

[*] 볼차노는 자신이 행한 한 연설에서 보헤미아주의의 핵심적 내용을 다음과 같이 언급했다.
"사람들은 우리의 보헤미아 지방이 유럽에서 가장 비옥하고, 풍요로운 지방이라는 것을 인정해야 한다. 그리고 이러한 축복된 지방에서 태어난 사람들은 분명히 신으로부터 선택된 사람들이라 할 수 있다. 보헤미아 사람들(독일인/체코인)은 모든 학문 분야에서 뛰어날 뿐만 아니라 미덕 및 숭고한 행위에서도 충분한 능력을 갖추었다고 하겠다. (……) 보헤미아 지방의 풍요로운 토양은 주변 민족들의 관심이 되었고 또한 그들의 탐욕대상이 되기도 했다. 보헤미아 지방을 이러한 관심 및 탐욕으로부터 보호하기 위해서는, 즉 독자성을 지키기 위해서는 지방 내의 독일인들과 체코인들의 협력이 절대적으로 필요할 것이다."

둘째, 의장은 선거를 통해 선출하되, 그 임기는 1년으로 한다. 그리고 동일인물의 재선은 원칙적으로 불허한다.

셋째, 의장은 정기회의를 진행시킬 수 있는 권한을 가지며 필요에 따라 임시회의도 소집할 수 있다.

넷째, 의장이 정기회의 및 임시회의에 불참할 경우 부의장은 의장을 대신하여 회의를 주재할 수 있다.

다섯째, 정기회의는 학업에 지장이 되지 않게끔 2주일에 한 번씩 야간시간에 개최한다. 그리고 모든 회원들은 정기회의에 반드시 참석해야 한다.

여섯째, 대학생활에서 나타나는 회원들의 문제점들을 공동으로 논의하고 해결하는 기회도 수시로 가진다.

일곱째, 메테르니히 체제의 문제점과 그 개선책을 구체적으로 논의하는 특별위원회를 구성한다.

여덟째, 독일의 부르셴샤프트들과 긴밀한 관계를 구축한다.

아홉째, 부르셴샤프트에 가입한 학생들은 자유롭게 조합을 탈퇴할 수 있는데 그렇게 하기 위해서는 정기 또는 임시회의에서 탈퇴하고자 학생이 탈퇴의사를 공식적으로 밝혀야 한다.

열째, 토이토니아는 당분간 비공식적으로 활동한다.

토이토니아의 활동과 지향목표

1818년 4월 18일부터 활동을 펼치기 시작한 토이토니아에는 약 50여 명의 학생들이 참여했다. 그리고 정관에서 밝혔듯이 토이토니아의 활동은 비공식적으로 펼쳐졌는데 그 이유는 볼차노 교수와 부르셴샤프트에 참여한 학생들이 빈의 중앙정부 및 프라하 지방정부가 그들 학생단체의 존재와 활동을 인정하지 않으리라 판단했고 이들은 그들의 존재를 제국 내에서 부각시킬 경우 관찰 및 탄압의 대상이 될 뿐이라는 것도 잘 알고 있었다.

프라하 대학에서 토이토니아가 결성된 직후 보헤미아 지방을 비롯한 제국의 여러 지방 대학에서도 부르셴샤프트가 비밀리에 결성되었다. 그러나 그 참여인원이 적었기 때문에 본격적인 활동을 펼치지는 못했다. 그 일례로 도르파트(Dorpat) 대학에서 결성된 부르셴샤프트는 단지 9명의 회원만을 가졌을 뿐이었다.

1818년 4월 21일 프라하 경찰은 프라하 대학의 학생들이 토이토니아라는 학생단체를 비밀리에 결성했다는 정보를 입수했다. 이후부터 이들은 토이토니아와 관련된 학생들을 감시하기 시작했다. 여기서 이들은 적지 않은 보헤미아 지방의 학생들이 예나(Jena), 할레(Halle), 에어랑겐(Erlangen), 그리고 괴팅엔(Göttingen) 등에 머물면서 부르셴샤프트의 이념과 활동을 보다 구체적으로 파악하려는 시도도 펼치고 있음을 확인했다. 프라하 대학의 학생들이 이 대학들을 선택하게 된 것은 이들 대학의 부르셴샤프트가 다른 대학의 부르셴샤프트보다 적극적인 활동을 펼쳤기 때문이다. 또한 프라하 경찰은 독일의 여러 도시에 체류 중인 학생들이 그곳 대학의 부르셴샤프트와 접촉하고 있다는 사실도 파악했다. 사태의 심각성을 인식한 프라하 경찰은 4월 25일 빈 중앙정부에 '프라하의 부르셴샤프트와 관련된 최근 학생운동 보고서(Berichte über die aktuelle Lage der Studentenbewegung in bezug auf die Burschenschaft in Prag)'를 제출했다. 여기서는 독일에 체류했던 보헤미아 대학생들이 그들 대학과 고향으로 돌아가 부르셴샤프트의 설립목적 및 활동을 동료학생들에게 전달했다는 것과 이들이 동료학생들과 더불어 이미 결성된 부르셴샤프트의 활성화에도 적극적으로 참여하고 있다는 사실 등이 구체적으로 거론되었다. 아울러 이 보고서에서는 학생들이 메테르니히 체제의 문제점을 토론하면서 그러한 체제를 타파시킬 수 있는 대안도 마련했다는 것이 언급되었다.

■ 부르셴샤프트 토이토니아의 정기회의

　이 당시 독일 대학의 학생들, 그중에서도 예나, 베를린(Berlin), 할레 대학의 학생들은 자신들의 목표를 달성하기 위해서는 보헤미아 지방의 학생들과 협력해야 된다는 견해를 가지고 있었다. 따라서 이들은 보헤미아 지방, 특히 프라하를 직접 방문하여 부르셴샤프트의 기본목표와 활동지침을 설명하고 독일과 보헤미아 학생들이 긴밀한 접촉을 가져야 한다고 역설했다. 이들은 프라하 학생들과의 접촉에서 메테르니히 체제가 독일 통합의 저해요소임을 강조했고 그것을 붕괴시키기 위해서는 학생들 간의 협력 역시 절대로 필요하다는 주장도 펼쳤다. 여기서 토이토니아의 독일 회원들은 이러한 주장에 대해 긍정적인 반응을 보인 반면 체코 회원들은 그 일부만을 수용하는 자세를 보였다. 즉 이들은 메테르니히 체제를 붕괴시키는 것에 대해서는 찬성을 했지만 독일 민족의 통합에는 동의하지 않았다. 특히 체코 회원들은 후자의 이유로 민족문제를 제시했는데 그 이유는 부르셴샤프트가 아직까지 그러한 문제에 대해 구체적으로 언급하지 않았기 때문이다. 이러한 의견 차이로 토이토니아는 자신들의 행동반경을 조절해야만 했다. 즉 독일 학생과 체코 학생들이 공조하기 위해서는 부르셴샤프트 운동에서 독일의 통합부분을 배제시키거나 또는 이민족에 대한 배려를 독일통합에서 명문화시켜야만 되었다. 이에 따라 토이토니아의 집행부는 피할 수 없는 딜레마에 빠지게 되었다. 그것은 그들의 활동에서 독일통합을 부각시킬 경우 체코 학생들의 이탈이 필연적이지만 그렇다고 해서 이를 부르셴샤프트 활동에서 배제시킬 수도 없는 것이었다. 이러한 상황에서 토이토니아는 독일통합의 당위성을 표방하게 되었고 그러한 노선결정은 학생단체에 대한 체코 학생들의 관심 및 참여를 포기하게 하는 결정적인 요인이 되었다. 이후부터 체코 학생들은 토이토니아를 탈퇴하기 시작했고 부르셴샤프트에 대한 그들의 관심 역시 크게 감소되었다.[*] 토이토니아로부터 체코 학생들이 이탈한 후 학생단체는 순수 독일 학생들의 조직체로 변형되었다. 이렇게 체코 대학생들이 토이토니아를 탈퇴했음에도 불구하고 이들은 향후 그들이 보헤미아 지방 또는 오스트리아 제국에서 해야 할 일들을 정확히 파악했다. 이 당시 이들은 그들 민족의 법적·사회적 지위를 향상시키기 위해서는 메테르니히체제의 붕괴가 필요하다는 것과 그것의 실현을 위해서는 민족운동을 활성화시켜야 한다는 것도 인지했기 때문에 그러한 목적을 위해 결성된 마티체 체스카라는 독서협회에 적극적으로 참여하기도 했다.

---

[*] 프라하 경찰은 1818년 5월 초 토이토니아의 회원명단을 작성했다. 그것에 따르면 전체 회원에서 체코 학생들이 차지하는 비율은 50%(27명/52명)를 상회했다. 이러한 참여율은 부르셴샤프트에 대한 체코 학생들의 높은 관심도를 반영한 것으로 볼 수 있을 것이다. 그러나 체코 학생들의 이러한 참여율은 이후 급속히 낮아졌는데 그 이유는 독일통합에 대한 자신들의 기본적 시각이 독일학생들과 달랐다는 데서 비롯된 것 같다.

2. 프라하 대학생들의 반정부적 활동

3월혁명 이후 대학생들이 펼친 정치적 행보

3월혁명(1848)이 발발한 후 프라하 양 대학, 즉 프라하 대학과 프라하 종합기술대학(Polytechnische Hochschule)의 학생들은 혁명의 전면에 나서는 데 주저하지 않았고 이들로 하여금 3월 11일의 집회도 주도하게 했다.[*] 비록 많은 학생들이 반정부 내지는 개혁집회에 참석하는 등의 열의를 보였지만 거기서 결성된 벤젤(St.Wenzel)위원회의 일원으로 선출되지는 못했다. 이에 따라 학생들은 자신들의 관심을 구체화시킬 수 있는 방안을 독자적으로 모색하게 되었고 시민계층과의 정치적 협력이 가장 타당하다는 결론도 내렸다. 아울러 이들은 페르디난트 2세(Ferdnand Ⅱ: 1835~1848)에게 보내는 청원서(Petition)작성에 능동적으로 참여하는 적극성도 보였다.[**]

3월혁명이 발발한 후 대학생운동의 중심지로 부각된 곳은 프라하 대학이 아닌 프라하 종합기술대학이었다.[***] 3월 13일 메테르니히의 실각소식이 프라하에 알려지기도 전에 프라하 종합기술대학의 학생들은 강의실에 모여 각 학부 대표들의 연설을 진지하게 경청했고 그들과 디불어 향후 빈 정부에 요구할 정치

---

[*] 상당수의 프라하 학생들이 리필(Repeal)협회에 가입했는데 이 협회는 빈의 절대왕정체제가 가지는 문제점을 지적하는 데 주저하지 않았다. 그런데 리필은 아일랜드인들이 영국과 아일랜드의 합병을 저지시키기 위해 전개한 연합철회(Repeal)운동에서 비롯된 것이라 하겠다.

[**] 팔라츠키를 비롯한 체코 정치가들은 3월혁명이 발발하기 직전, 즉 3월 11일에 프라하의 스바토바츨라프스케 라즈네(Svatováclavské lázně)에 모여 빈 정부에게 보내는 청원서를 작성했다. 여기서는 언론 및 집회의 자유, 일반 대의기구의 설립, 배심원제의 도입, 강제노역 및 농노제의 철폐, 종교의 자유보장, 조세제도의 개편과 병역의 무기간의 단축 등이 거론되었다. 이외에도 학교 및 관공서에서 체코어가 독일어와 같이 동등하게 사용되어야 한다는 요구와 보헤미아 왕국에 속했던 지방들을 대표할 의회구성이 필요하다는 내용이 들어 있었다.

[***] 이 당시 빈 대학에 이어 오스트리아 제국에서 두 번째로 규모가 컸던 프라하 대학에는 2,114명의 학생들이 재학 중이었고, 78명으로 구성된 교수진이 이들을 지도했다. 프라하 종합기술대학은 이보다 다소 적은 1,485명의 학생들이 35명의 교수들로부터 고등교육을 받고 있었다. 이 당시 프라하 대학에는 철학, 의학, 법학, 신학부가 개설되었으며 모든 학부에서 박사학위 취득도 가능했다. 이에 반해 프라하 종합기술대학은 전문 기술자들을 배출하기 위해 설립된 전문대학이었기 때문에 이 대학에서의 박사학위 취득은 불가능했다.

적 사안들에 대해 토론하는 적극성도 보였다. 다음 날 인편으로 전달된 빈 대학 총학생회의 서신에서는 프라하 양 대학 학생들 역시 '황제에게 보내는 청원서 작성에 적극적으로 동참해야 한다'라는 것이 강조되었다. 빈 대학 총학생회의 이러한 공조요청은 프라하 대학생들로 하여금 빈 대학생들과의 접촉에 대해 적극성을 가지게 했고 그들의 정치적 행보도 답습하게 했다.

3월 14일 오후 프라하 종합기술대학과 프라하 대학의 학부대표들은 프라하 대학에서 자리를 같이했다. 여기서 이들은 학생청원서작성에 필요한 절차 및 내용에 대해 활발한 토론을 전개했다. 이러한 모임은 3월혁명 이후 부각된 평등성의 원칙을 프라하 대학의 학생들이 동의했기 때문에 가능했다.* 이날의 회합에서 우선 프라하 종합기술대학의 학생대표들은 자신들의 대학을 프라하 대학의 한 학부로 합병시켜 줄 것을 요구했다. 이러한 요구에 대해 프라하 대학의 법학부 학생대표가 반대의견을 제시했지만 다른 학부의 학생대표들이 찬성했기 때문에 종합기술대학 학생들의 요구는 수렴되었다. 프라하 대학생들의 이러한 대응은 혁명적 과제를 수행하기 위해서는 대학의 합병과 같은 지엽적인 사안을 양보해야 한다는 현실적 판단에서 비롯된 것 같다. 같은 날 황제에게 보낼 청원서도 작성되었는데 거기서는 우선 종교적 이유, 특히 단순히 신교도라는 이유로 대학 교수의 임용이 불허되거나 또는 학생들의 대학입학이 거절되는 것을 더 이상 용납해서는 안 된다는 것이 거론되었다. 아울러 학문적 자유가 보장되어야 한다는 것과 강의 및 대학행사에서 체코어가 사용되어야 한다는 주장도 제기되었다. 또한 학생들은 자신들의 학문적 발전을 위해 필요한 국외대학연수 요구와 함께 자신들의 육체적 단련에 필요한 시설 역시 크게 확충시켜야 한다는 입장도 피력했다. 뮌헨(München)대학에서 활동을 재개한 대

---

* 3월혁명이 발발하기 이전까지 프라하 대학의 학생들은 프라하 종합기술대학의 학생들과 더불어 어떠한 행사도 공동으로 개최하지 않으려고 했는데 그것은 자신들의 우월 의식에서 비롯된 것이라 하겠다.

학생단체, 즉 부르셴샤프트의 결성 및 활동을 빈 정부가 다시 허용해야 한다는 것도 청원서에서 거론되었다. 아울러 국가가 주관하는 졸업시험을 시행하여 거기서의 성적을 근거로 학생들이 직업을 자유롭게 선택할 수 있도록 제도적 장치를 마련해야 한다는 것이 청원서에 명시되었는데 그것은 학문적 능력이 계층 간의 위계질서보다 우선시되어야 한다는 관점에서 비롯된 것 같다.

다음 날 개최된 양 대학생총회에서 전날의 청원서가 추인되었다. 수백 명의 학생들과 교수들이 찬성의 표시로 청원서 하단에 연대서명을 했다. 이 당시 교수들은 학생들의 요구를 등한시해서는 안 된다는 사실을 인지했기 때문에 청원서에 서명했던 것이다. 그리고 이들은 이렇게 해야만 학생들에 대한 자신들의 통제권을 계속 유지시킬 수 있다는 판단도 했다.[*] 프라하 시민들도 학생들의 이러한 움직임에 대해 동조하는 자세를 보였지만 이들은 학생들로부터 제기될 수 있는 과격성에 대해서는 심한 우려를 표명했다.[**]

사태의 추이를 파악한 벤젤협의회는 대학의 대표들, 즉 교수 및 대학생들을 그들이 개최한 회의에 초대하여 이들과 더불어 청원서의 내용을 결정하려고 했지만 대학생들은 그 제의를 거절했다. 나아가 이들은 그들의 요구사항을 정리한 별도의 청원서를 페르디나트 황제에게 제출했다. 얼마 후 프라하에 도착한 황제의 답변은 학생들의 요구, 특히 부르셴샤프트의 설립 및 활동에 대해 유보적인 자세를 보였기 때문에 학생들은 자신들의 요구를 관철시키기 위해 거리로 나섰다. 소요의 심각성을 인식한 프라하 총독 슈타티온(Station)은 3월 28일 빈 정부에게 청원서의 제고를 강력히 요청했다. 3월 31일 빈 정부는 프라하 대학생들의 요구를 수용했는데 그것은 3월혁명 이후 이 정부가 취한

---

[*] 이 당시 교수들은 학생들의 과격화현상과 거기서 야기될 수 있는 돌발현상, 특히 무력적인 봉기를 우려하고 있었다.
[**] 학생들은 종종 무력적인 방법을 통해 자신들의 이익이나 관점을 관철시켰는데 그것은 중세 이후부터 지속된 전통에서 비롯된 것이라 하겠다.

수세적인 자세에서 비롯된 것이라 하겠다. 이에 따라 프라하에서는 많은 부르셴샤프트들이 결성되었고, 이들 중의 일부는 부르셴샤프트의 결성이 금지되었던 기간, 즉 비밀활동을 펼쳤던 1820년대와 1830년대의 조직을 토대로 결성되기도 했다. 실제적으로 이 시기에 프라하에서 결성된 부르셴샤프트 수는 20여 개에 달했고 이들은 민족적 관점에 따라 체코적, 독일적, 그리고 혼합적으로 분류되었다. 체코의 대표적인 부르셴샤프트는 몰다비아(Moldavia)와 체스코-모라브스케 브라트르스트보(Českomoravské bratrstvo: 보헤미아와 모라비아의 형재애)이다. 이러한 부르셴샤프트가 결성되기 이전부터 프라하 대학의 체코 학생들은 당시 활동을 펼치고 있던 정치적 조직들과 연계를 모색했는데 그러한 것은 이들이 '리파 슬로반스카(Lipa Slovanska: 슬라브의 보리수)'와 '스보르노스트(Svornost: 조화)'에 가입한 데서 확인할 수 있다. 민족 혼거지역 출신의 독일 학생들은 리베라리아(Liberalia)라는 부르셴샤프트를 결성했다. 기존 질서체제와의 타협을 강조한 이들은 그들의 조합정관에 '조국 두 민족의 친목(Die Verbrüderung beider Nationalitäten unseres Vaterlandes)'이라는 문구를 삽입했다. 프라가(Praga), 히라리아(Hilaria), 보헤미아(Bohemia) 역시 민족 혼거지역 출신의 학생들이 결성한 부르셴샤프트였다. 오스트리아 제국 내에서 독일의 순수성과 기득권을 지향한 학생들은 피데리아(Fidelia), 빈골푸(Wingolf), 아르미니아(Arminia), 게르마니아(Germania), 알레마니아(Alemania), 몬타니아(Montania), 토이토니아(Teutonia), 그리고 마르코만니아(Markomannia)를 결성했다.

3월 16일 프라하 양 대학의 학생들은 빈 대학의 학생들과 마찬가지로 대학생군단(Akademische Legion)을 결성했다. 이 대학생군단은 고대로마군단의 예를 따라 몇 개의 보병대(Kohorten)로 구성되었고 각 보병대는 대학의 개설학부를 대표했다. 이렇게 결성된 대학생군단은 도시의 교육시설 및 문화재시설보호, 즉 비정치적인 사안들을 자신들의 주력과제로 설정했다. 그러나 이들은 기존 과제에서 벗어나 일반 공공 질서유지 및 개혁적 행보에도 참여하려고 했다. 외형적으로 국민군에 편입된 이들은 행동강령을 국민군으로부터 전달받았지만 독자적인 행동을 취하는 경우도 적지 않았다. 특히 종합기술대학의 학생들은 대학생군단에서 가장 활력적인 요소로 부각되었는데 그것은 이들이 대학생군단을 탈메테르니히 시대의 상징적 존재로 간주했기 때문이다.

이러한 개혁적 성향의 학생들 역시 당시 학생들의 관심사였던 외형적 부분, 즉 화려한 제복착용에 대한 관심에서 자유롭지 못했는데 그것에 대한 사회적 반응은 별로 우호적이지 못했다. 한 일간신문은 '검 또는 제복착용만으로 국가방위 및 개혁이 가능할까?'라는 논설에서 학생들의 이율배반적인 인식을 신랄히 비난했다. 이러한 시각은 대학생군단의 문제점을 지적하면서 당시 왕군의 성격에서 벗어나지 못하던 오스트리아군에 대해서도 우회적으로 비판하려는 의도에서 비롯된 것 같다.

이 당시 학생들은 젊은 소녀들의 눈에 제복이 영웅적인 이미지를 부여한다는 것을 잘 알고 있었는데 당시 프라하에서 언론가로 활동했던 지레크(Jirek)에 따르면 학생들의 무기 소지는 반개혁적 요소들을 제거하기 위한 것이 아니라 한 소녀와의 약속을 이행하고 거기서 좋은 이미지도 얻으려는 의도에서 비롯된 것이라는 것이다.

당시 프라하 주둔 오스트리아군 역시 학생들의 이러한 가식적 태도를 조롱하는 데 주저하지 않았다. 실제적으로 화려한 제복을 착용한 학생들이 무기를 소지하고 거리를 순회하면서 많은 시간을 할애했는데 그러한 행위는 주둔군의 관점에서 볼 때 무의미한 행동에 불과했다. 이러한 주둔군의 입장이 밝혀짐에 따라 군부에 대한 학생들의 대응책이 강구되었고 거기서 군부에 대한 자신들의 부정적 입장도 구체적으로 정리되었다. 이후부터 학생들은 구질서체제만을 옹호한 군부를 혁명세력의 통제 하에, 즉 국민군의 한 부서로 편입시켜야 한다는 생각을 가지게 되었고 그것을 실천할 수 있는 방안도 강구하기 시작했다.

체코와 독일 대학생 간의 불화

3월혁명 초기에 부각되었던 독일 민족과 체코 민족 간의 평화적 공존은 시간이 지남에 따라 어려운 상황에 놓이게 되었다. 3월혁명 이후 체코 정치가들은 독일 민족과 체코 민족의 법적·사회적 평등을 구현시키려는 노력을 펼쳤지만 그것에 대한 독일 정치가들의 반응은 매우 부정적이었다. 점차적으로 이러한 분위기는 프라하 대학생들에게도 영향을 끼치게 되었고 그것은 독일 대학생들과 체코 대학생들 간의 불화를 유발시키는 계기도 되었다. 특히 체코 대학생들은 그들 민족의 선각자들과 정치적 행보를 같이 하기 위해서는 독자적인 학생단체의 결성이 필요하다는 인식도 가지게 되었다. 이에 따라 체코 대학생들은 슬라비아(Slavia)라는 학생단체를 결성했고 이 단체는 이후 체코 대학생 운동의 구심점 역할을 담당하게 되었다. 설립강령에 따라 슬라비아는 정치, 문학, 언론, 그리고 그러한 것들과 연계된 부분에 대해 관심을 표방했다. 아울러 이 단체는 슬라브 공동사회(společenství)의 설립 필요성을 강조했고 그것을 현실화시킬 수 있는 방안강구에도 관심을 보였다.

이에 따라 슬라비아는 6월 초 프라하에서 개최되었던 슬라브 민족회의에 자신들의 대표를 파견했지만 거기서 이들은 뚜렷할 만한 역할을 수행하지는 못했다. 그러나 회의참석자들은 팔라츠키를 비롯한 기성세대가 제시한 친오스트리아슬라브주의의 내용과 거기서 비롯되는 이점들을 구체적으로 파악하게 되었고 그것들을 자신들의 활동에 효율적이고 적극적으로 활용할 수 있는 방법도 모색하기 시작했다. 아울러 슬라비아는 지방민들과의 접촉도 시도했는데 그것은 계층 간의 위화감을 극복하고 그들로부터 자신들이 펼치는 활동에 대한 지지도 얻어내야 한다는 필요성에서 비롯되었다 하겠다. 따라서 슬라비아는 지방민들, 특히 농민들과의 접촉에서 그들의 지위향상을 슬라비아의 중요한 실천과제로 설정하겠다는 입장을 밝혔다. 슬라비아의 회원들이 증대됨에 따라 조직의 핵심인물들은 그들 조직의 활동을 효율적으로 운영하기 위해 몇 개의 세부 분과위원회도 구성했다. 이 중에서 군사분과위원회의 위상이 크게 부각되었는데 이는 프라하에서 진행된 긴박한 상황과 거기서 비롯된 과격성에서 시작된 듯하다. 활동을 시작한 지 얼마 안 되어 군사분과위원회는 공공분과위원회로 명칭을 변경했는데 아마도 그러한 시도는 조직 내에서 가시화되던 과격파와 온건파 사이의 충돌을 저지시켜야 한다는 현실적 필요성에서 비롯된 것 같다.

슬라비아의 초기프로그램에서 군사적 행동과 관련된 항목은 없었다. 그러나 슬라비아 및 대학생군단에서 종합기술 대학 학생들이 우위를 점유하게 됨에 따라 과격적인 사안들이 대두되기 시작했다. 프리츠(Fric)가 주도한 슬라비아의 군사분과위원회는 반동적 위협으로부터 헌법적 자유를 방어하기 위해서는 군사적 행동도 고려해야 한다는 관점을 피력했고 그것을 위한 구체적이고 필요한 계획들을 가능한 한 빨리 마련해야 한다는 주장도 펼쳤다. 빈디쉬그래츠(Windischgratz)의 오스트리아 정부군이 6월 중순부터 프라하에 주둔하게 됨에 따라 이러한 방어체제의 구축 필요성은 더욱 부각되었다. 이제 슬라비아는 빈디쉬그래츠에 대항하는 세력에서 핵심적 역할을 담당하게 되었고 그것은 빈 대학생조직과의 관계를 보다 강화시키는 계기도 되었다.

이 당시 프라하의 대학생들, 특히 체코 대학생들은 빈의 동료들이 이룬 업적에 대해 큰 감명을 받았었고 그러한 것을 프라하에서 반드시 실천시켜야 한다는 생각도 가지고 있었다. 따라서 이들은 빈 대학에 유학 중인 슬라브 학생들을 프라하로 초청하여 그들로부터 구체적인 실천방안을 듣거나 또는 그들 스스로가 빈에 가서 필요한 정보들을 얻는 등의 능동성도 보였다.

6장

친오스트리아슬라브주의

1. 친오스트리아슬라브주의의 내용과 정립과정

오스트리아는 16세기 초반 보헤미아-헝가리 왕국을 자국에 편입시킴에 따라 다민족국가체제로 변형되었다. 그런데 이 국가에서 제기되었던 민족문제, 특히 비독일계 민족에 대한 법적·사회적 불평등문제는 3월혁명이 발생할 때까지 사회적 관심대상에서 배제된 상태였다. 그러나 이러한 상황은 3월혁명이 발생한 이후 바뀌게 되었다. 이제 비독일계 민족의 정치가들은 민족문제에 대해 관심을 표명하게 되었고 그것을 해결할 수 있는 방안에 대해서도 구체적으로 논의하는 등의 적극성을 보이기 시작했다. 그러나 이들은 해결방법에 대해서는 의견을 달리했다. 코슈트(L. Kossuth)를 비롯한 헝가리 정치가들은 헝가리를 오스트리아 제국으로부터 이탈시키려고 했지만 제국 내에서 절대 다수를 차지하던 슬라브 민족의 정치가들은 그러한 방법에 대해 동의하지 않았다. 즉 이들은 오스트리아제국의 존속을 인정하고 그것의 반대급부로 민족적 자치권을 부여받으려 했던 것이다. 이러한 방향을 주도한 인물은 오늘날 체코 민족의 국부(otec naroda)로 추앙받고 있는 팔라츠키(F. Palacký)였다. 팔라츠키와 그의 지지세력, 즉 샤파르지크(P.J.Šafarík)와 하블리체크-보로프스키 등은 기존의 질서체제를 인정하고 거기서 민족적 자치권도 획득하려고 했는데 그것이 바로 친오스트리아슬라브주의(Austroslawismus)의 핵심적 내용이라고 하겠다. 그런데 이러한 주의를 오스트리아 왕국에서 최초로 제시한 인물은 도브로프스키(J. Dobrovský)였다. 그는 1791년 9월 25일 오스트리아 국왕, 레오폴드 2세(Leopold Ⅱ: 1790~1792)의 보헤미아 왕위계승을 축하하면서 오스트리아 왕국에 대한 왕국 내 슬라브 민족의 충성 및 헌신을 강조했다(O stálé věrnosti, kterouž se národ slovanský domu rakouského po všechen čas přidržel). 아울러 그는 체코어가 보헤미아 지방에서 다시 사회공용어, 즉 학교와 법정에서 사용되어야 한다는 견해도 밝혔는데 그 이유는 그가 문화적 측면에서의 자치권획득을 지향했기 때문이다. 그는 레오폴드 2세와의 독대과정에서 빈 정부의 중앙정책, 특히 문화적 측면에서의 독일화정책에서 비롯되는 문제점들을 지적했을 뿐만 아니라 그것들의 개선에 필요한 방안들에 대해서도 구체적으로 언급했다. 그러나 레오폴드 2세가 도브로프스키의 이러한 건의에 대해 어떠한 반응을 보였는지는 확인되고 있지 않다. 도브로프스키의 이러한 관점에 대해 보헤미아 지방의 귀족들도 지지의사를 밝혔는데 그것은 이들 역시 문화적 측면에서의 자치권허용이 필요하다는 인식을 가졌기 때문이다. 이 당시 보헤미아 귀족들은 빈 정부의 중앙정책에 대해 매우 비판적이었는데 그 이유는 이 정책으로 인해 자신들의 고유권한들이 박탈 내지는 축소되었기 때문이다. 점차적으로 이들은 자신들의 고유권한을 지키기 위해서는 역사 속에서 그것에 필요한 당위성을 찾아야 한다는 인식을 하게 되었고 그러한 과제를 보헤미아 지식인들, 특히 체코의 지식인들에게 위임시켰다. 이러한 과제를 부여받은 체코의 지식인들은 역사뿐만 아니라 언어의 정화에 대해서도 관심을 표명했는데 그러한 것들은 문화적 측면에서 지향되었던 자치권 획득의 핵심적 사안들이라 하겠다. 따라서 이들은 자치권허용에서 파생될 수 있는 이점들을 구체적으로 명시한 청원서를 빈 정부에 제출했다. 이후 도브로프스키는 왕국 내 슬라브 민족들이 결속하기 위해서는 그들 간의 문학적 또는 학술적 교류가 필요하다는 인식을 하게 되었고 그것을 가시화시키기 위해 학술잡지도 간행하려고 했다. 이에 따라 1792년 초부터『Slavin(슬라브인)』이라는 학술 잡지가 간행되기 시작했고 거기서는 왜 남슬라브 민족들이 오스트리아 왕국에 대해 호감을 가져야 하는가가 집중적으로 거론되었다. 아울러『슬라빈』은 왕국이외의 지역에 살던 슬라브인들 역시 오스트리아 왕국의 중요성을 인식해야 한다는 주장을 펼치기도 했다. 여기서 오스트리아 왕국에 대한 슬라브인들의 자세변화는 전적으로 왕국의 민족정책변화에 달려 있다는 도브로프스키의 조건부 관점이 부각되었는데 그것은 그가 남슬라브 민족들과 국경을 같이하는 러시아의 세력 확장이 오스트리아 왕국에 위해적 요소로 작용 할 수 있다는 판단과 빈 정부 역시 그러한 상황을 도외시하지 않을 것이라는 예측에서 비롯된 것 같다. 폐간될 때까지『슬라빈』은 남슬라브 지역에서 출간되는 간행물들의 교환과 교육적 환경개선에 필요한 제안들을 홍보하는 데 주력했고 그것은 왕국 내 슬라브인들의 결속을 유발시키는 요인으로도 작용했다.

그러나 도브로프스키의 친오스트리아슬라브주의는 1840년대에 접어들면서 지지세력을 점차적으로 잃게 되었는데 그것은 정치적 요소를 친오스트리아슬라브주의에 첨부해야 한다는 주장이 제기된 것과 그러한 견해에 동조하는 세력이 증대된 데서 비롯된 것 같다. 이러한 성향은 흐로흐(M. Hroch)가 그의 저서에서 언급한 오스트리아 제국 내 비독일계 민족, 특히 슬라브 민족의 민족운동단계와 연계시킬 수 있을 것이다. 흐로흐의 견해에 따를 경우 체코 민족의 민족운동은 이미 초기단계(문화적 자치권획득을 지향)를 벗어나 중기 단계(정치적 자치권획득을 지향)로 진입했음을 알 수 있다. 이 당시 체코의 민족 운동을 주도했던 팔라츠키, 샤파르지크, 그리고 하블리체크—보로프스키 등은 도브로프스키와는 달리 슬라브 민족의 법적·사회적 평등이 왜 필요한가를 부각시키는 데 주저하지 않았다. 특히 팔라츠키는 오스트리아 제국의 존속을 인정하는 대신 슬라브 민족의 법적·사회적 평등을 보장할 수 있는 정치체제, 즉 연방체제(federacesystém)의 도입을 강력히 요구했다. 이 당시 중부유럽의 상황을 정확히 파악했던 팔라츠키는 제국 내 슬라브 민족들이 펼친 독립시도에 대해 부정적이었다. 그럼에도 불구하고 그는 슬라브 민족들의 독립을 완전히 배제하지는 않았는데 그러한 것은 그가 이들 민족이 독립 국가를 유지하는 데 필요한 능력을 갖출 경우 독립 역시 모색할 수 있다는 견해를 제시한 데서 확인할 수 있다. 이 당시 팔라츠키는 제국 내 슬라브 민족들이 독립 국가 유지에 필요한 능력을 갖추기 위해서는 적지 않은 시간이 필요하다는 사실을 잘 알고 있었다. 따라서 그는 슬라브 제 민족의 독립을 미래 과제로 인식했던 것이다.

점차적으로 체코와 독일의 역사가들은 도브로프스키의 친오스트리아슬라브주의와 팔라츠키의 친오스트리아슬라브주의 사이에서 확인되는 차이점을 심도 있게 연구했을 뿐만 아니라 그것에 따른 내용 구분도 시도했다. 노바크(M. Novák)는 도브로프스키의 친오스트리아적 성향을 '봉건적 친오스트리아슬라브주의' 또는 '보수적 친오스트리아슬라브주의', 팔라츠키의 친오스트리아적 성향을 '진보적 친오스트리아슬라브주의' 또는 '정치적 친오스트리아슬라브주의'로 분류했다. 샴베르게르(Z. Šamberger), 모리트쉬(A. Moritsch), 빈터(E. Winter), 볼만(F. Wollman), 그리고 바브라(J. Vávra) 등도 연구 및 분류작업에 참여했다. 이들은 도브로프스키의 친오스트리아슬라브주의를 '본래적 친오스트리아슬라브주의', 팔라츠키의 친오스트리아슬라브주의를 '전략적 친오스트리아슬라브주의'로 정의했다. 특히 모리트쉬는 팔라츠키가 연방체제의 도입을 지향했기 때문에 그의 친오스트리아슬라브주의를 친오스트리아연방주의로 간주해도 된다는 견해를 제시하기도 했다.

그런데 일부 학자들은 팔라츠키의 '친오스트리아슬라브주의'가 과연 독창적이었을까라는 의문을 제기하기도 했다. 우선 1928년 스르비크(H. R. v. Srbik)는 저명인사들의 정치적 관점 내지는 이론을 연구하면서 팔라츠키의 명제가 과연 독자적으로 작성되었는가에 대해 이의를 제기했다. 스르비크는 자신의 논문에서 팔라츠키의 주장이 볼테르(Voltaire)에서 비롯되었다는 주장을 펼쳤다. 즉 그는 팔라츠키가 자신의 오스트리아명제에서 언급한 '오스트리아제국이 존재하지 않았다면 가능한 한 빨리 그러한 국가가 창출될 수 있게끔 노력해야 할 것이다'는 볼테르의 '만일 신이 존재하지 않을 경우 사람들은 그를 찾아내야 할 것이다(Si Dieu n'exitait pas, il faudrait l'inventer)'라는 문구에서 비롯되었다는 견해를 제시했다.

슬로바키아의 저명한 역사가였던 라판트(D. Rapant) 역시 1937년 그의 저서인 『1848년의 슬로바키아 폭동사』 제1권에서 같은 맥락의 이의를 제기했다. 즉 그는 슈바르체르가 자신이 발간하던 오스트리아 신문에서 팔라츠키가 언급한 것과 유사한 내용을 기사화시켰음을 밝혔다. 실제적으로 슈바르체르는 1848년 3월 30일자의 신문에서 '진실로 세계사가 우리의 거대하고, 축복받을 조국에 통합 제국 건설을 허용하지 않았다면 사람들은 가능한 한 빨리 그러한 제국이 등장될 수 있게끔 노력해야 할 것이다'라고 언급했는데 그것은 오스트리아제국의 존속 필요성을 부각시키려는 의도에서 비롯된 것이라 하겠다.[*]

영국의 역사가였던 매카트니(C. A. Macartney)는 1969년 티롤(Tirol)의 언론가였던 페르탈러가 빈 신문에 투고한 '오스트리아제국의 세계사적 의미에 대한

---

[*] 슈바르체르는 베젠베르크-도블호프(Wessenberg-Doblhoff)정부에서 노동장관으로 활동했다.

일고찰'이라는 기사에서 팔라츠키의 명제와 맥을 같이하는 내용이 확인된다
는 주장을 펼쳤다.[*]

2. 프랑크푸르트로 보내는 팔라츠키의 거절편지

3월혁명이 발생한 이후 독일권을 통합시켜야 한다는 움직임이 가시화됨에
따라 오스트리아 제국 내의 슬라브 지식인들도 슬라브 세계의 결집 필요성을
인식하기 시작했다.

이러한 상황하에서 체코의 역사가였던 팔라츠키가 1848년 4월 11일 프랑크
푸르트 예비의회(Frankfurter Vorparlament)로부터의 제의, 즉 체코 민족의 대표
로 독일통합간담회에 참석해 달라는 요청을 거절하는 과정에서 자신이 지향한
친오스트리아슬라브주의를 공식적으로 표명했다.[**]

---

[*] 오스트리아의 저명한 역사가 반드루스츠카(A. Wandruszka) 역시 1846년에 탈고되었지만 1848년 2월에 비
로소 출간된 메링(C. Moering)의 저서에서 팔라츠키의 핵심적 내용과 같은 견해가 있었음을 피력했다. 반드루
스츠카가 자신의 논문에서 밝힌 메링의 언급은 다음과 같다: 절대왕정체제를 근간으로 한 오스트리아 제국의
존속은 유럽의 안정과 독일권에서의 시민적 제도의 활성화 및 성장에 반드시 필요하다. 또한 오스트리아 제국
은 동부 유럽을 문명화시키는 데도 반드시 필요한 국가이기 때문에 이러한 국가가 존재하지 않았다면 같은 역
할을 할 수 있는 국가를 가능한 한 빨리 창출시켜야 할 것이다.

[**] 프레스부르크(Pressburg)에서 학업을 끝낸 후 고향에서 학문적 연구를 하던 팔라츠키는 도브로프스키의 제
안에 따라 1821년 4월 11일 프라하로 오게 되었다. 이 당시 그는 체코 민족의 독자성이 부각되었던 후스시기
의 기념물과 원전연구에 깊은 관심을 가지고 있었다. 프라하에서 민족운동이 활성화되지 않았음을 간파한 팔
라츠키는 이 도시에 대해 실망을 가지게 되었고 자신의 체류에 대해서도 회의적이었다. 이러한 때 도브로브스
키는 팔라츠키에게 몇 명의 보헤미아 귀족, 즉 프란츠 슈테른베르크(Franz Sternberg) 백작, 카스파르 슈테른베
르크(Kaspar Sternberg) 백작, 클람-마르티니츠(H.Clam Martinic) 백작, 그리고 툰(L. Thun) 백작을 소개했
다. 팔라츠키와 교류를 갖기 시작한 이들 귀족들은 곧 그의 학문적 능력을 인정하게 되었다. 따라서 이들은 팔
라츠키에게 그들 혈통에 대한 연구를 부탁했고 그것은 보헤미아 역사에 대한 팔라츠키의 관심을 증대시키는
결정적 요인이 되었다. 이 당시 보헤미아 귀족들은 중앙정책으로 위협받던 자신들의 고유권한을 방어하기 위
한 역사적 근거가 필요했고 그러한 과제를 체코 민족운동의 선각자들에게 종종 위임시켰다. 따라서 팔라츠키
에게 부여한 과제도 이러한 맥락에서 이해될 수 있을 것이다. 보헤미아 귀족들은 1829년 팔라츠키를 자신들
의 사료편집자(Historiographen)로 임명했고 그에게 고대부터 당시까지의 보헤미아 역사를 새로이 기술할 것을
요청했다. 팔라츠키 역시 보헤미아 역사를 새로이 기술해야 한다는 생각을 가졌기 때문에 귀족들의 요구를 조
건 없이 수용했다. 그러나 팔라츠키는 곧 보헤미아사를 새롭게 서술하는 데 필요한 기본적 자료들이 유실되었

친오스트리아슬라브주의적 관점에서 작성한 거절편지에서 팔라츠키는 체코 민족이 신생독일에 참여할 경우 오스트리아 제국 내에서 그들이 그동안 누렸던 법적·사회적 지위마저 잃게 되리라는 것을 언급했다. 이러한 그의 판단은 보헤미아 지방에서 체코 민족이 독일 민족보다 수적으로 우세하다는 것과 제국 내 다른 슬라브 민족과의 유대관계가 신생독일에서는 불가능하다는 사실에서 비롯된 것 같다. 따라서 그는 자신의 거절편지에서

■ 팔라츠키

빈 정부의 중앙체제에 대해 불만을 가진 제국의 슬라브 민족들이 독일 민족처럼 독립을 지향할 경우, 그것은 불가능하고, 무모한 행위에 불과하다라는 견해를 제시했던 것이다. 이 당시 팔라츠키는 러시아가 유럽의 북부 지역에서 시도했던 것과 마찬가지로 유럽의 남부 지역에서도 세력 확장을 모색하고 있다는 사실을 잘 알고 있었다. 그리고 그는 러시아가 이러한 시도를 통해 보편왕조

음을 간파했고 그것은 그로 하여금 유럽의 여러 지역을 방문하여 필요한 자료들을 찾게끔 했다. 팔라츠키는 보헤미아사 저술 이외에도 여러 부분, 즉 그의 주 작업에 필요한 보충 분야에 대해서도 깊은 관심을 보였고 그것들을 그의 연구에 병행시키기로 했다. 팔라츠키의 학술활동은 체코 민족에게 민족적인 자긍심을 부여하려는 목적뿐만 아니라 체코 민족 역시 지구상에 존재할 수 있다는 증거를 독일 민족에게 보여주려는 의도도 가졌다 하겠다. 1830년 팔라츠키는 도브로브스키가 사망함에 따라 '보헤미아 왕립 학술원'의 정회원직을 승계했는데 그것은 그의 학문적 업적 및 능력이 이미 보헤미아 사회에서 인정되었기 때문이다. 1830년대 후반에 접어들면서 팔라츠키는 그의 연구를 보다 진작시키기 위하여 인접 국가들에 대한 학술여행을 자주 하게 되었다. 이러한 노력 끝에 팔라츠키는 『보헤미아사(Geschichte von Böhmen, Dějiny národu českého v Čechách)』의 제1권을 1836년 8월 23일에 출간했다. 팔라츠키는 책의 서두에서 '체코 민족에게 진실된 과거를 제공한다'라는 입장을 천명하여 이 책에서 지향하는 바를 명백히 밝혔다. 보헤미아사에서 팔라츠키는 1526년 이전의 역사를 주로 취급하였는데 그것은 체코 민족이 독자적으로 거대한 국가를 운영했다는 사실을 부각시키기 위해서였다. 그리고 그의 역사서술은 민족운동에 관심을 보였던 시민 계층에게 정치적인 자각과 반독일 감정의 역사적인 근거를 제공했다.

(univerzální monarchie)를 건설하려 한다는 것과 그러한 왕조가 향후 많은 재앙을 유발시키리라는 것도 예측했다. 여기서 팔라츠키는 이러한 표명으로 자신이 러시아에서 반 러시아적 인물로 부각될 수 있다는 점을 잘 알고 있었지만 그는 그러한 것에 대해서 별로 개의치 않았다.

팔라츠키는 러시아의 이러한 야욕에도 불구하고 슬라브 민족들이 민족주의 원칙에 따라 오스트리아 제국을 이탈하여 독립 국가를 형성할 경우 과연 그러한 국가들이 얼마나 오랫동안 지속될 수 있을 지에 대해 강한 의구심도 제기했는데 그것은 그가 러시아의 범슬라브주의와 그것에 따른 슬라브 세계의 통합시도를 의식했기 때문이다. 즉 팔라츠키는 니콜라이 1세를 비롯한 러시아의 핵심세력들이 즉시 이들 국가들을 러시아에 병합시키려 할 것이고, 병합된 이후 이들은 더욱 열악한 상황하에서 살아나가야 한다는 것을 인지했던 것이다. 이 당시 팔라츠키는 러시아의 경직된 지배구조와 거기서 파생될 수 있는 문제점들을 잘 알고 있었던 것이다. 그리고 그는 슬라브 세계의 통합이 이루어진다 하더라도 러시아의 경제적 낙후성으로 인해 비러시아계통의 슬라브인들의 생활수준은 이전보다 훨씬 낮아지리라는 사실도 파악하고 있었다. 따라서 팔라츠키는 자신의 편지에서 제국 내 슬라브 민족들이 주이진 체제를 인정하고 거기서 그들의 민족성을 보존하면서 권익 향상을 점차적으로 도모하는 것이 최선의 방법이라는 견해를 제시했던 것이다.* 또한 그는 슬라브 민족들이 기존의 통치방식 대신에 제국 내 제 민족의 법적·사회적 평등을 가져다줄 수 있는 연방체제의 도입을 빈 정부에 강력히 촉구해야 한다는 주장도 펼쳤다. 그런데 팔라츠키가 구상한 연방체제의 근간은 미합중국 및 벨기에에서 시행된 제도에서 찾을 수 있는데 그것은 양국의 연방체제에 대한 자신의 긍정적인 입장에서 비

---

* 팔라츠키는 그의 거절편지에서 민족을 정치적 골격 내지는 국가발전의 중요인자로 간주했다. 아울러 그가 기존의 질서체제를 인정하려고 했던 것은 그 자신이 자유주의를 신봉했기 때문이다.

롯된 것 같다. 이 당시 팔라츠키는 중앙정부의 권한과 지방정부의 권한을 구분시켜야 한다는 생각을 가지고 있었다. 그에 따를 경우 중앙정부는 제국존속에 절대적으로 필요한 제 권한, 즉 외교권, 국방권, 그리고 교통권만을 가지고 여타의 권한들은 지방정부에 위임시켜야 한다는 것이다.[*]

현 체제와의 협상을 요구한 팔라츠키의 이러한 자세는 빈 정부가 제국 내에서 슬라브 민족들이 차지하는 비율을 직시해야 한다는 것과 그동안 등한시했던 이들의 법적·사회적 지위향상이 얼마나 중요하고, 필요한가를 인식해야 한다는 묵시적인 강요도 내포되었다고 하겠다.

또한 팔라츠키는 자신의 거절편지에서 독일통합은 오스트리아 제국을 배제시킨 소독일주의(Kleindeutschtum; malé němectvi) 원칙에 따라 이루어져야 한다는 주장을 펼쳤고 오스트리아 제국은 그렇게 형성된 '신독일(Neues Deutschland)'과 공수동맹체제를 구축하여 러시아의 팽창정책에 대응해야 한다는 입장도 밝혔다. 그리고 그는 오스트리아 제국이 이 동맹체제를 기초로 한 유럽의 질서체제유지에 적극적으로 참여해야 한다고 역설했다. 팔라츠키는 이러한 공수동맹체제의 구성이 불가능할 경우 양국의 경제적 관심을 보장하고, 증대시키는 관세동맹체제의 구축이 절대적으로 필요하다는 관점을 피력했는데 그러한 것은 오스트리아 제국이 단독으로 러시아의 의도를 저지시킬 수 있다는 확신에서 비롯된 것 같다. 팔라츠키의 친오스트리아슬라브주의가 제국

---

[*] 미국의 연방헌법은 연방주의론과 주권론이 적절히 반영된 타협의 소산이었다. 입법·사법·행정의 3권분립으로 권력의 견제와 균형이 이루어졌는데 그것은 의회가 법률제정, 대통령이 그 시행과 적용, 법정이 그 해석을 담당한 것에서 확인된다. 화폐주조권·관세징수권·외교권을 제외한 여타의 권한들은 지방정부로 이양되었다.
1815년에 개최된 빈 회의(vídeňský kongres) 이후부터 벨기에인들은 네덜란드의 지배를 받기 시작했다. 그런데 언어, 종교, 그리고 경제적 기본구조가 근본적으로 달랐음에도 불구하고 덴 하그(Den Haag) 정부는 벨기에 인들에게 네덜란드화를 강요했고 그것은 벨기에인들의 강한 반발을 야기했다. 그러다가 벨기에 인들은 1830년 7월 프랑스에서 발생한 혁명의 영향을 받아 같은 해 10월 네덜란드의 지배로부터 벗어나려는 독립운동을 펼쳤고, 그것은 다음 해 7월 결실을 맺을 수 있었다. 독립을 쟁취한 벨기에인들은 1831년 8월 당시 유럽에서 가장 진보적인 헌법을 제정했다. 아울러 그들 국가의 민족문제를 원만히 해결하기 위한 방안마련에 심혈을 기울였고 거기서 중앙 정부와 지방 정부의 권한을 구체적으로 명시한 연방체제의 도입도 결정했다.

내에서 알려짐에 따라 제국 내 독일 정치가들은 팔라츠키의 견해에 동의하지 않았는데 그것은 이들이 오스트리아 제국에 연방체제를 도입시킬 경우 그동안 그들이 향유했던 기득권 및 주도권이 상실되리라는 것과 오스트리아 제국이 슬라브적 색채가 강조된 국가로 변모될 수밖에 없다는 것을 인지했기 때문이다. 이후부터 이들은 팔라츠키와 그의 추종세력이 강조한 친오스트리아슬라브주의가 가지는 모순내지는 문제점들을 부각시키는 데 주력했다. 우선 저명한 역사가였던 스프링거(A. Springer)는 팔라츠키와 그의 측근들이 슬라브 민족, 특히 체코 민족에게 새롭게 가해지던 민족적 압박을 완화시키기 위해 친오스트리아슬라브주의적 관점을 제시했다는 주장을 펼쳤다. 여기서 그는 이들이 오스트리아 제국과 통합독일 사이의 협력적 관계에서 파생될 수 있는 이점들, 즉 관세, 재정, 그리고 군사적 측면에서의 이점들을 긍정적으로 묘사한 이유 및 배경들에 대해 분석했다. 그의 분석에 따를 경우 오스트리아 제국만이 러시아의 위협으로부터 슬라브 민족들을 보호할 수 있다는 현실적 상황이 이들 인물들의 판단 및 결정에 적지 않은 영향을 주었다는 것이다. 국민경제학자였던 크로이츠베르크(K. J. Kreutzberg)는 친오스트리아슬라브주의를 경제적 측면에서 분석했다. 보헤미아 지방의 경제적 발전에 대해 깊은 관심을 가졌던 팔라츠키와 그의 측근들이 그러한 발전을 중단 또는 저해시킬 수 있는 프랑크푸르트 안에 동조할 필요가 없었다는 것이 바로 그의 분석이었다. 마이스너(A. Meissner), 그라저(R.Graser), 라우베(H. Laube), 그리고 레젤(W.Z.Ressel) 등도 친오스트리아슬라브주의자들의 관점을 비난했는데 그 강도는 위에서 언급한 인물들의 그것보다 훨씬 강했다. 마이스너는 독일 민족과 체코 민족의 평화적 공존이 친오스트리아슬라브주의자들의 구상으로 파괴될 수 있다는 견해를 밝혔고, 그라저는 '오스트리아 제국이 서슬라브 제국으로 변형(Österreich zu einem westslawischen Reich umzugestalten)되리'라는 예상을 했다. 라우베와 레젤 역시

친오스트리아슬라브주의자들의 견해를 반박하면서 '체코인들은 민족단위체
가 아니었고 앞으로도 그러한 단위체(die Tschechen waren kein Volk und könnten
auch nie eines sein)가 될 수 없다'는 주장을 펼쳤다. 이러한 독일 정치가들의 반발
에도 불구하고 팔라츠키를 비롯한 슬라브 정치가들은 자신들의 주장을 견지했
는데 그것은 이들이 정치적 경험을 가지지 못한 데서 비롯된 것 같다. 만일 이들
이 정치적 경험을 가졌다면 이들은 당시의 상황을 고려한 타협안 내지는 양보안
을 제시하여 자신들의 정치적 목표를 부분적이나마 실천시키려는 노력을 펼쳤
을 것이다.

7장

제1차 프라하 슬라브 민족회의

1. 슬라브 민족회의의 개최 필요성 제기

3월혁명 이후 오스트리아 제국 내 슬라브 정치가들은 헝가리 지방을 제외한 제국의 적지 않은 지역, 즉 독일 연방에 포함된 지역들이 새로운 독일로 편입되는 것과 그로 인해 야기될 오스트리아 제국의 붕괴를 가장 우려하고 있었다. 그 이유는 이들이 새로운 독일에서 그들 민족의 법적·사회적 지위가 향상되지 않고 오히려 격하될 가능성이 많다는 것을 예견했기 때문이다. 따라서 이들은 제국의 존속을 그들의 최우선 정책 내지는 과제로 삼게 되는데, 그러한 것은 이들이 제시한 친오스트리아슬라브주의적인 관점에서 확인되었다. 이러한 상황에서 프랑크푸르트 국민의회의 개최가 5월 18일에 공고되고 거기서 대독일주의 원칙에 따라 오스트리아 제국의 일부가 '신독일'에 편입되어야 한다는 견해가 국민의회의 공식적 의제로 상정됨에 따라 제국 내의 슬라브 정치가들은 대비책 마련에 나섰다.

아그람(Agram: 오늘날의 Zagreb)의 언론가였던 쿠쿨레비치-사크신스키

(Ivan Kukuljević–Sakcinski)는 1848년 4월 20일자 '달마치아신보(Novine Dalmatinsko–Horvatsko–Slovenske)'에서 슬라브 민족 간의 결속 필요성을 강조한 기사('Kavka treba da bude u obće politika naša')를 게재했다. 여기서 그는 프랑스인, 영국인, 이탈리아인, 그리고 독일인들이 민족통일을 실현했거나 또는 거의 실현 단계에 이르렀음을 거론했다. 이어 그는 긴 역사의 슬라브 민족들이 그들의 찬란한 문화 및 정치(민주주의적: 첨부) 체제를 활성화시키기 위해서는 민족 간의 결속 및 통합이 선행되어야 한다는 입장을 밝혔다. 또한 그는 범슬라브 세계의 대표자들로 구성되는 슬라브 민족회의(Sobor)의 결성으로 슬라브 민족의 단결이 가능하다는 관점도 피력했다. 아울러 그는 오스트리아 제국 내 슬라브 민족뿐만 아니라 러시아, 폴란드, 그리고 독일권(프로이센, 작센)의 슬라브 민족들도 이러한 민족회의에 참여해야 한다는 것도 역설했다. 끝으로 그는 헝가리 정부가 자신들의 지배하에 있던 슬라브 민족들에게 자치권과 동등권을 보장하지 않을 경우 이들은 헝가리의 지배로부터 벗어나야 한다는 주장을 펼쳐 크로아티아인들의 향후 대응방향에 대해 간접적으로 시사하기도 했다. 그러나 그의 이러한 제안은 오스트리아 제국의 해체를 목표로 한 것이 아니라 오스트리아 제국 내 슬라브 민족의 법적·사회적 동등권을 보장받기 위한 연방체제의 도입을 목표로 설정했는데 그것은 범슬라브주의를 핑계로 슬라브 세계에서 주도권을 장악하려던 러시아와 독일권 사이에서 슬라브 제 민족의 완전한 독립이 사실상 불가능하다는 현실적 판단에서 비롯된 것이라 하겠다. 이렇게 슬라브 민족회의에 대한 개최 필요성이 공식적으로 거론됨에 따라 그것에 대한 슬라브 세계의 관심 역시 크게 증대되었다.

2. 슬라브 민족회의의 개최 준비과정

이 당시 팔라츠키를 비롯한 체코 지식인들은 그들이 향후 개최될 슬라브 민족회의에서 주도적 역할을 담당해야 한다는 사실을 인지하고 있었다. 뿐만 아니라 이들은 그들의 대표를 프랑크푸르트 국민의회에 파견해야 하는지에 대해서도 결정해야 하는 상황에 놓여 있었다. 따라서 이들은 그들과 관련된 일련의 문제들을 구체적으로 논의하기 위한 간담회를 개최했는데 여기에는 제국 내 슬라브 지식인들도 대거 참여했다. 모임에 참석한 대다수의 인사들은 쿠쿠레비치―사크신스키가 제의한 슬라브 민족회의를 긍정적으로 보았고, 그것을 구체화시키는 데도 동의했다. 그들은 ① 슬라브 민족회의를 5월 21일에 프라하에서 개최하기로 하고, ② 제국 이외의 지역에서 참가하는 인사들에게도 임시자격(hostúčastník)을 부여하며, ③ 회의기간 중 독일통합에 대한 대비책과 제국분열을 저지할 수 있는 방안 등도 구체적으로 마련하기로 결의했다. 4월 중순 프라하에서는 슬라브 민족회의 개최준비위원회가 결성되었고 그 첫 번째 모임이 4월 30일 같은 도시에서 개최되었다. 팔라츠키는 개최준비위원회에서 오스트리아 제국의 존속에 대해 슬라브인들이 관심을 가져야 한다는 것을 강조했는데 그것은 그가 프랑크푸르트로 보내는 거절편지에서 밝힌 친오스트리아슬라브주의적 관점을 다시금 밝힌 것이라 하겠다.

1848년 5월 5일 공식초청장이 국민일보(narodní noviny)에 공개된 이후 독일어로 번역되어 여러 신문에 게재되었는데 그 중요한 내용을 살펴보면 다음과 같다: 유럽의 제 민족은 상호 간 의사소통을 통해 그들을 하나의 단위체로 묶으려고 한다. 독일 민족 역시 그들의 통합을 실현하기 위해 프랑크푸르트 국민의회를 소집했고 헝가리 지역을 제외한 제국의 모든 지방을 독일에 병합시키려한다. 그러한 시도는 분명히 오스트리아 제국의 단일화뿐만 아니라 지금까지 유지된 슬라브 제 민족의 연맹과 독자성도 파괴할 것이다. 이제 슬라브인들은 그들의 간절한 희망사항을 경청하고 정리하기 위해 그들의 대표를 5월 31일 유서 깊은 프라하로 초대하려고 한다. 동시에 슬라브인들이 요구하는 것들과 현재와 같이 중요한 시기에 슬라브인들이 해야 할 일들을 논의하기 위해 슬라브 민족회의를 개최하려고 한다.

공식초청장을 공개한 이후 개최 준비위원회는 팔라츠키가 작성한 '제국 내 비슬라브 민족에게 설명함'이란 성명서도 발표하여 합스부르크 왕조에 대한 슬라브 민족의 전통적 충성심을 부각시키려 했다.

슬라브 민족회의의 준비 및 그것의 정치적 노선을 결정하는 데 주도적 역할을 담당했던 인물은 팔라츠키였다. 슬라브 민족회의가 처음부터 친오스트리아슬라브주의를 지향했다는 사실은 팔라츠키가 자신의 정치적 동반자인 샤파르지크를 빈에서 만났을 때 그에게 알려준 민족회의 개최준비위원회의 방침에서도 잘 드러났다. 그중에서 중요한 내용을 요약하면 첫째, 슬라브 민족회의에 참여하는 사람들은 친오스트리아슬라브주의적인 입장을 명백히 밝힐 것, 둘째, 급진적 인물들로 구성될 폴란드 대표들은 오스트리아 정부에 대해 과격한 입장표명을 삼갈 것, 셋째, 프랑크푸르트 국민의회로부터 제기될 방해 공자에 대비할 것, 넷째, 오스트리아 제국 이외의 대표자들이 친오스트리아슬라브주의를 표방할 경우 그들 역시 민족회의에 참가시킬 것, 다섯째, 빈 정부에게 연방체제의 채택과 그것에 따른 행정조직의 개편을 권고할 것 등이었다.

빈 정부가 슬라브 민족회의의 개최를 최종적으로 허용함에 따라 슬라브 민족회의 개최준비위원회는 제국 내 슬라브 민족뿐만 아니라 포젠, 세르비아, 그리고 러시아의 인사들에게도 초청장을 발송했다. 아울러 슬라브 파리협회(Pariser Societe de Slave)와 미츠키에비츠(Mickiewicz)와 레레벨(Lelewel)과 같은 저명한 폴란드 정치가들에게도 초청장이 보내졌다. 이렇게 제국 이외의 슬라브

인사들에게도 초청장이 발부되었지만 향후 개최될 슬라브 민족회의에서는 우선적으로 제국 내 슬라브인들의 안건만을 논의한다는 내규가 개최준비위원회 내에서 결정되었다.

슬라브 민족회의가 5월 말이나 6월 초에 프라하에서 개최된다는 사실이 알려짐에 따라 프랑크푸르트 국민의회는 오스트리아 제국 내 슬라브 정치가들, 특히 체코 정치가들의 움직임에 대해 비교적 높은 관심을 가지게 되었다. 왜냐하면 프랑크푸르트 국민의회에 참석하고 있던 대다수의 정치가들은 오스트리아 제국이 독일권으로부터 이탈해서는 안 된다는 생각을 했기 때문이다. 따라서 마렉크(T. Mareck), 노이벨(Dr. Neuwell), 지스카라(Giskara)와 같은 오스트리아 출신 의원들은 프라하에서 체코 정치가들과 접촉을 모색했고 거기서 이들은 슬라브 정치가들에게 민족 간의 불평등을 해소시켜 주겠다는 약속도 했다. 그러나 팔라츠키를 비롯한 체코 정치가들은 프랑크푸르트 측의 이러한 시도에 냉담한 반응을 보였는데, 그 이유는 이들이 슬라브 민족의 사회적 지위가 '신독일'에서 향상되기보다는 오히려 악화될 가능성이 많다는 것을 인지했기 때문이다.

프랑크푸르트 국민의회의 이러한 움직임에도 불구하고 슬라브 민족회의 개최준비위원회는 대회준비를 위한 작업을 계속했다. 이에 대해 제국 내 독일인들은 슬라브 정치가들의 행보에 대해 깊은 우려를 표명했는데 그러한 것은 당시 독일 신문에 실린 한 논설에서 찾아볼 수 있다. 논설에서는 우선 슬라브 민족회의의 개최 목적에 대해 언급했는데 그것에 따를 경우 오스트리아 제국으로부터 신생 슬라브 왕국을 출범시키는 것이 슬라브 민족회의의 궁극적인 목적이라는 것이다. 이어 논설에서는 슬라브인들의 시도에서 비롯될 문제점들에 대해서도 거론했는데 살펴보면 첫째, 오스트리아 제국의 많은 지역이 슬라브 왕국에 편입되고 동시에 독일권으로부터도 완전히 이탈된다는 것, 둘째, 독일인과 슬라브인들이 혼재하는 지역에서 많은 문제점들이 발생한다는 것이다. 이러한 논설을 통해 제국의 전체 인구 중에서 22%만을 차지한 독일인들이 가장 우려했던 점은 친오스트리아슬라브주의에 따른 제국 개편이 슬라브 민족의 지배가능성을 현실화시킬 수도 있다는 것이었다.

3. 슬라브 민족회의의 활동과 지향목표

프랑크푸르트 국민의회의 저지활동과 제국 내 독일 정치가들의 강한 반발에도 불구하고 슬라브 민족회의는 1848년 5월 31일 프라하에서 개최되었다. 슬라브 민족회의의 참석자는 모두 360명이었는데, 이 중에서 정식대표는 319명이었고 나머지는 게스트 내지는 임시대표자의 자격으로 참여했다. 그리고 이들 대부분은 시민 계층이었는데 이 점은 프랑크푸르트 국민의회 구성분포와 유사하다고 하겠다. 프라하 일간지들은 당시 개회식에 대해 상세히 보도했는데 보도에 따르면 노이베르크(Neuberg)가 임시 의장직을 맡아 체코어로 개회선언을 했고, 그의 제의에 따라 팔라츠키가 의장(starosta)으로 추대되었다. 팔라츠키의 의장직 수락 연설은 슬라브 민족의 자유, 동등권을 옹호한 일종의 민족선언서라 할 수 있다. 그는 슬라브 민족이 처음으로 상호 이해와 그것을 토대로 한 협력관계구축을 위해 보헤미아 왕국의 옛 수도인 프라하에 모였다고 전제한 후, 자유주의와 평등은 조상으로부터 물려받은 유산이기 때문에 슬라브 민족에게 결코 낯선 것이 될 수 없다는 주장을 펼쳤다. 따라서 슬라브 민족들은 그들이 타민족과 마찬가지로 법 앞에서 동등하다는 것을 인식하고 독일인들의 지배로부터 벗어나야 한다는 것이다. 한편 독일 민족은 "네가 원하지 않는 바를 남에게 시키지 말라(Was du dir nicht wünchst, thue auch einem andern

■ 제1차 슬라브 민족회의 개최 환영대회

nicht)"는 격언에 따라 다수 민족의 법적·사회적 동등권을 인정하고 그것의 실현에 대해서도 마땅히 관심을 가져야 한다는 것이 팔라츠키의 관점이었다.

슬라브 민족회의 개최과정에서 큰 역할을 했던 샤파르지크도 개회식장에서 찬조연설을 했는데 거기서는 특히 슬라브 민족의 자각(sebevědomý)이 강조되었다. 샤파르지크는 우선 슬라브 민족이 독일화를 기피했기 때문에 독일인들로부터 미개인이라는 멸시를 받아 왔음을 언급했다. 이어 그는 슬라브 민족들이 자신들의 민족적 특성을 찾으려고 할 때 독일인들은 그러한 것을 조국과 자유주의에 대한 반역행위로 간주하려고만 했다는 것이다. 아울러 샤파르지크는 슬라브 민족의 대표들이 프라하에 모인 것에 대해 역사적 의미를 부여하려고 했다. 즉 그는 슬라브 민족들이 슬라브 민족으로서의 자부심을 가지든지 아니면 슬라브 민족이라는 것을 포기해야 한다고 거론했던 것이다.

다음 날부터 슬라브 민족회의는 현안 문제들에 대해 논의를 개시했다. 그리고 6월 5일에 개최된 총회에서는 슬라브 민족회의에서 다룰 구체적 주제들이 거론되었고 거기서 다음의 세 가지가 주제로 채택되었다. 첫째, '유럽 제 민족에게 보내는 선언서'를 작성한다. 둘째, 오스트리아제국 내 슬라브인들의 희망사항을 정리·요약한다. 셋째, 슬라브 동맹 창설에 필요한 방법과 수단을 제시한다.

4. 오순절 소요 및 그 후유증

■ 오순절 소요

슬라브 민족회의가 순조롭게 진행되는 상황에서 돌발변수가 프라하에서 발생했다. 그것은 빈 정부가 추진한 기존질서체제로의 회귀정책에 대한 반발에서 비롯된 오순절 소요이다. 6월 11일 프라하 대학생 슬라드코프스키(K. Sladkovský)의 주도로 시작된 이 소요에는 대학생들과 노동자 계층, 특히 제빵공들과 인쇄공들이 적극적으로 참여했다. 소요 기간 중 슬라드코프스키와 그의 추종자들은 빈 정부의 복고주의적 정책을 신랄히 비판했다. 아울러 이들은 제1차 슬라브민족회의에서 지향한 친오스트리아슬라브주의를 강력히 비판했을 뿐만 아니라 오스트리아제국을 해체시켜 독자적인 슬라브 제국을 구축해야 한다는 주장도 펼쳤다. 프라하에서 전개된 상황에 우려를 표명한 빈 정부는 가능한 한 빨리 오순절 소요를 종식시켜야 한다는 판단을 하게 되었고 거기서 무력적인 개입도 밝혔다.

이에 따라 빈 정부는 빈디쉬그래츠(Windischgrätz) 장군에게 소요진압권을 부여했다. 프라하에 도착한 빈디쉬그래츠와 그의 진압군은 폭동참여자들에게 강력히 대응했다. 진압선발군은 소요의 핵심역할을 담당한 학생들을 체포하기 위해 프라하 대학을 포위한 후 바로 학내로 진입했다. 그러한 과정에서 진압군에게 저항하던 40여 명의 대학생들이 체포되었다. 상황이 이렇게 전개됨에 따라 클레멘티눔(Clementinum)에 머무르고 있던 대학생들은 당시 프라하 총독이었던 툰(Thun) 백작을 자신들의 인질로 삼아 프라하 대학에서 벗어나고자 했다. 따라서 이들은 빈디쉬그래츠가 군 병력을 대학교정에서 철수하지 않을 경우 툰 백작을 처형하겠다는 최후통첩도 보냈다. 그러나 빈디쉬그래츠는 학생들의 이러한 요구를 무시하고 진압군을 클레멘티눔으로 진입시켜 툰 백작을 구출했다. 이 과정에서 30명의 학생들이 목숨을 잃었고 50여 명의 학생들은 부상을 당했다.

상황이 이렇게 극단적으로 전개됨에 따라 슬라브 민족회의에 참석한 정치가들은 민족회의의 활동이 조만간 중단되리라는 판단을 하게 되었다. 이에 따라 이들은 민족회의에서 가시적인 성과를 확보하기 위해 6월 12일 긴급총회를 개최했다. 일부 참석자들은 ‘유럽 제 민족에게 보내는 선언서’ 작성에 앞서 자신들의 관점을 피력했는데 거기서는 형제애, 민족적 동등성 보장, 민족적 자유(직접선거권, 지역자치권, 언론 및 집회의 자유), 종교의 자유, 국민무장, 사회적 개혁, 슬라브 지부의 통합 등이 선언서에서 거론되어야 한다는 주장이 제기되기도 했다. 팔라츠키는 자신이 최종적으로 작성한 선언서에서 이들의 관점을 적극적으로 수렴했을 뿐만 아니라 혁명시기의 시대정신도 동시에 부각시키려고 했다. 따라서 선언서에서는 우선 시대정신이 슬라브인들을 고무시켰고 그들로 하여금 자유, 동등성, 그리고 형제애도 확인하게 했다는 것이 거론되었다. 또한 선언서는 게르만 민족의 우월성에 대해 의문을 제기하고 역사적·문화적 측면에서 슬라브 민족이 하등의 차별을 받아야 할 이유가 없다는 것도 강조했다. 특히 강자의 권리만을 인정하는 봉건제도가 게르만 민족의 산물인 데 반해 자유·평등·우애의 프랑스혁명 이념은 본래 원시 슬라브 공동체(praslovanský obec)에서 유래되었다는 주장을 펼침으로써 오스트리아 제국 내에서 제기되던 슬라브 민족의 동등권 요구를 이론적으로 강력히 뒷받침하려고 했다. 선언서는 영국인들이 아일랜드인들의 자치권을 인정한 반면 독일인들은 슬라브 민족에 대해 그러한 것을 허용하려는 의지가 전혀 없음을 지적했다. 또한 헝가리인들 역시 독일인들과 마찬가지로 민족적 권한을 남용하는 자세에서 벗어나지 못하고 있음을 지적했다. 그리고 선언서는 현재의 정신적 흐름이 새로운 정치적 양식을 요구하고 있기 때문에 제국 내 슬라브인들 역시 페르디난트 황제에게 진정서를 제출하여 자신들의 정치적 요구사항 등을 밝히려 한다는 것을 언급했다. 여기서 슬라브인들은 오스트리아 제국의 정치체제가 모든 민족에게 동등권을 부여하는 체제로 변형되는 것이 그들의 희망사항이라고 밝혔다. 만일 슬라브인들이 오스트리아 제국 내에서 정의를 구현시킬 경우 폴란드인들은 자치권을 얻을 것이고, 헝가리에서는 세르비아, 크로아티아, 슬모바키아, 루테니아 인들에 대한 폭력이 끝날 것이라는 예견도 했다. 그리고 오스만 튀르크제국 내의 슬라브 형제들 역시 자유를 쟁취할 것이라는 것이 선언서의 분석이었다. 그리고 선언서는 일반유럽회의를 개최하여 향후 발생하는 국제적 문제점들을 해결해야 한다는 주장을 펼치기도 했다.

그러나 임시총회에서는 오스트리아 제국 내 슬라브인들의 희망사항을 정리·요약하는 것과 슬라브 동맹 창설에 필요한 방법 및 수단 제시 등이 제대로 논의되지 못했다. 따라서 이러한 것들을 차후 민족회의의 과제로 선정한다는 결의가 채택되었다.

6월 13일 빈디쉬그래츠는 슬라브 민족회의에 참석한 외부 인사들의 조속한 귀환을 촉구했다. 이러한 강압적 조치에 대해 빈 정부는 동의하지 않았고 그것에 따라 프라하 주재 오스트리아군 총책임자였던 빈디쉬그래츠와 프라하 총독이었던 툰은 일시적으로 해임되었다. 그러나 빈 정부는 6월 18일 오순절 소요가 진압된 이후 자신들이 취한 조치를 철회하는 이율배반적인 행동을 취했는데 그것은 앞으로 혁명세력을 제압할 수 있다는 자신감에서 비롯된 것 같다. 1,000여 명의 희생을 요구한 오순절 소요가 진압된 이후 빈 정부는 프라하 및 그 주변지역에 계엄령을 선포했고 그것에 따라 빈디쉬그래츠 군은 계엄군의 신분으로 프라하에 주둔하게 되었다. 이어 프라하에 계엄령이 선포되었고 민간과 군부 합동의 조사법정이 설치되어 프라하 소요에 참여한 인물들을 색출하여 처벌하고자 했다. 이러한 상황에서 슬라브 민족회의는 황제에게 사절단을 보내는 것을 더 이상 실행할 수 없게 되었고 조사위원회에 민족회의 활동 기간 중에 작성한 문서들의 일부만을 넘겨주게 되었다. 이렇게 오순절 소요로 프라하 슬라브 민족회의의 활동은 중단되었지만 슬라브 제 민족의 정치가들이 처음으로 한자리에 모여 그들 민족의 향후 진로에 대해 심도 있게 논의하고 거기서 필요한 대안도 제시했는데 이것이 바로 이 민족회의의 역사적 의의라 하겠다.

8장

팔라츠키의 헌법초안

1. 제국 내 독일 정치가들이 제시한 오스트리아 제국 존속 방안

오스트리아 제국 내에서 민족주의가 확산되었음에도 불구하고 빈 정부는
왕국 내 비독일계 민족들에 대한 배려정책을 등한시하는 실수를 범했다. 그럼
에도 불구하고 빈 정부에 대한 비독일계 민족들의 반발은 미미한 상태에서 벗
어나지 못했는데 그것은 이들의 민족운동이 저변으로 확산되지 못했기 때문
이다. 그러나 이러한 상황은 3월혁명 이후부터 급변하게 되었다. 그것은 제국
내 비독일계 민족들인 체코 민족, 슬로바키아 민족, 슬로베니아 민족, 크로아티
아 민족, 헝가리 민족, 폴란드 민족, 이탈리아 민족이 정치체제의 변경과 그것
에 따른 제 민족의 법적·사회적 평등을 강력히 요구했기 때문이다. 이에 따라
오스트리아 제국은 독일의 다른 국가들보다 어려운 상황에 놓이게 되었다. 뿐
만 아니라 당시 독일의 통합방안으로 등장한 대독일주의(Großdeutschtum)가 프
랑크푸르트 국민의회에서 채택될 경우 필연적으로 야기될 오스트리아 제국의
해체 역시 오스트리아 제국의 입지를 크게 위축시키는 요인으로 작용했다. 그

러나 이 당시 빈 정부는 이러한 국내외적 문제들을 원만히 해결할 능력을 갖추지 못했을 뿐만 아니라 그 해결책 마련에도 소극적인 자세를 보였다. 상황이 이렇게 전개됨에 따라 제국 내 독일 정치가들은 자신들의 민족이 그동안 누려왔던 법적·사회적 특권을 보장받기 위한 방안이 무엇인가를 숙고하게 되었고 거기서 오스트리아 제국의 존속이 그들 민족의 우위권보존과 직접적으로 연계된다는 사실도 알게 되었다. 따라서 이들은 오스트리아 제국을 존속시키기 위한 방안을 모색하게 되었고 거기서 빈 회의(1815) 이후부터 논의되기 시작한 구오스트리아주의(Altösterreichertum)와 오스트리아적 대독일주의(Österreichisches Großdeutschtum)를 해결대안으로 제시하게 되었던 것이다.

구오스트리아주의는 대독일주의를 지지하지 않았을 뿐만 아니라 오스트리아 제국을 혁명 이전의 메테르니히 체제(1815~1848)로 복귀시켜야 한다는 입장도 분명히 밝혔다. 아울러 구오스트리아주의는 지금까지 오스트리아 제국이 독일권에서 행사했던 주도권 역시 견지되어야 한다는 주장도 펼쳤다. 이에 반해 오스트리아적 대독일주의는 메테르니히 체제의 재도입을 거부했을 뿐만 아니라 신생독일에 오스트리아 제국의 일부만을 참여시킨다는 프랑크푸르트의 통합 안에도 반대했다. 그렇지만 오스트리아적 대독일주의는 시금까지 오스트리아 제국이 독일권에서 행사했던 주도권은 계속 견지해야 한다는 주장을 펼쳐 구오스트리아주의와 견해를 같이했는데 그러한 것은 구오스트리아주의와 오스트리아적 대독일주의가 당시 제국 내에서 제기되던 민족문제의 실상을 정확히 파악하지 못했음을 확인하게 한다. 따라서 이들 양 주의를 추종했던 세력은 민족문제를 해결할 수 있는 대안제시에 등한시하는 자세를 보였던 것이다. 그러나 1840년대 중반부터 구오스트리아주의자들은 오스트리아 제국의 존속을 위해 제국 내 제 민족의 혈연적-언어적 특징을 어느 정도 인정해야 한다는 것을 인식하게 되었다. 그러나 이들은 국가통치, 고등교육, 그리고 고등예

술의 효율화 및 발전을 위해서는 독일어가 제국공용어(Amtssprache)로서 계속 사용되어야 한다는 입장을 포기하지는 않았다. 따라서 3월혁명 이전의 구오스트리아주의는 메테르니히 체제의 모순점들이 구체적으로 노출되었음에도 불구하고 독일적 요소가 강조된 중앙주의적인 입장에서 거의 이탈하지 않았음을 확인할 수 있다. 이러한 논리적 취약성 때문에 구오스트리아주의는 메테르니히 체제가 붕괴된 이후에는 소수 정치가들에 의해 그 정당성이 옹호되는 수세적 상황에 놓이게 되었다. 이 당시 구오스트리아주의자들은 빈 정부가 자유주의 및 민족주의 원칙에 따라 제국 내 제 민족에게 폭넓은 자치권을 부여할 경우 이들 민족들을 효율적으로 제어할 방안이 없는 위기적 상황에 놓이게 되리라는 점을 부각시켰다. 따라서 구오스트리아주의자들은 3월혁명 이후 수차례에 걸쳐 빈, 프라하, 그리고 부다(Buda)에서 개최된 공개집회에 의도적으로 참석하지 않았다. 이러한 상황하에서 구오스트리아주의자들은 언론이란 매개체를 통해, 즉 간접적인 방법을 통해 자신들의 주장이 가지는 타당성을 제국신민들에게 홍보하려고 했다.

이 당시 구오스트리아주의를 지지하던 티롤(Tirol) 출신의 페르탈러(H. Perthaler)는 1848년 3월 20일자 빈 신문에 '오스트리아 제국의 세계사적 의미에 대한 일고찰(Betrachtungen über die welthistorischen Bedeutung des österreichischen Kaiserstaates)'이라는 긴 제목의 기사를 투고했다. 여기서 그는 우선 제국의 신민들이 제국 내에서 확인할 수 있는 민족적 다양성과 거기서 비롯되는 민족적 분쟁 또는 대립들을 주시했음에도 불구하고 그것들의 해결책 제시에 대해서는 등한시했음을 지적했다. 이어 그는 이러한 소극적 자세가 비롯된 원인들에 대해서도 분석했는데 그것은 첫째, 제국의 신민들이 오스트리아 제국 이외의 다른 국가에서 동일한 상황을 확인하지 못했다는 것, 둘째, 그것의 해결에 필요한 방안강구를 모색할 경우 오히려 제국통치에 부담만 된다는 믿음을 이들이 가졌다는 것이다. 또한 페르탈러는 제국의 신민들이 오스트리아 제국에서 확인할 수 있는 세계사적 의미(Welthistorische Bedeutung)를 파악하지 못한 것에 대해서도 아쉬움을 토로했다. 즉 그는 신민들이 제국적 특색 속에서 '제 민족의 평화로운 공존'이 잉태될 수 있다는 사실을 인지하지 못한 것에 대해 유감을 표시했던 것이다.

2. 빈 제국의회의 개원

3월혁명 이후 부각된 제 문제를 해결하고 제국통치에 필요한 헌법을 제정하기 위해 1848년 7월 22일 빈에 위치한 궁정기마 학교에서 제국의회가 개원되었다.[*] 여기에는 페르디난트 황제를 비롯한 빈 정부 고위 각료들도 참석했다. 제국의회의 의원들은 모두 383명이었는데 이들은 헝가리와 이탈리아 북부지

---

[*] 3월혁명 이후 빈 정부는 메테르니히 체제로는 더 이상 제국을 원활히 통치할 수 없다는 판단을 하게 되었다. 따라서 빈 정부는 4월 초 갈리시아(폴란드의 남부)지방을 제외한 제국 전 지역의 지방의회 의원들을 빈으로 소집하여 비덴(Baden)헌법과 벨기에 헌법을 토대로 새로운 헌법을 제정하게 하였다. 약 3주간의 작업 끝에 새로운 헌법(4월헌법, Aprilverfassung 또는 Verfassungsurkunde des österreichischen Kaiserstaates)이 4월 25일에 공포되었는데, 그 중요한 내용들을 열거하면 다음과 같다. 첫째, 언론 및 출판의 자유, 집회 및 결사의 자유, 그리고 종교의 자유를 인정한다. 둘째, 입법부는 원로원(Senat)과 하원(Abgeordnetenhaus)으로 구성한다. 원로원은 황제가 임명하는 인사들과 직접세를 많이 내는 인물들로 구성하지만 하원 의원들은 간접선거의 방식으로 선출한다. 셋째, 황제는 기존관례에 따라 정부의 각료들을 임명하거나 해임할 수 있다. 각료로서 선출된 인물들은 하원에 대해 어떠한 책임도 지지 않는다. 넷째, 각 지방은 제한된 자치권을 행사할 수 있을 뿐만 아니라 지방의회를 구성할 수 있는 권한도 부여받는다. 그러나 지방의회는 이전처럼 법률안추인권만을 가진다. 다섯째, 4월헌법은 이탈리아와 헝가리를 제외한 제국 전 지역에 적용한다.

빈 정부가 4월헌법을 공식적으로 공포한 이후 제국에서는 이 헌법에서 명시된 원로원의 선출 방식이나 선거권의 제한 등이 자유주의의 기본원칙과 정면으로 대치된다는 지적이 일게 되었고 빈에서는 권력분립이 제대로 보장되지 않는 4월헌법은 즉시 폐기되어야 한다는 견해도 제시되었다. 그러나 이러한 의사표시에도 불구하고 정부로부터 아무런 답변도 얻지 못한 빈 시민들은 도시 곳곳에서 가두시위를 펼쳤고 거기서 4월헌법을 폐지하고, 신헌법을 제정할 수 있는 입법기구의 소집을 요구했다. 아울러 이들은 그들의 요구를 집약한 돌격청원서(Sturmpetition)를 정부에 제출했다. 이에 빈 정부는 사태의 심각성을 파악하고 3월혁명 이후 그들이 종종 취해 온 타의적 입장에서 빈 시민들의 요구를 수용했다.

방을 제외한 제국전역에서 선출되었다.[*] 이렇게 선출된 제국의회 의원들의 대다수는 온건적인 자유주의 또는 보수주의를 지향했는데 그것은 앞으로 제국의회에서 급진적인 개혁보다는 기존의 질서체제와의 타협을 모색하는 점진적 개혁이 추진되리라는 것을 예상하게 했다.

빈 제국의회에서 다룰 의제들 중에서 제국의 결속을 가져다줄 신헌법 제정이 가장 중요한 안건으로 등장했다. 그러나 이에 앞서 제국의회는 연방체제와 중앙체제 중에서 어떠한 것을 오스트리아 제국에 도입시켜야 할 것인가를 결정해야 했는데 그것은 제국 내 민족문제로 쉽게 해결될 사안이 아니었다. 이미 제국의회가 개원되기 이전부터 슬라브 정치가들과 독일 정치가들은 이 문제로 날카로운 대립을 보이고 있었다. 특히 오스트리아 제국이 3월혁명 이전처럼 독일권에서 주도권을 가져야 한다는 구오스트리아주의자들이 제국의회에 대거 진출하게 됨에 따라 그동안 우려되었던 문제들은 쟁점화되기 시작했다. 이 당시 뢰너(L. Löhner)를 비롯한 구오스트리아주의자들은 제국의회가 열리기 이전부터 제국의회에서 그들 민족의 대표들이 열세적 상황에 놓이게 되리라는 예상을 했을 뿐만 아니라 의회 내에서 다수 세력으로 등장하게 될 슬라브 정치가들의 요구인 연방체제가 제국의회에서 수용될 수밖에 없다는 판단도 했다. 여기서 이들은 이러한 것이 바로 독일 민족의 주도권 상실로 이어진다는 사실도 파악했다. 아울러 이들은 오스트리아 제국에 연방체제가 도입될 경우 독일권에서 이 제국의 위상이 크게 위축되거나 배제될 수밖에 없다는 우려도 했다.

---

[*] 빈 제국의회 의원들의 사회적 성분은 다음과 같다.

농민	94명
관료	74명
의사와 변호사	70명
성직자	24명
귀족	42명
기타	79명

따라서 뢰너를 비롯한 독일 정치가들은 팔라츠키, 샤파르지크, 리게르 등이 지향한 연방체제(federace)가 과연 제국통치에 적합한 제도가 될 수 있는가에 초점을 맞추기 시작했다. 아울러 이들은 3월혁명 이전의 중앙체제가 보여준 통치과정에서의 효율성을 부각시키는 데도 혼신의 노력을 펼쳤다. 또한 이들은 제 민족의 법적·사회적 평등을 보장하는 장치결여와 그것으로 인해 파생된 문제점들을 점진적으로 개선시킬 수 있다는 입장을 보여 중앙체제와의 결별을 전혀 고려하지 않았다.

제국 내 독일 정치가들의 이러한 태도를 통해 볼 때 이들이 슬라브 민족의 법적·사회적 지위 향상에 대해 어느 정도의 배려는 하겠지만 슬라브 민족에 대한 독일 민족의 우위성을 포기하는 등의 과격한 정책은 펼치지 않으려고 했다. 한 정치집회에서 행한 뢰너의 연설은 독일 정치가들의 그러한 입장을 솔직히 대변했다. 연설에서 뢰너는 우선 지방자치 및 그것에 따른 제 민족(특히 슬라브 민족)의 독자적인 발전에 대해 많은 사람들이 관심을 가지고 있음을 언급했다. 그러나 그는 오스트리아 제국의 지도를 살펴 볼 경우 민족주의 원칙에 따라 분리시키지 못할 지방들이 많다는 것을 지적하면서 보헤미아 지방과 모라비아 지방이 그 대표적인 일례가 될 수 있다고 했다.

3. 팔라츠키^{Palacký}의 헌법초안

이 당시 팔라츠키와 샤파르지크를 비롯한 일련의 슬라브 정치가들은 독일 정치가들이 지향한 중앙체제의 효율성에 대해 동의하지 않았다. 이들은 제 민족의 동등권을 보장하는 연방주의 원칙 하에서 오스트리아 제국이 재탄생해야 하기 때문에 향후 그것의 관철을 위해 제국의회에서 총력을 기울이겠다는 의지도 명백히 밝혔다.

빈 제국의회는 개원 다음 날인 7월 23일 신헌법 제정을 위한 '30인 헌법 준비위원회'를 구성하는 신속성을 보였다. 그런데 이 당시 제국의회에서 다룰 안건들로는 신헌법 제정 이외에도

① 5월 17일부터 인스부르크(Innsbruck)에 머물고 있는 페르디난트 황제 및 정부 각료들을 조속한 시일 내에 빈으로 귀환시키는 것,
② 제국으로부터 이탈시도를 모색하는 헝가리 정치가들의 계획을 효율적으로 제어할 수 있는 방안을 마련하는 것,
③ 심각한 위기에 놓여 있는 국가의 재정적 상황을 획기적으로 개선시킬 수 있는 정책을 제시하는 것,
④ 3월혁명 이후 부각된 부역제도의 완전 철폐와 지주와 농민 사이의 종속관계를 폐지시키는 것 등이 있었다.

빈 제국의회의 의원으로 선출된 팔라츠키는 '30인 헌법 준비위원회'의 일원으로도 뽑혔다. 이 당시 팔라츠키는 소외된 다수세력에게 합당한 법적·사회적 지위를 부여하는 연방체제만이 오스트리아 제국을 분열의 위기에서 구할 수 있다는 확신을 가지고 있었다. 물론 그는 연방체제의 도입으로 야기되는 독일 민족의 법적·사회적 지위하락은 정책적인 배려를 통해 해결할 수 있다는 입장을 밝혔는데 그것은 그가 제국 내 독일 민족으로부터 제기될 심한 반발을 의식했기 때문이다. 여기서 팔라츠키는 빈 정부의 위정자들이 아직까지 자신의 견해를 수용하지 않고 있지만 가까운 시일 내에 제국의회로부터 긍정적인 반응을 얻어 낼 수 있고 빈 정부 역시 그러한 것에 동의할 수밖에 없다는 확신을 가지고 있었다. 그런데 팔라츠키의 이러한 입장표명은 그를 비롯한 대다수 슬라

브 정치가들이 가졌던 '의회의 절대적 위상'에서 비롯된 것 같다.

　연방주의 원칙에 따라 제국을 개편시키겠다는 대전제 하에서 팔라츠키는 제
국의회가 개원된 직후부터 자신의 헌법초안을 본격적으로 구상하기 시작했다.
이러한 과정에서 그는 자신의 측근들과 접촉하면서 이들의 의견을 그의 헌법
초안에 적극적으로 반영하기도 했다. 따라서 9월 24일 '30인 헌법준비위원회'
에 제출된 팔라츠키의 헌법초안은 당시 빈 제국의회에 참석한 슬라브 정치가
들의 정치적 관점을 집약한 것으로 보아도 될 것이다. 팔라츠키의 안은 '보헤미
아 지방법(böhmische Landesverfassung)'에서 강조한 지방 분권적인 통치방식을
제국 전역에 적용시켰다. 따라서 그의 안은 종래의 중앙집권적인 행정조직을
지방분권화시켜 각 지방의 자율성을 확대시켜 준 것으로 볼 수 있다. 즉 각 지
방(또는 지방군)은 독일적 요소가 강한 중앙 정부로부터의 지나친 감독 및 지시
에서 벗어나 자신들에게 부여된 통치권을 그들의 통제 하에 두며 그 시행과정
에서 발생하는 문제점들에 대해서도 책임을 진다는 것이다.

　팔라츠키는 우선 그의 헌법초안에서 연방체제의 통치단위가 될 지방군에 대
해 언급했는데 그것을 살펴보면 다음과 같다.

　① 폴란드 지방군[갈리시아 지방과 부코비나 지방이 여기에 속하고 렘베르
　　크(Lemberg)가 이 지방군의 수도가 된다]
　② 주데텐 지방군[보헤미아, 모라비아 지방의 북부지역과 슐레지엔 지방이
　　이 지방군에 포함되고 수도는 즈나임(Znaim)으로 한다]
　③ 독일-오스트리아 지방군[하오스트리아, 상오스트리아, 잘츠부르크
　　(Salzburg), 티롤(Tirol), 포르아를베르크(Voralberg), 슈타이어마르크
　　(Steiermark) 등이 이 지방군에 속하고, 각 지방은 다른 지방군과는 달리
　　빈, 린츠(Linz), 인스부르크(Innsbruck), 그라츠(Graz)와 같은 독자적인 수

도도 가질 수 있다]

④ 일리리아 지방군[케브텐과 크라인 지방, 해안지방(Küstenland)과 달마치아 지방이 이 지방군의 구성 지역이 되며 라이바흐(Laibach)와 트리에스테(Trieste)가 이 지방군의 수도가 될 수 있다]

제국의회에 대표자를 파견하지 않은 헝가리와 북부 이탈리아 지역을 배제시킨 팔라츠키의 제국분할안은 역사적이고, 전통적인 원칙에 따른 것이라 하겠다. 그리고 이러한 것은 1840년대가 민족의식이 고조된 시기였음에도 불구하고 민족이라는 것이 종종 부차적인 관심에 머무르는 경우가 많다는 것과 통치구역이나 국가의 경계선 설정에서 역사와 전략적 필요성이 우선적으로 고려된다는 사실을 팔라츠키가 잘 인식한 데서 비롯된 것 같다.

사실 팔리츠키는 당시 민족에 따라 제국을 분할시키는 것보다는 연방체제의 도입을 통해 슬라브 민족의 법적·사회적 지위를 향상시키는 것에 대해 보다 많은 관심을 보였는데 그의 제국분할은 그러한 것의 실현도 가능하게 했다. 왜냐하면 슬라브 민족은 독일—오스트리아 지방군을 제외한 나머지 지방군에서 그들의 수적 우위로 주도권을 장악할 수 있었기 때문이다.

제국분할에 이어 팔라츠키는 중앙과 지방군의 행정조직과 권한, 제국의회와 지방군 의회의 구성 및 운영방법 그리고 권한 등에 대해서도 상술했다. 여기서 팔라츠키는 특히 권력분립을 강조했는데 그것은 그가 절대왕정체제의 존속보다는 입헌군주정 체제를 선호했기 때문이다. 팔라츠키는 이미 3월혁명 이전부터 수차례에 걸쳐 절대왕정체제가 앞으로의 통치에 부적합하다는 견해를 제시했을 뿐만 아니라 벨기에의 입헌군주정 체제를 오스트리아 제국에 도입시켜야 한다는 주장도 펼친 바 있었다.

팔라츠키는 자신의 초안에서 중앙 정부의 권한을 대폭 축소시켰는데 그러한 것은 그가 미국 및 벨기에 헌법의 영향을 많이 받았기 때문이다. 따라서 중앙 정부는 제국 존속에 절대적으로 필요한 권한만을 소유하고 나머지 권한들은 지방군 정부에 이양시켜야 한다는 주장이 그의 안에서 제기되었던 것이다. 즉, 외교 정책(Aussenangelegenheiten), 국방 정책(Verteidigungsangelegenheiten), 교통 정책(Verkehrsangelegenheiten) 등은 중앙 정부의 책임하에 두고 여타의 통상적 업무들은 각 지방군 정부에 일괄적으로 위임시켜야 한다는 것이다.

이어 팔라츠키는 "각 지방군은 지방군 의회에 책임을 지는 '지방장관' 또는 '부왕(Vizekönig)'을 주축으로 내무, 법률, 교육 및 문화, 재정, 그리고 산업분야를 전담할 행정부를 구성한다"라고 했는데 그러한 것은 중앙 정부로부터 위임받은 권한들을 충실히 이행하기 위한 제도적 장치라 하겠다. 또한 팔라츠키는 제국통치를 원활히 하기 위해서는 중앙 정부와 지방군 정부 사이에 정례적 회동을 빈에서 가져야 한다는 것과 지방군의 행정부구성에서 지방군민이 원칙적으로 주도적인 역할을 담당해야 한다는 것을 부각시켰다. 아울러 그는 낙후된 지방군의 경제적 활성화를 위해 그 지방군에 위치한 신분시설(대체적으로 귀족계층의 소유였다)이나 기금을 국유화시켜야 한다는 것도 헌법초안에서 거론했다.

이어 그는 제국의회의 구성 및 권한을 언급했는데 그중에서 중요한 것들을 언급한다면 다음과 같다. 우선 간접선거방식으로 선출되는 제국의회의 의원은 150,000명에 한 명씩 선출한다는 것이다. 이렇게 선출된 제국의회의 의원들은 회기 중 자신들이 의회 내에서 행한 발언에 대해 면책특권을 가진다는 것이다. 또한 이들은 그들의 자유의사에 따라 투표권을 행사할 수 있다는 것이 팔라츠키의 입장이었다. 제국의회가 해산되거나 휴회 중일 때 제국의회의 기능 역시 자동적으로 중단된다는 것과 제국의회가 신민의 기본권이 축소 또는 훼손되는지를 감시해야 하는 기능을 가져야 한다는 주장도 확인되었다. 그리고 제국의회는 제국의 단일화 및 유지에 대해서 관심을 보여야 할 뿐만 아니라 제국 내 제 민족의 동등권을 법적으로 보호·감시할 권한도 가진다는 것이 팔라츠키의 구상이었다. 만일 제 민족의 동등권이 훼손될 경우 제국의회는 그것을 복원시킬 수 있는 방법을 마련해야 하고 중앙 정부가 법적 근거 없이 지방 정부의 권한에 대해 간섭할 경우 제국의회는 그러한 행위를 법적으로 제재할 수 있다는 것이다. 또한 제국의회는 독자적으로 법률안을 상정, 토론, 그리고 통과시킬 수 있는데 상정된 법률안이 제국의회에서 법률로 채택되기 위해서는 전체 의원 과반수의 참여와 참여의원 ½ 이상의 동의를 얻어야 한다는 것이다. 여기서 팔라츠키는 제국의회에서 통과된 법률안이 효력을 발휘하기 위해서는 황제의 추인이 반드시 필요하다는 것을 인지했기 때문에 그것에 대한 조율안도 제시했다. 그에 따를 경우 제국의회로부터 이송된 법률안에 대한 추인이 황제로부터 거절되거나 지연될 때 이 안은 동일회기 중에 다시 제국의회에 상정될 수 없다는 것이다. 그리고 다음 회기에 이 법률안이 의회에 재차 상정, 통과되었지만 황제로부터 승인이 다시금 거부될 때 제국의회는 자동적으로 해산된다는 조항을 첨부했다. 그러나 새로이 구성된 제국의회에서 동일한 법률안이 다시 통과되었을 때 황제는 그것에 대한 추인권을 더 이상 행사할 수 없고 즉각적인 추인 조치를 이행해야 한다고 했는데 이것은 법률안에 대한 황제의 절대적 거부권을 더 이상 허용하지 않겠다는 의지의 표현으로 볼 수 있을 것이다. 아울러 팔라츠키는 지방군들 사이에서 발생할 수 있는 충돌이나 제 민족 간의 이해관계를 공평하고 신속히 처리하기 위해 제국의회가 '중재재판소'를 한시적으로 설치·운영할 수 있다는 것도 명문화시켰다.

이어 팔라츠키는 자신의 헌법안에서 지방군 의회의 구성 및 권한에 대해서도 거론했다. 여기서 그는 제국의회의 의원들과는 달리 보통선거제도에 따라 지방의회의 의원들을 직접 선출하고 15,000명당 한 명씩 선출하는 원칙을 제시했다. 그리고 팔라츠키는 인구 20,000명 이상의 도시에서는 이러한 기준을

10,000명으로 하향 조정할 수도 있다는 입장도 밝혔는데 그것은 그가 보헤미아 지방에서 열세(劣勢) 집단으로 격하된 독일인들의 반발을 의식했기 때문이다. 팔라츠키는 제국의회처럼 지방군 의회도 의원규칙을 독자적으로 제정·운영할 수 있다고 했다. 또한 팔라츠키는 지방군의회에서 통과된 법안이 기존 제국법의 일부 또는 전체를 무효화시킬 수 없다고 했다. 그리고 그는 지방군의회가 제국의회의 결정에 대해 이의를 제기할 수 있지만 그것을 무효화시키거나 정지시킬 수 없다는 입장을 밝혔다. 팔라츠키는 지방군의회에서 통과된 법안이 황제의 승인을 받아야만 법적 효력을 발휘할 수 있음을 부각시켰다. 만일 이 법안이 황제로부터 승인을 받지 못할 경우 지방군의회는 이를 제국의회에 직권상정할 수 있는 권한을 가진다는 것이 팔라츠키의 구상이었다. 각 지방군 의회는 그들의 지방군 정부가 중앙 정부로부터 위임받은 권한들을 제대로 수행하는지를 감독할 수 있는데 여기서 만일 지방군 정부가 그러한 것을 제대로 이행하지 못할 경우 소속 지방군 의회는 그들 정부를 탄핵할 수 있다는 것이다. 그리고 지방군 정부가 이렇게 지방군 의회로부터 탄핵받을 경우 지방군 정부의 책임자는 기존의 정부를 해산하고 30일 이내에 신정부를 구성해야 한다는 것이 팔라츠키의 입장이었다.

지금까지 팔라츠키가 제시한 헌법안의 중요한 부분들을 살펴보았는데 거기에는 다음의 문제점들이 내포되었음을 확인할 수 있다. 그것들은 첫째, 빈 정부의 사법권 개혁에 대해 긍정적이었던 팔라츠키가 자신의 헌법안에서 사법권 개혁의 필요성을 거의 거론하지 않았다는 것이다. 둘째, 지방군 의회의 의원으로 선출될 수 있는 자격과 지방군 의회선거에서 제국의 성인 남자 모두에게 선거권이 부여되는지를 명백히 언급하지 않았다는 것이다. 셋째, 팔라츠키는 자신의 헌법초안에서 슬라브 정치가들이 제국의회 내에서 다수 세력으로 등장할 경우의 문제점, 즉 슬라브적 요소가 통치과정에서 지나치게 부각될 경우 그것을 효율적으로 제어(kontrola)할 수 있는 대책 마련에 소홀했다.

팔라츠키의 안을 살펴보면서 그의 의도(úmysl)가 무엇인지를 정확히 파악할 수 있었다. 그것은 그가 3월혁명 이전의 통치방식에서 배제되었던 슬라브적 요소를 앞으로의 통치과정에서 효율적으로 부각시키겠다는 것이다. 여기서 그는 연방체제만이 슬라브적 요소에 대한 독일적 요소의 우위성을 제거할 수 있는 유일한 수단으로 간주했던 것이다. 비록 팔라츠키가 하브리체크-보로프스키나 리게르 등이 구상한 독일 민족을 대신하여 슬라브 민족이 제국에서 주도권을 가지는 것에 대해 동의하지 않았지만 그의 안이 실천될 경우 그러한 것은 자연스럽게 실현될 수 있다는 확신을 팔라츠키는 가지고 있었던 것이다.

이날 팔라츠키는 자신의 계획안을 '30인 헌법준비위원회'에 제출하면서 빈 정부가 만일 연방체제의 도입을 거부한다면 슬라브 정치가들은 3월혁명 이후 그들이 표방했던 친오스트리아슬라브주의를 포기할 것이고 그것은 3월 중순 이후 오스트리아 제국 내에서 부각되었던 위기적 상황이 다시금 도래할 수 있는 요인으로 작용할 수도 있다는 것을 부각시켰다. 이러한 팔라츠키의 경고성 발언에 대한 당시 빈 정부의 구체적인 반응은 아직까지 정리되지 않고 있다.

9장

10월 소요와 크렘지어 제국의회

1. 10월 소요^{Oktoberaufstand}

오스트리아 제국에서 3월혁명이 발생한 이후 헝가리에서는 오스트리아 제국의 지배로부터 벗어나야 한다는 주장이 코슈트를 비롯한 일련의 정치가들로부터 제기되었는데 그것은 제국 내 슬라브 정치가들의 관점인 친오스트리아슬라브주의와 정면으로 대치된다 하겠다. 1848년 9월에 접어들면서 빈 정부의 암묵적 지지를 받던 비헝가리 계통의 민족, 즉 세르비아인들과 크로아티아 인들은 자신들의 민족적, 영토적 자치권을 요구하면서 헝가리 남부 지역에서 헝가리인들과 무력적인 충돌을 펼치고 있었다. 이에 따라 빈 정부는 람베르크(Lamberg) 백작을 헝가리를 총괄하는 위원(Kommissar)으로 임명하여 헝가리 군과 에라치치(J. Jellačić) 군 사이의 충돌을 중지시키는 방안을 강구하게 했다. 이 당시 헝가리 민족주의자들은 빈 정부의 이러한 조처가 자신들의 자치권을 위배하는 것으로 간주했다. 따라서 이들은 빈 정부의 조처를 수용할 수 없다는 입장을 밝혔다. 그리고 코슈트가 주도하는 위원회가 부다페스트(Budapest)

정권을 인수했다. 헝가리 민족주의자들의 반대에도 불구하고 9월 28일 람베르크는 부다페스트에 도착했지만 같은 날 그는 흥분한 대중들에 의해 암살되었다. 상황이 이렇게 전개됨에 따라 페르디난트 황제는 10월 3일 헝가리 의회를 해산한다는 칙령을 발표했을 뿐만 아니라 에라치치를 자신의 헝가리 전권위임자로 임명하는 강경책도 펼쳤다.

10월 초부터 모두 9,000명으로 구성된 빈 수비대(Wiener Garnison)가 헝가리 군과 전투를 펼치고 있던 에라치치를 지원하기 위해 헝가리로 이동할 것이라는 소문이 확산됨에 따라 수비대 내에서는 반정부적 언행이나 헝가리인들의 대응에 공감한다는 입장이 표명되기도 했다. 그리고 3월혁명 이후 결성된 민병대(Nationalgarde)의 일부도 정부의 계획에 반대한다는 입장을 공식적으로 밝혔다. 10월 6일 당시 전쟁장관이었던 라투르(Latour) 백작은 빈 수비대를 헝가리 소요진압에 투입하겠다는 성명을 발표했다. 그리고 그는 같은 날 황제충성 연대(Kaisertreues Regiment), 즉 나사우(Nassau) 연대로 하여금 빈 수비대를 노르드역(Nordbahnhof)으로 호송할 것을 명령했다. 그러나 이 역의 역사 및 철로는 이미 반정부주의자들에 의해 파괴된 상태였다. 따라서 그는 이들로 하여금 도나우 다리를 건너 다음 역까지 행군할 것을 명령했다. 그러나 이러한 이동과정에서 소요가 발생했다. 즉 점차 늘어나는 반정부적 시민들이 행군대열을 저지함에 따라 나사우 연대의 책임자는 행군대열을 저지하는 사람들에게 발포할 것을 명령했다. 이러한 명령에 흥분한 빈 수비대 병사들의 일부는 소요대열에 합류하여 정부지지파군과 총격전을 펼쳤다. 거의 같은 시간 슈테판스돔(Stephansdom)에 주변에서도 황제를 추종하는 국민병들과 반황제적 국민병들 사이에 시가전이 펼쳐졌다. 이후 빈의 여러 곳에서 시가전이 전개되었다. 같은 날 68세의 라투르 백작이 반정부세력에 의해 처형되었고 그의 시신은 가로등(Laterne)에 매달리는 극단적인 상황이 초래되었다. 이후 반정부세력은 빈의 무기고(Zeughaus)를 습격하여 자신들이 필요로 하는 무기들을 확보했다. 이에 따라 황제를 비롯한 빈 정부의 주요 관료들은 빈을 떠났다.

페르디난트 황제는 10월 7일 다시 제국의 수도를 떠나 모라비아(Mähren)의 올로모우츠(Olomouc)로 갔다. 그리고 일부 제국의회 의원들도 제국의 수도를 떠났지만 절대 다수의 의원들은 빈에 머물렀다. 이 당시 제국의회의 좌파 세력은 자신들이 제국의회의 주도세력이 되어야 한다는 입장을 표명했다. 즉 이들은 프랑스 대혁명 시기 국민의회가 행한 역할을 자신들이 수행하려고 했던 것이다. 그러나 빈을 장악한 반정부세력은 점차적으로 그들의 군사력만으로 빈 정부군에 대응할 수 없다는 판단을 하게 되었다. 아울러 이들은 그들의 정치적 관점을 관철시키기 위해서는 군사력 보완도 절대적으로 필요하다는 인식을 가지기 되었고 그것을 위해 제국 내 각 지방에 격문을 보내어 지원군을 확보하려고 했으나 충원된 병력은 단지 수백 명에 불과했다. 이 당시 오스트리아 정부는 빈의 반정부 세력을 와해시키기 위한 방안을 강구하기 시작했고 거기서 빈을 포위하여 이들 세력을 고사시키는 방법을 채택했다.

2. 크렘지어^{Kremsier} 제국의회의 활동

빈의 소요가 10월 31일 빈디쉬그래츠와 에라치치에 의해 진압됨에 따라 빈 정부는 오스트리아 제국을 3월혁명 이전의 체제로 환원시킬 수 있다는 자신감을 가지게 되었다. 실제적으로 빈의 소요가 진압된 후 반혁명 세력은 오스트리아 제국 내에서 주도권을 다시 장악하게 되었고 그것에 따라 제국의회 역시 슈바르첸베르크(Felix Fürst zu Schwarzenberg)에 의해 11월 22일 모라비아의 소도시인 크렘지어(Kremsier; Kroměřížz)*로 옮겨지게 되었다.

　의회의 기능과 효용성을 부정했던 슈바르첸베르크는 당시 자유주의의 상징으로 간주되던 제국의회를 가능한 한 빨리 해산시키려고 했다. 그리고 그는 자신의 이러한 입장을 제국의회의 재개원 석상에서 명백히 밝혔다. 이 당시 슈바르첸베르크는 오스트리아 제국이 독일권에서 주도권을 다시 장악해야 하고 그러한 것 역시 가능하다는 확신을 가지고 있었다. 따라서 그는 오스트리아 제국의 입지를 약화시킬 수 있는 대독일주의나 소독일주의 원칙에 따른 독일통합과 슬라브 정치가들의 요구였던 연방체제의 도입에 대해 부정적인 반응을 보였던 것이다.

　10월 소요가 진압된 이후 제국 내에서 반혁명 세력이 크게 부각되던 상황하에서 슈바르첸베르크의 의도가 알려짐에 따라 제국의회의 의원들은 그들 나름대로 자구책을 강구하게 되었고 거기서 독일계 의원들과 비독일계 의원들은 의견적 차이도 보이게 되었다. 우선 비독일계 의원들, 특히 슬라브계 의원들은 자신들의 정치적 목표, 즉 연방체제의 도입을 통해 제 민족의 정치적·사회적 평등 구현을 향후 어떻게 실천시켜야 하는가를 심사숙고하게 되었고 거기서 이들은 현실정치(realpolitika)의 필요성도 인지하게 되었다. 따라서 이들은 기존의 질서체제가 인정할 수 있는 헌법제정에 주력하게 되었다.

　이에 반해 슈셀카(Schuselka)를 비롯한 독일계 의원들은 슈바르첸베르크의 의도에 대해 이율배반적인 입장을 보였다. 즉 이들은 권력분립을 지향한 시민계층이었기 때문에 3월혁명 이전의 체제로 무조건 복귀하려는 정부 의도에 반대했지만 빈 정부가 그동안 독일 민족이 누렸던 법적·사회적 지위 등을 위협할 연방체제의 도입에 대해 제동을 건 것에 대해서는 전폭적인 지지를 보였던 것이다. 따라서 이들은 독일 민족이 오스트리아 제국 내에서 우위권을 계속 견지

---

* 크렘지어는 올로모우츠 근처의 소도시였다.

해야 할 뿐만 아니라 비독일계 민족들 역시 독일의 문화적 및 정치적 지도권을 인정해야 한다는 입장을 표방했던 것이다. 아울러 이들은 프랑크푸르트 국민의회의 독일통합 방안을 처음부터 반대했기 때문에 오스트리아 제국이 독일권에서 주도권을 다시 차지해야 한다는 슈바르첸베르크의 주장에 대해서 전폭적인 지지도 보였다. 이후부터 독일계 의원들은 크렘지어에서 권력분립을 법적으로 인정한 중앙체제의 근간만을 지향하게 되었고 그들의 정치 활동 역시 그것에 국한되는 양상을 보이기 시작했다. 그러나 이들은 점차적으로 슬라브 정치가들과 협력도 모색했는데 그러한 것은 반혁명 세력이 기존의 질서체제로 회귀하려는 의지를 강력히 밝히고 그것을 가능한 한 빨리 실천시키려 한 데서 비롯된 것 같다.

오스트리아 제국에서 반혁명정책이 실효를 거둠에 따라 위기감을 느끼기 시작한 제국 내 슬라브 정치가들은 독일 정치가들과는 달리 자신들이 지금까지 펼친 정책의 당위성을 부각시켜야 하는 긴박한 과제도 동시에 부여받았다. 이에 따라 이들은 팔라츠키, 리게르, 그리고 트로얀(A. Trojan) 의원으로 구성된 그들의 대표단을 법무장관인 바흐(A. Bach)에게 보내어 제국 내에서 확산되고 있던 복고주의적 성향에 대해 깊은 우려를 표시했다. 여기서 슬라브 대표단은 빈 정부가 계속하여 그러한 경향을 방치한다면 제국 내 슬라브 민족들은 그들의 민족성 보존과 사회적 지위 향상을 위해 제국을 이탈할 수도 있다는 견해를 강력히 피력했다. 또한 이들은 3월혁명 이후 그들이 견지한 친오스트리아슬라브주의의 공과를 부각시켰다. 그것은 이 주의의 도움을 받은 빈 정부가 슬라브 정치가들에게 어떠한 반대급부(protivýkon)도 제시하지 않고 혁명 이전의 절대왕정체제로 복귀하려는 것에 대한 불만표시로 볼 수 있을 것이다.

이러한 슬라브 정치가들의 경고성 발언에 대해 바흐를 비롯한 빈 정부의 각료들은 혁명 초처럼 우려를 표시하지 않았는데 그러한 것은 제국의 슬라브 정치가들이 제국을 이탈하여 러시아가 주도하던 범슬라브주의 운동에 참여하지 않으리라는 판단에서 비롯된 것 같다. 실제적으로 슬라브 정치가들은 러시아가 범슬라브주의의 기치 아래 슬라브 민족들을 그들의 지배하에 놓이게 하려는 의도를 잘 알고 있었고 그들 민족이 러시아의 지배체제하에 놓이는 것보다는 절대왕정체제하의 오스트리아 제국에서 머무르는 것이 여러 측면에서 유리하다는 것을 인정하고 있었다.

이후 슬라브 정치가들, 특히 제국의회의 의원들은 향후 자신들이 취해야 할 방안을 강구하게 되었고 거기서 빈 정부가 수렴할 수 있는 헌법안제시의 필요성도 인지하게 되었다. 빈 제국의회와 마찬가지로 크렘지어 제국의회에서도 '30인 헌법준비위원회'가 결성되었고, '3인 소위원회'와 '5인 소위원회'가 하부조직으로 운영되었다. 그런데 '3인 소위원회'는 기본법논의를 위해 구성되었고, '5인 위원회'는 헌법제정에 필요한 절차 마련을 위해 결성된 조직이라 하겠다.

이렇게 헌법준비위원회가 결성되고 활동을 펼치기 시작했지만 제국의회의 의원들은 제국 내에서 복고주의적 성향이 강하게 부각되고 있음을 인지했고 그것은 이들로 하여금 자신들의 작업을 가능한 한 빨리 마무리시켜야 한다는 생각도 가지게 했다. 팔라츠키는 크렘지어 제국의회에서도 헌법초안을 세시했고 여기서 그는 빈 정부에게 새로운 과제를 부여했는데 그것은 이 정부가 제국 내에서 민족적 장래를 추구하던 소민족들에게 희망과 미래를 부여하는 정책을 펼쳐야 한다는 것이었다. 즉 빈 정부는 이미 오래전에 의미가 퇴색된 오스만 튀르크의 위협으로부터 중부 유럽을 보호하는 의무나 그들이 지속적으로 추진하던 제국의 독일화 정책을 대신하여 제국에서 가장 중요한 현안문제로 부각된 민족문제 해결에 적극적으로 나서야 한다는 것이다. 여기서 그는 어느 민족도 제국 내에서 다른 민족들보다 특권을 가질 수 없고 그러한 것을 자신들의 이익을 위해 행사할 수도 없다는 관점을 피력했다. 그러나 팔라츠키의 이러한 민족적 동등성은 제국의 정부가 슬라브적 우위권을 인정해야 한다는 입장도 내포한 것으로 보아야 할 것이다. 아울러 팔라츠키는 중부 유럽의 상황을 객관적으로 살펴볼 때 제국의 소수 민족들이 민족주의를 부각시키면서 독립을 모색하는 것 자체가 최선의 방법이 아니라는 것을 언급하면서 이들은 주어진 체제의 협조 및 지원 아래 자신들의 민족성을 유지하거나 지위권 향상을 도모하는 것이 오히려 바람직하다 하여 3월혁명 이후부터 강조한 친오스트리아슬라브주의의 기본적 입장을 다시금 천명했다. 팔라츠키와 더불어 크렘지어 제국의회에서 헌법안을 제출한 마이어(Mayer)는 대다수의 독일계 의원들과 마찬가지로 기존질서체제의 근간을 오스트리아제국에서 계속 유지시켜야 한다는 입장을 밝혔다. 이에 따라 그는 오스트리아 제국을 현상 유지시켜야 하는 당위성 피력에 주력했다. 그럼에도 불구하고 그는 3월혁명 이후부터 부각된 민족문제의 해결을 위해서는 연방체제의 도입이 반드시 필요하다는 관점도 가지고 있었다. 따라서 그는 제국 내 제 민족의 이익을 다소나마 반영시킬 수 있는 연방주의적 중앙주의체제를 대안으로 제시했던 것이다. 여기서 그는 제국 내에서 제기되던 민족문제들이 민족적인 압박보다는 정치적인 압박에서 비롯되는 경우가 많다는 점을 피력했을 뿐만 아니라 민주주의적 발전을 통해 그러한 것들을 해소시킬 수 있다는 입장도 표명했다. 또한 그는 민족주의 원칙에 따른 제국 분할이 불가능하다는 관점도 피력했는데 그것에 대한 의원들의 반응 역시 매우 호의적이었다. 마이어는 보헤미아 왕국을 비롯한 일련의 왕국들이 중세적 산물이라고 했다. 여기서 그는 비록 중세의 왕국들이 인위적으로 형성되었다는 약점을 가졌지만 거기서 자족적인 사회조직체가 구축되었다는 점을 간과해서는 안 될 것이라고 했다. 또 그러한 사회조직체에서 민족 간의 불화현상이 야기된다고 해서 그것을 일순간에 파괴시킬 수 없다는 것이 그의 견해였다. 이 당시 마이어는 빈 정부 역시 민족주의적 원칙에 따라 제국을 분할시키는 것에 동의하지 않고 있다는 사실을 잘 알고 있었다. 점차적으로 제국의회의 의원들은 마이어가 제시한 헌법초안에 대해 관심을 보였고 그것을 토대로 한 헌법안 제정에도 주력했다. 이 당시 마이어는 자신의 헌법초안안에서 중앙정부의 권한을 증대시키고 지방정부의 권한을 축소시킨 중앙집권적인 연방체제를 지향했는데 이것은 빈 정부로부터의 긍정적인 반응도 기대하게 했다. 그러나 제국의회는 빈 정부가 마이어의 안을 수용하지 않으리라는 판단을 했기 때문에 마이어의 안에서 지방 정부 및 의회의 권한을 더욱 축소시키는 융통성도 보였다. 아울러 제국의회는 민족문제의 해결방안을 빈 정부에게 위임시키는 추가적인 양보안도 내놓았다. 그러나 빈 정부는 크렘지어 제국의회의 양보안을 처음부터 수용하지 않으려고 했는데 그러한 것은 프란츠 요제프 1세(Franz Joseph I: 1848~1916)가 제국의회에서 헌법안이 채택되기 이틀 전, 즉 3월 4일에 당시 내무장관이었던 슈타디온(Station)이 비밀리에 준비한 헌법안을 재가한 데서 확인할 수 있다. 정부가 제정한 헌법에서는 황제의 절대적 거부권 및 긴급 법률제정권 등이 언급되었지만 현안 문제로 부각되던 민족문제에 대한 대책이라든지 신민의 기본권보장 등은 들어 있지 않았다. 아울러 여기서는 중앙정부의 통제를 받는 기존의 행정구역을 그대로 둔다는 것이 기론되었다. 같은 날 슈타디온은 팔라츠키를 비롯한 제국의회 의원들 일부를 소환하여 정부의 입장을 일방적으로 통고했다. 여기서 슈타디온은 헝가리 소요진압을 위해 제국 구성원들 간의 결속이 우선적으로 요구되기 때문에 정부가 그동안 마련한 헌법안을 공포하겠다는 입장을 밝혔다. 이러한 자세는 빈 정부가 더 이상 제국의회의 활동을 허용하지 않겠다는 것으로 보아야 할 것이다. 실제적으로 슈바르첸베르크는 1849년 3월 7일 크렘지어 제국의회에서 통과된 헌법안을 무효화시켰다. 아울러 그는 대규모 병력을 동원하여 의사당 출입구 모두를 봉쇄하여 의원들의 의사당출입을 저지했을 뿐만 아니라 저항하는 의원들 모두를 체포·구금했다.

정부의 이러한 조치에 대해 크렘지어 제국의회의 의원들, 특히 비독일계 의원들은 심한 반발을 보였다. 이들은 공동 명의로 발표한 성명서에서 정부의 조치가 재앙과 혼란만을 가져다줄 뿐이라고 했다. 그리고 이들은 앞으로 더 이상 정부정책에 협조하지 않겠다는 입장을 밝혔을 뿐만 아니라 자신들의 정치적 목표를 달성하기 위해 모든 방법도 동원하겠다는 자세를 표방했다.

실제적으로 리게르는 제국의회가 빈 정부에 의해 강제로 해산된 직후 체코 민족의 민족적 염원을 오스트리아 제국이 아닌 제3국에서 실현시키고자 했다. 따라서 그는 파리에서 체코 민족의 상황을 부각시키고 그것에 대한 지지 세력도 확보하려고 했다. 그러나 그의 시도는 별 효과를 거두지 못했고 그러한 시도는 빈 정부에게 체코 정치가들을 임의적으로 통제할 수 있는 동인(動因)만을 제공했을 뿐이다.

3. 제국의회 강제해산 이후 슬라브 정치가들이 제시한 대응책

크렘지어 제국의회가 해산된 이후 신절대주의(Neoabsolutismus) 시대가 오스트리아 제국에서 시작되었고 그것은 제국의회의 활동도 불가능하게 했다. 이에 따라 제국 내 정치가들은 자신들의 활동을 포기해야만 했다. 그러나 슬라브 정치가들은 독일 정치가들과는 달리 자신들이 지향한 정치적 목표를 다시금 부각시키는 적극성을 보였다. 비록 이들은 연방체제의 도입이 어렵다는 사실을 인지했지만 이들 중의 일부는 언론을 통해 빈 정부의 정책에서 확인되는 문제점을 지적하는 과감성도 보였다. 그 일례로 팔라츠키는 1849년 12월 21일 '나로디니 노비니(Národní Noviny: 국민일보)'에 '오스트리아 제국의 중앙집권화와 민족적 동등권(O centralisaci a národní rovnoprávnosti v Rakousku)'이란 기사를 투고했는데 거기서 그는 절대왕정체제의 부당성을 다시금 언급했을 뿐만 아니라 빈 정부의 각성도 촉구했다. 그에 따를 경우 절대왕정체제는 제 민족의 평등과 그들 사이의 화해를 가져다줄 수 없을 뿐이라는 것이다. 그리고 이러한 정치체제는 비독일계 민족들의 반발을 야기하여 그들의 제국이탈만을 부추긴다는 것이다. 아울러 그는 이러한 이탈시도로 오스트리아 제국이 결국 해체될 것이라는 예견도 했다. 여기서 그는 빈 정부가 연방체제를 도입할 경우 그러한 비극적 상황은 초래되지 않을 것이라는 주장을 펼쳐 빈 정부의 각성을 우회적으로 촉구하기도 했다.

팔라츠키는 그의 투고문에서 상당 부분을 연방체제 논의에 할애했다. 여기서 그는 빈 제국의회에서 제시했던 것들을 다시금 강조했는데 그것은 그가 크렘지어에서 보였던 정부와의 타협가능성을 완전히 포기했기 때문이다.

이러한 팔라츠키의 입장을 통해 한 가지 의문점을 제시할 수 있는데 그것은 왜 그가 절대왕정체제로 복귀한 빈 정부에게 연방체제의 도입을 다시금 거론했는가이다. 이러한 관점에서 볼 때 팔라츠키의 행위는 무모하다고 볼 수 있는데 그러한 것은 어디서 기인되었을까. 그것은 제국 내 슬라브 민족들이 빈 정부를 대신하여 그들의 민족성 유지와 사회적 지위 향상을 가져다줄 기존의 다른 질서체제를 찾을 수 없었다는 것과 슈바르첸베르크의 빈 정부가 민족 문제의 심각성을 인식한다면 체제변경도 고려할 수 있다는 일말의 기대에서 행위(činnost)의 당위성을 찾을 수 있을 것이다.

10장

10월칙령과 2월칙령

1. 10월칙령 ^{Oktoberdiplom; Říjnový diplom}

오스트리아 제국의 신절대주의 체제는 이 제국이 프랑스와 피에몬테-사르데냐(Piedmont-Sardinia)와의 전쟁(1859)에서 패함에 따라 와해되었다. 즉 외부적 요인으로 도나우 제국의 신절대주의 체제는 10년 만에 소멸하게 된 것이다.

전쟁에서 패한 오스트리아 제국은 1859년 11월 10일에 체결된 취리히(Zürich) 평화조약에 따라 제국 내에서 경제적으로 가장 선진화되고, 부유한 롬바르디아(Lombardo)지방을 상실하게 되었고 그러한 상황은 빈 정부를 더욱 궁지에 몰리게 하는 계기가 되었다. 이후 빈 정부는 이러한 난국을 타개하려면 제국 내 제 민족의 협조와 동의가 반드시 필요하다는 인식을 하게 되었고 그것을 가시화시키는 작업에 착수했다. 그리고 그러한 작업의 일환으로 1860년 10월 20일 '10월칙령(Oktoberdiplom; Říjnový diplom)'이 발표되었다. 10월칙령은 전쟁이 끝난 직후 프란츠 요제프 1세의 지시에 따라 당시 내무 장관이었던 고루호보-고루호프스키(Goluchowo-Goluchowski)가 결성한 '59인 헌법준비위원회'에서 준비, 작성된 문서였다. 그런데 이 칙령에는 지난 3월혁명 기간 중 팔라츠키, 샤파르지크, 하블리체크-보로프스키 등의 슬라브 정치가들이 요구했던 연방주의적인 요소들이 많이 들어 있었다. 이 당시 헌법준비위원회에 참석한 인물들의 일부가 지방의 자치권을 확대보다 제국의회의 권한증대에 대해 보다 많은 관심을 보였지만 그러한 견해는 헌법준비위원회에서 수용되지 않았다. 10월칙령에서 거론된 중요한 것들은 다음과 같다.

첫째, 지방군 편성에서 역사적 요인 등을 고려한다.

둘째, 각 지방의회의 활성화를 통해 지방민의 절실한 요구들을 가능한 한 빨리 국정에 반영시킨다.

셋째, 향후 법률제정에서 지방의회와 제국의회는 동등한 입장에서 상호 보완·협력한다.*

넷째, 제국의 단일화유지에 부담이 되지 않는 범위 내에서 각 지방의 특성 및 필요에 따른 자치권을 부여한다.

다섯째, 빈 중앙정부는 향후 외교문제, 화폐발권문제, 관세문제, 체신문제, 교통문제, 그리고 국방문제만을 전담한다.

여섯째, 헝가리는 오스트리아 제국의 일부이다. 따라서 이 지방이 그동안 향유했던 특별권한(Sonderrechte)은 이전보다 축소시킨다.

빈 정부의 이러한 조치는 제국 내 슬라브 정치가들에게, 특히 체코 정치가들에게 민족적 희망을 불러일으켰을 뿐만 아니라 정치 활동의 재개에 대해서도 관심을 가지게 했다. 점차적으로 그동안 중단되었던 민족정신의 부활이 가시화되었고 그러한 것은 프라하를 중심으로 진행되었다. 체코의 지식인들은 점차 자신들의 모국어를 사용하여 학문적 활동을 펼치기 시작했다. 프르키네와 프레슬이 과학 분야에서 두각을 나타내기 시작한 것과 칼로우체크(J.

---

* 제국의회는 황제가 임명한 저명한 인사들과 지방의회에서 선출된 인물들로 구성되었다.

Kalousek)와 토메크(V. VI. Tomek)가 역사의 중요성을 그들의 저서에서 강조한 것을 그 일례로 제시할 수 있을 것이다. 특히 칼로우체크와 토메크는 보헤미아 국가법을 비중 있게 다루어 보헤미아 왕국과 오스트리아 제국 사이의 동등성을 부각시키려고 했다. 아울러 이 시기에 민족음악도 강조되면서 스메타나(B. Smetana)*와 같은 인물 등이 등장했다. 빈 정부의 주도로 10월칙령이 발표되었음에도 불구하고 팔라츠키를 비롯한 대다수의 슬라브 정치가들은 빈 정부의 획기적인 조치에 대해 의구심을 제기하는 신중성을 보였지만 이들은 일단 10월칙령을 긍정적으로 평가하는 데 주저하지 않았다.

2. 2월칙령 Februarpatent; Únorová ústava

10월칙령이 공포된 이후 슬라브 정치가들이 표시한 우려는 다음 해 2월 21일에 발표된 '2월칙령(Februarpatent; Únorová ústava)'에서 가시화되었는데 그것은 이 칙령이 연방체제 대신 중앙체제를 다소 완화시킨 형태를 지향했기 때문이다. 그런데 2월칙령의 초안은 1860년 12월 13일 고루호브스키(Agenor Graf Goluchowski) 백작의 후임으로 빈 정부의 수상으로 임명된 쉬멜링(Anton Ritter v. Schmerling)의 법률 보좌관이었던 페르탈러(Hans v. Perthaler)로부터 나왔다.**

---

* 스메타나는 1874년 여름 숲속에서 아름다운 플루트 소리가 들리는 환청을 느꼈고, 이를 토대로 자신의 대표작인 '나의 조국(Ma vlast)'을 작곡했다. 모두 6개의 교황시로 구성된 나의 조국은 무엇보다도 보헤미아의 민족음악과 애국주의에 뿌리를 두고 있었다. 이중 '높은 성'이란 뜻을 가지고 있으며 과거 프라하의 옛 성으로 지칭되고 있는 제1곡인 '비셰흐라드'와 우리들의 귀에 가장 익숙하면서도 유명한 제2곡 '몰다우'는 창작에 들어간 지 두 달 만에 완성시켜 그의 천재성을 회자시킨 작품이기도 하다.

** 페르탈러는 3월혁명 당시 오스트리아 제국에서 제기된 구오스트리아주의를 적극적으로 지지했을 뿐만 아니라 나아가 '빈 신문(Wiener Zeitung)'을 통해 그것에 대한 당위성도 부여하고자 했다. 페르탈러를 비롯한 구오스트리아주의자들은 이 기간 중 프랑크푸르트 국민의회가 제시한 독일의 통합방식을 반대했고 오스트리아 제국의 우위가 독일권에서 계속 보장될 수 있는 방법, 즉 오스트리아 제국의 전역이 새로운 독일에 편입되어야 한다는 주장을 펼쳤다. 3월혁명이 끝난 후 페르탈러는 언론인으로서의 활동을 포기하고 관료로서 재출발했다. 즉 그는 1852년 법무부 고문으로 취임했고 점차적으로 빈 정부에 법률적 자문을 제공하는 역할도 담당하게

페르탈러는 자신의 초안에서 10월칙령이 보장한 지방의회의 중요한 제 권한을 백지화시켰다. 즉 그는 지방의회가 10월칙령을 통해 인정받은 '법률제정 참여권(Die Beteiligung am Gesetzgebung)'을 무효화시켰던 것이다. 아울러 페르탈러는 절대주의적인 요소들을 자신의 초안에 첨부시켰는데 그러한 것은 헌법에 대한 황제의 절대적 위상(absolute Position des Kaisers)견지에서 확인할 수 있다. 즉 그는 황제의 통치권을 헌법 위에 놓이게 하여 황제로 하여금 앞으로 제정될 모든 법률적 조치에 대해 절대적 거부권을 행사할 수 있게끔 했다. 또한 2월칙령은 양원제도(상원: Oberhaus, 하원: Herrenhaus)를 채택하는 외형상의 변화도 모색했다.* 그렇지만 이 칙령은 앞으로의 정치 활동에서 핵심적 역할을 담당하게 될 하원을 경제적 능력에 따른 차등 선거로 선출하게 함으로써 입법부의 실제적 권한을 독일인 수중에 놓이게 했다.** 즉 2월칙령은 빈 정부가 10월칙령을 공포한 후 제국 내 독일 정치가들이 지적한 그들 민족의 법적·사회적 지위 격하 가능성을 인정하고 그것을 법률제정에 적극적으로 반영시킨 결과라 하겠다.***

3. 프란츠 요제프 1세의 독일권 통합방안

2월칙령이 발표된 이후 팔라츠키와 리게르를 비롯한 대다수의 체코 정치가들은 이 칙령에 대해 강한 불만을 표시했지만 빈 정부의 위정자들은 그러한 반응을 무시하고 자신들이 발표한 칙령을 정당화시키는 데만 노력했다. 그것에

되었다. 이후 페르탈러는 중앙정부의 신임을 얻게 되었고 그것은 정부에 대한 그의 영향력을 확대시키는 계기가 되었다. 특히 그는 쉬멜링을 보좌하면서부터 빈 정계의 실세인물로 등장할 수 있었다.

* 영국의 의회제도를 모델로 하여 구성된 양원제도에서 상원은 세습 귀족, 공로를 인정받아 군주가 임명한 의원, 그리고 고위 성직자들로 구성되었다. 이에 반해 하원은 제국 내 각 지방에서 선출된 대표들로 구성되었다.

** 이러한 선거제도의 도입으로 제국 신민의 6%만이 선거권을 행사할 수 있게 되었다.

*** 하원의 정원은 343명이었고 이 중에서 보헤미아 지방에 할당된 인원은 54명이었다. 그런데 이 지방의 소수 민족이었던 독일인들은 조세 능력에 따른 선거제도의 실시로 34명의 대표를 빈 제국의회로 보낼 수 있었다.

대한 일례는 프란츠 요제프 1세가 1862년 7월 빈에서 개최된 '독일 법률가 총회'에서 행한 연설에서 확인할 수 있다.

프란츠 요제프 1세는 자신의 연설에서 우선 슬라브 정치가들이 주장하는 그들 민족과 독일 민족 간의 법적·사회적 평등실현이 당시의 현실적 상황하에서 불가능하다는 입장을 표방했다. 여기서 그는 슬라브 정치가들의 요구인 연방체제를 오스트리아 제국에 도입시킬 경우 위에서 거론된 제 민족의 법적·사회적 평등은 구현되지 못하리라

■ 프란츠 요제프 1세

는 언급을 했는데 그것은 독일 민족보다 수적으로 우세한 슬라브 민족들이 연방체제하에서 그들 민족의 이익만을 추구하게 될 뿐만 아니라 제국의 슬라브화도 모색하리라는 분석에서 비롯된 것 같다. 따라서 프란츠 요제프 1세는 10월칙령의 시행으로 야기될 수 있는 부작용을 사전에 차단시키기 위해 2월칙령을 발표했다는 것이다. 또한 그는 오스트리아 제국 내 독일 정치가들의 과제에 대해 언급하기도 했는데 그것은 이들이 슬라브 정치가들의 정치적 요구에 현혹되지 말고 독일 민족의 통합을 가시화시키는데 일조를 해야 한다는 것이었다. 그리고 만일 제국 내 독일 정치가들이 이러한 의무를 제대로 수행하지 않을 경우 그것은 독일 민족의 신성한 의무를 포기하는 행위로 볼 수 있다는 것이 프란츠 요제프 1세의 관점이었다. 여기서 그는 특히 독일권의 통합이 구오스트리아주의의 원칙에 따라, 즉 오스트리아의 주도하에서 이루어져야 한다는 주장도 펼쳤는데 이것은 향후 소독일주의를 지향하던 프로이센과의 대립도 예견하게 했다. 실제적으로 이 당시 프란츠 요제프 1세는 스스로를 독일권의

일인자로 인식했고 3월혁명 이후 과격적 자유주의 노선을 지향하던 프뢰벨(J. Fröbel)의 독일권 통합계획을 지지하고 있었다. 오스트리아 황제가 지지한 프뢰벨의 통합계획이 어떠한 내용을 가졌나를 살펴보기 전에 이 인물이 이 시기에 펼쳤던 활동에 대해서 간략히 언급하도록 한다.

유명한 교육학자 프리드리히 프뢰벨(F. Fröbel)의 조카였던 유리우스 프뢰벨은 1848년 4월 프랑크푸르트 국민의회의 의원으로 선출되었다. 프랑크푸르트 국민의회가 개원된 후 프뢰벨은 기존의 질서체제를 부정하는 좌파모임의 대변인 역할을 담당했다. 그러다가 그는 10월 17일 그의 동료인 블룸(R. Blum)과 같이 10월 6일 빈에서 발생된 소요를 지원하고 동참하기 위해 소요의 진원지로 갔다. 그런데 이 소요는 빈 시민들이 헝가리 독립전쟁을 무력으로 진압하겠다는 정부계획을 저지하는 과정에서 발생했고 여기에는 과격적 성향의 정치가들, 대학생, 그리고 노동자들이 대거 참여했다. 이들은 제국을 공화주의적-민주주의 체제로 변형시킬 것을 요구했는데 그것은 프뢰벨과 블룸의 지대한 관심을 유발시키기에 충분했고 나아가 이들의 자연스런 참여도 가능하게 했다.

그러나 10월 소요는 극단적 보수주의 정치가로 알려졌던 빈디쉬그래츠와 크로아티아 총독인 에라치치에 의해 진압되었고 프뢰벨과 블룸도 11월 4일 폭동의 주모자들과 같이 체포되어 전시재판소에서 판결을 받게 되었다. 재판결과 프뢰벨은 석방되었지만 블룸은 국민의회의 의원이라는 신분에도 불구하고 총살형을 선고받고, 11월 9일에 처형되었다. 여기서 의문이 제기되는 것은 왜 프뢰벨이 방면되었는가이다. 그 가능한 답은 3월혁명 기간 중 그가 제시한 독일통합방안에서 찾을 수 있을 것이다. 즉 그는『빈, 독일, 그리고 유럽(Wien, Deutschland und Europa)』이라는 소책자에서 독일의 통합은 오스트리아적 대독일주의 원칙하에서 이루어져야 한다는 입장을 표방했고 그러한 것은 프란츠 요제프 1세의 지대한 관심을 불러일으켰을 뿐만 아니라 그의 사면도 가능하게 한 것 같다.

빈 정부로부터 사면조치를 받은 프뢰벨은 공화주의적인 사상에 동조하고 그것의 저변확대를 지지하던 기존의 입장을 포기했고 그의 방면에 대한 반대급부를 프란츠 요제프 1세에게 제공하고자 했다. 따라서 그는 오스트리아적인 대독일주의를 보다 구체화시키는 작업에 착수했고 마침내 다음의 내용을 담은 통합안을 제시했다. ① 통합독일의 통치는 신설되는 집정내각(Directoire)이 전담한다. 집정내각에는 오스트리아, 바이에른(Bayern), 바덴(Baden), 그리고 뷔르템베르크(Württemberg)가 참여하는데 여기서의 주도권(Vorrecht)은 오스트리아 제국이 가진다. ② 통합국가의 의회는 참의원(Bundesrat: 각 국가의 대표자들로 구성)과 연방의회(Bundesversamlung: 국민의 대표자로 구성)의 2원체제로 운영되는데 여기에서의 운영권 역시 오스트리아 제국이 장악한다.

11장

이중체제의 도입과
체코 정치가들의 반발

1. 비스마르크의 대체코정책과 체코 정치가들의 반응

이중체제의 도입으로 독일 민족과 슬라브 민족 사이의 대립이 심화되고 있을 때 오스트리아 제국은 1866년 6월 7일 프로이센과 형제전쟁을 펼치게 되었다. 독일의 통합을 소독일주의 원칙에 따라, 그리고 그러한 것을 타협보다는 전쟁이란 방법으로 실현시키고자 했던 비스마르크(Otto v. Bismarck)*는 1866년 7월 3일 쾨니히그래츠[Königgrätz, 오늘날의 흐라데츠크랄로베(Hradec Krárové)]에서 오스트리아 제국의 주력 부대를 격파한 후 가능한 한 빨리 빈 정부를 휴전 협상에 참여시키기 위한 방법을 모색하게 되었고 거기서 빈 정부의 민족 정책에 대해 강한 불만을 가졌던 제국 내 슬라브 민족들을 이용하려고 했다. 따라서 그는 7월 11일 슬라브 정치가들, 특히 체코 정치가들을 겨냥하여 다음의 제안을 했다: 만일 체코 민족이 오스트리아 제국에 대해 반기를 든다면 베를린 정부는 이민족이 자치권을 획득할 수 있게끔 협조와 지지를 아끼지 않을 것이

---

* 비스마르크는 1862년 베를린 정부의 실세, 즉 수상 겸 외상으로 임명되었다.

다. 그리고 프로이센은 오래전부터 체코 민족의 역사적 제 권리를 인정하고 있기 때문에 그러한 정책을 펼치는 데 아무런 문제도 제기되지 않을 것이다.

이 당시 팔라츠키와 리게르를 비롯한 체코 정치가들의 대다수는 프로이센이 전쟁목표로 제시한 '오스트리아 제국을 독일권에서 추방시킨다'라는 것에 대해 긍정적인 반응을 보였다. 그러나 이들은 비스마르크가 자신들에게 제안한 것에 대해서는 동의하지 않았는데 그것은 소수민족에 대한 프로이센의 배려정책이 오스트리아 제국의 그것보다 훨씬 미흡하리라는 판단에서 비롯된 것 같다. 또한 이들은 프로이센의 자본, 지능, 그리고 이기심으로 인해 체코 민족이 짧은 기간 내에 해체 또는 말살되리라는 두려움도 가지고 있었다. 특히 이 당시 신체코세력을 주도하던 슬라드코프스키(K. Sladkovský)와 그레그르(E. Grégr)는 프로이센군이 보헤미아 지방을 점령했을 때 그들의 추종자들에게 정치적 단결을 촉구했는데 그것은 이들이 프로이센에 의해 이용될 수 있다는 판단을 했기 때문이다. 이러한 상황하에서 소콜(Sokol)*은 프로이센군에 대응할 의용군을 결성했고 빈 정부가 국가적 위기 상태에서 체코 민족들에게 도움의 손길을 요청하지 않은 것 자체를 민족적 모욕으로 간주하기도 했다.

형제전쟁이 진행되었던 시기, 체코 정치가들은 클람-마르티니크(Clam Martinic), 툰, 슈바르첸베르크(Schwarzenberg)가 주도하던 귀족적-보수당, 리게르, 팔라츠키가 이끄는 구체코당, 그리고 슬라드코프스키와 그레그르의 신체코당으로 분류되었지만 이들 모두는 친오스트리아슬라브주의라는 공통분모를 가지고 있었다. 즉 이들은 합스부르크 왕조를 유지시켜야만 보헤미아 왕

국의 독립 역시 쟁취할 수 있다는 데 동의했던 것이다.

체코 정치가들의 대다수가 참여한 구체코당은 2월칙령이 발표된 이후부터 활동을 펼치기 시작했다. 이 당은 보헤미아 왕국의 역사적 제 권리 및 영역을 인정받고 그러한 것들을 보존시키기 위해서는 오스트리아 제국의 존속 역시 반드시 필요하다는 관점을 피력했는데 이것은 이 당의 핵심인물들, 즉 팔라츠 키와 리게르가 3월혁명 이후부터 일관적으로 지향한 정치적 성향이라고 하겠 다. 점차적으로 이 당은 통합보헤미아 지방의회의 개원 필요성을 인지했을 뿐 만 아니라 모라비아 및 슐레지엔 지방에서 민족운동을 확산시킬 경우 이들 지 방의회 역시 보헤미아 지방의회와의 협력 및 통합에 대해 관심을 가지게 될 것 이라는 부수적인 예견도 했다. 아울러 구체코당은 보헤미아 지방에서의 언어 적 동등화와 자치권 확대를 지향했고 거기서 보헤미아 귀족 계층과의 협력을 통해 자신들의 정치적 목표를 실현시킬 수 있다는 확신도 가지고 있었다. 구체 코당의 이러한 입장표명에 대해 대토지소유자들과 보수적 성향의 지식인 계층 및 문화 단체들은 호의적인 반응을 보였다. 또한 모라비아 지식인 계층에서도 그 지지 세력이 등장했는데 프라자크(Pražák)가 바로 이 세력의 핵심적 인물이 었다. 1860년대 중반에 접어들면서 오스트리아 제국에 대한 입장차이로 구체 코당을 이탈하는 정치가들이 등장하게 되었고 이들의 주도로 신체코당이 결 성되었다. 이렇게 결성된 신체코당은 형제전쟁 이후부터 여러 분야에서 구체 코당과 관점을 달리하기 시작했다. 비록 이 당이 구체코당과 마찬가지로 오스 트리아 제국의 존속을 원칙적으로 인정했지만 이들은 실용적 측면과 정치적 능동성을 강조하면서 자신들의 정치적 입장을 보다 구체화시키는 노력을 펼치 기 시작했다. 점차적으로 이들은 친오스트리아슬라브주의에 대해 회의를 가 지게 되었지만 이들은 당시 프리치(Frič)가 지향한 극단적 민주주의를 추종하 지 않았는데 그것은 이들이 형제전쟁이후 베를린 정부와의 연계에 대해 동의하지 않은 데서 확인할 수 있다. 구체코당과는 달리 신체코당은 귀족 계층과의 협력에 대해서도 부정적이었는데 그것은 이들이 귀족 계층을 신임하지 않았기 때문이다. 따라서 이 당은 중산 계층, 특히 도시의 소시민 계층과 농민 계층의 지지를 확보하려고 했고 마을의 목사들과 교사들 역시 이 당의 포섭대상이 되기도 했다. 신체코당은 자신들의 정치적 강령도 제시했는데 거기서는 자치권획득 같은 민족적 요구들과 더불어 일련의 민주주의적인 요구들이 부각되기도 했다. 예를 든다면 국가와 로마교황청 간의 정치와 종교에 관한 조약(Konkordat)의 폐지, 교회에 대한 국가의 간섭권 포기, 그리고 교회재산에 대한 국가채무말소 등을 들 수 있을 것이다.

형제전쟁에서 오스트리아 제국이 패전국의 신분으로 전락됨에 따라 신체코당의 스크레예소브스키(K. Skrejšovsky)는 빈에서 폴란드 및 남슬라브 정치가들과 협상을 펼쳤고 거기서 이들은 자신들이 향후 오스트리아 제국에서 어떻게 대응해야 하는지에 대해서 구체적으로 논의하기도 했다. 논의과정에서 스크레예소브스키는 보헤미아 왕국의 독립 필요성을 역설했지만 그러한 관점에 대한 참석자들의 반응은 부정적이었다. 그러나 이들은 비스마르크의 제안을 거부한다는 데 시각을 같이하는 성과를 거두었다.

이러한 젊은 지식인 계층의 모임과는 별도로 팔라츠키와 리게르를 비롯한 일련의 체코 정치가들은 자신들의 입장을 정리하기 위해 7월 19일 프라하에서 간담회 형식의 모임을 가졌다. 여기서 이들은 비스마르크 제의에 대한 자신들의 입장 및 대응책을 논의하고 그것을 문서화시켰는데 그것에 따를 경우 참석자들 모두가 비스마르크의 제안을 거부했다는 것이다. 아울러 이들은 빈 정부가 제국 내 제 민족의 법적·사회적 동등화를 보장할 수 있는 제도적 장치를 가능한 한 빨리 마련할 것을 촉구했다. 여기서 이들은 사문화된 10월칙령을 원상 복귀시킬 경우 그러한 것의 실현도 가능하다는 입장을 밝혔다. 그리고 이들은 만일 빈 정부가 자신들의 요구를 수렴할 경우 제국의 붕괴를 유발시킬 수 있는 현재적 상황 역시 제거될 수 있다는 주장을 펼치기도 했다. 간담회에서는 빈 정부가 국사조칙에서 명시된 보헤미아 왕국의 제 특권을 인정해야 한다는 것 등도 아울러 제기되었다. 결국 이들의 주장은 빈 정부가 이중체제의 도입을 포기하고 연방체제의 도입을 통해 제국 내 민족문제를 해결하라는 것으로 요약할 수 있을 것이다. 이 당시 팔라츠키와 리게르는 제국 내 슬라브 정치가들의 정치적 관점을 집약할 필요성을 인지했기 때문에 프라하 간담회가 끝난 다음 날부터, 즉 7월 23일부터 빈에서 소슬라브 민족회의를 개최할 것을 공식적으로 제기했고 그것에 대한 제국 내 슬라브 정치가들의 반응 역시 긍정적이었다. 이에 따라 7월 25일 저녁부터 회의 참석자들은 빈에 도착하기 시작했는데 이날은 바로 니콜스부르크(Nikolsburg)에서 오스트리아와 프로이센 사이에 휴전조약이 체결된 날이기도 했다. 슬라브 정치가들의 이러한 행보에 대해 빈의 언론들도 큰 관심을 보였다. 특히 이들은 슬라브 정치가들이 오스트리아 제국의 어려운 상황을 악용하지 않을까에 대해 심한 우려를 표명하기도 했다. 실제적으로 빈의 언론들은 슬라브 정치가들이 자신들의 정치적 목적, 즉 오스트리아제국의 연방체제화를 구체화시키지 않을까에 두려움을 가졌기 때문에 그것의 저지가 바로 그들의 과제라고 인식했다.

2. 소슬라브 민족회의

빈에 집결한 슬라브 정치가들은 1848년 프라하에서 개최되었던 슬라브 민족회의에서와 같이 자신들의 정치적 요구 사안들을 집약시킨 선언문(Proponendum)작성을 결의하고 그러한 과제를 팔라츠키와 리게르에게 위임시켰다. 슬라브 정치가들의 이러한 입장표명은 그들이 더 이상 급격히 변화되는 국내적 상황에 수수방관하지 않고 적극적으로 대처하여 그들의 민족적 이익을 보호하고 증대시키겠다는 의지의 표현으로도 볼 수 있을 것이다. 소슬라브 민족회의가 진행되는 동안 팔라츠키와 리게르는 프란츠 요제프 1세를 알현할 기회를 가졌다. 여기서 이들은 슬라브 정치가들이 1848년 이후부터 강조했던 친오스트리아슬라브주의가 제국에게 어떠한 이점을 가져다주었는가를 상세히 언급했다. 아울러 이들은 빈 정부가 추진하는 이중체제의 문제점들에 대해서도 비교적 자세히 거론했다. 그러나 프란츠 요제프 1세는 이들의 견해에 대해 깊은 관심을 보이지 않았는데 그것은 그가 슬라브 정치가들의 견해를 수용할 경우 야기될 수 있는 제국의 슬라브화와 거기서 파생되는 문제점들에 대해서만 우려했기 때문이다.

이 당시 슬라브 정치가들, 특히 체코 정치가들로부터 지지를 받던 벨크레디(Belcredi)*가 쉬멜링(Schmering)에 이어 1867년 7월 27일 빈 정부의 수상으로 임명되었다. 취임 즉시 그는 2월헌법의 효력을 정지시켰을 뿐만 아니라 보헤미아 지방에서 체코어와 독일어의 사회적·법적 동등화를 실현시키기 위해 1864년 초에 제정된 언어강제법(Sprachenzwangsgesetz)의 시행 역시 필요하다는 관점도 피력했다. 그런데 언어강제법은 고등학교 및 실업학교(Realschule)의 재학생들 모두가 자신들이 사용하는 국어뿐만 아니라 당시 통용 중인 다른 국어도 반드시 배워야 한다는 내용을 담고 있었다. 벨크레디가 펼친 일련의 정책은 슬라브 정치가들, 특히 체코 정치가들의 관심과 지지를 얻기에 충분했다. 뿐만 아니라 벨크레디는 당시 슬라브 정치가들의 최대 관심현안으로 부각된 이중체제의 도입을 반대했을 뿐만 아니라 민족문제도 나름대로 해결하고자 했는데 그것은 민족 단위체 원칙에 따라 제국을 5원화(Pentarchie)시키는 것이었다.

---

* 빈 정부의 수상으로 임명되기 전 이 인물은 프라하총독으로 활동했다.

① 독일 알프스 지역

② 보헤미아-모라비아 지방의 주데텐 산맥 분지 지역

③ 헝가리 중부 도나우 지역

④ 폴란드-루테니아-갈리시아 지역(오늘날의 폴란드 남부 지역)

⑤ 남슬라브-칼스트 지역

그러나 제국 내 독일 정치가들, 특히 하오스트리아, 상오스트리아, 슈타이어 마르크, 케르텐, 잘츠부르크, 포르알베르크, 그리고 크라인 지방의 정치가들은 벨크레디의 이러한 구상에 대해 심한 반발을 보였고 심지어 그의 내각까지 붕괴시키려고 했다. 프란츠 요제프 1세 역시 벨크레디의 구상이 독일 민족의 법적·사회적 지위를 약화시킬 수 있다는 판단을 했기 때문에 가까운 시일 내에 그를 해임하고 보이스트(Beust)*를 차기 수상으로 임명하려고 했다. 이 당시 벨크레디 내각에서 외무장관으로 활동하던 보이스트는 적어도 제국의 ½ 이상의 지역(Leith강 서부지역)에서 독일 민족의 우위권을 보장받는 이중체제를 지지했을 뿐만 아니라 그것의 조속한 실행 역시 필요하다는 주장도 펼치고 있었다.

팔라츠키와 리게르는 슬라브 정치가들의 요구사항들을 집약시키는 작업에 착수했고 그것을 토대로 한 선언문도 작성했다.

• 향후 빈 정부는 어느 특정 민족의 특성과 이익만을 강조하고 그것을 보호하는 정책을 펼쳐서는 안 될 것이다. 왜냐하면 우리는 그러한 정책의 시행과정에서 발생한 문제점들과 그것들이 가지는 심각성을 잘 파악하고 있기 때문이다.

---

* 1866년 10월 30일 빈 정부의 외무장관으로 임명되기 전에 작센(Sachsen) 왕국의 외무장관으로 활동했던 보이스트는 다음 해 2월 7일 빈 정부의 수상으로 임명되었다.

- 역사적—국법상으로 나눈 5개의 지방군[(구오스트리아 지역은 ⓐ 상오스트리아 지방과 ⓑ 하오스트리아 지방으로 나눈다) ⓒ 보헤미아 지방, ⓓ 부코비나를 포함한 갈리시아 지방, ⓔ 헝가리 지방)]은 빈 정부에 그들 지방군의 권익 옹호 및 문제점들을 정확히 전달하기 위해 궁내대신(Hofkanzler)을 파견할 수 있다. 또한 각 지방군은 독자적으로 그들 지역의 사법문제를 처리·해결할 수 있게끔 지방 재판소(Gerichtshof)를 설치·운영할 권한을 가진다.

- 궁내대신의 제안으로 각 지방군은 지방 정부를 구성할 수 있다. 아울러 빈 정부는 각 지방군 정부의 정무 장관을 지방군 정부의 동의 없이 임명할 수 있는데 그것은 통합국가 유지에 절대로 필요하기 때문이다. 그리고 각 지방군 정부는 중앙 정부의 이러한 권리행사에 대해 이의를 제기할 수 없다.

- 지방군민들은 지방군의회의 의원들을 직접 선출한다. 이렇게 구성된 각 지방군 의회는 그들 지방통치에 필요한 법률도 제정할 수 있다. 제국의 황제는 각 지방군 의회에서 통과된 법률에 대해 절대적인 거부권을 행사할 수 없고 입법을 지연시키는 권한만을 가진다. 아울러 각 지방군 의회는 학교와 관공서 등의 사회생활에서 민족적·언어적 동등화를 실현시키고 그것의 유지에 대해서도 관심을 보여야 할 것이다.
제국에 대한 각 지방군의 조세 및 국방비 부담은 그들의 경제적 능력에 따라 공평히 결정되어야 한다. 그리고 국민들로부터 징수하는 세금 중 간접세는 국가의 중요한 정책과제의 재원으로 사용해야 한다. 이에 반해 각 지방군은 자신들의 지방에서 징수하는 직접세를 지방예산의 중요한 재원으로 활용할 수 있는데 빈 중앙정부는 그것에 대해 이의를 제기하거나 간섭할 수 없다.

- 빈 정부는 조속한 시일 내에 국민에게 부담을 주고 있는 조세제도를 전반적으로 개편해야 할 것이다. 국민에게 과다한 세금을 부과한다는 것은 정부와 정부 정책에 대한 불신 및 무관심만을 유발시키기 때문에 국가경제 운용에 저해요소로 작용할 수 있다.

- 제국의회는 각 지방군과 직속령에서 선출된 인물들로 구성한다. 각 지방군은 그들의 인구 및 담세 능력에 따라 할당된 정족수를 선출하면서 지방의 지역적인 상황도 고려할 수 있다. 이렇게 구성된 제국의회는 제국 내제 민족의 법적·사회적 동등화를 구현시키고 그것을 유지시키기 위한 정책마련에도 관심을 가져야 할 것이다. 아울러 제국의회는 지방군들 사이에서 발생할 수 있는 충돌이나 이해관계를 공명하고 신속히 해결할 수 있는 기구도 마련해야 할 것이다.

팔라츠키와 리게르가 작성한 선언문은 연방체제로 제국 내 제 문제를 해결할 수 있다는 것을 강조했을 뿐만 아니라 슬라브 민족의 사회적 지위 향상과 법률적 권익옹호 역시 그러한 체제하에서만 가능하다는 것을 부각시켰다. 아울러 여기서는 오스트리아 제국의 경제적 상황이 프로이센 왕국이나 작센 왕국보다 열악하기 때문에 그것의 개선이 절실히 필요하다는 주장도 제기되었다. 즉 팔라츠키와 리게르는 빈 정부에게 경제적 활성화에 필요한 조치들을 신속히 마련할 것을 요구했고 그것을 위해서는 국방비의 대폭적인 삭감이 선행되어야 한다는 입장도 강력히 피력했던 것이다.

빈 회의에 참석한 대다수의 슬라브 정치가들은 팔라츠키와 리게르가 작성한 선언문에 대해 긍정적인 반응을 보였지만 참석자들의 일부, 특히 3월혁명 이후 줄곧 과격한 노선을 지향한 폴란드 참석자들은 이 선언문에 대해 동의하지 않았다. 그것은 아마도 이들이 지방군 편성에서 그들 민족이 당하게 될 불이익을 생각했을 뿐만 아니라 그들 민족이 오스트리아 제국의 지배로부터 벗어나야 한다는 주장과도 일치되지 않았기 때문이다.

1848년 5월에 개최된 슬라브 민족회의에서와 같이 이번 모임에서도 슬라브 정치가들은 그들 사이의 의견 대립으로 어떠한 합의점도 찾지 못하는 우(愚)를 다시금 범했다. 프란츠 요제프 1세 역시 처음부터 이 소슬라브 민족회의에 대해 관심을 보이지 않았고 프로이센과의 전쟁에서 패한 후 거의 기정사실화된 제국의 이원화를 위해 언드라시(J. Andrassy) 백작을 비롯한 일련의 헝가리 정치가들과 펼치던 정치적 타협을 최종적으로 마무리하려고 했다.

3. 이중체제의 도입

팔라츠키를 비롯한 일련의 슬라브 정치가들이 이중체제에 대한 자신들의 부정적 관점을 강력히 표방했음에도 불구하고 프란츠 요제프 1세를 중심으로 한 빈 정부의 핵심 인물들은 형제전쟁에서 패한 후 이중체제의 도입을 가능한 한 빨리 성사시켜야 한다는 생각을 가지게 되었는데 그것은 독일인들이 제국 내에서 차지하는 비율이 단지 21%에 불과하다는 현실적 상황에서 비롯된 것 같다. 따라서 이들은 체코 정치가들을 비롯한 슬라브 정치가들의 강한 반발에도 불구하고 이중체제의 도입을 기정사실화시켰고 그것에 필요한 절차를 밟기 시작했다.

마침내 1867년 3월 15일 프란츠 요제프 1세는 오스트리아 제국의 이원화를 공식적으로 선포했고 그것에 따른 효력발휘는 1867년 6월 12일부터 시작되었다. 이에 따라 독일 민족과 헝가리 민족은 제국 내에서 지배민족으로 등장하게 되었고 이들 민족은 자신들에게 할당된 영역을 아무런 제한 없이 통치하게 되었다. 이제 오스트리아-헝가리 제국은 독자적 주권을 보유한 2개의 개별 왕국이 1명의 군주를 정점으로 한 국가형태를 갖추게 되었다. 외교, 국방, 그리고 재정부분은 양국의 공동 사안으로 간주되어 개별 국가 내에 별도의 부처가 설치되지는 않았지만 기타 업무는 각각의 정부가 독자적 부처를 설치하여 해결하도록 했다. 즉 한 국가에 2개의 중심체(2개의 정부, 2개의 의회)가 존재하는 이중왕국으로 변형된 것이다. 양국 간의 공동업무 사항으로 간주된 분야는 양국 정부와 의회 대표들에 의해 통제되게끔 규정되었다. 관세와 무역에 관한 규정, 그리고 발권은행으로서의 중앙은행 설치와 운영 문제 등을 비롯한 경제적 업무 사안들은 10년마다 양국이 새로이 타협하여 협정을 맺기로 했다. 1867년 6월의 타협으로 합스부르크의 황제는 군주로서의 절대적 지위를 보장받음으로써 양국 간의 이해가 상충할 때 그것을 최종적으로 결정할 수 있는 권한도 확보하게 되었다.[*]

---

[*] 1867년 오스트리아 제국에 도입된 이중체제를 '군합국가'로 보는 관점도 적지 않다. 그러나 양국 정부의 의회가 제국의 공동사안인 국방, 외교, 그리고 재정문제를 제외한 여타의 국정사안들을 독단적으로 입안·처리할 수 있었다는 것을 고려한다면 군합국가보다는 정합국가(Volle Realunion)로 보는 것이 오히려 타당할 것이다.

4. 이중체제 도입에 대한 체코 정치가들의 대응

이중체제가 공식적으로 도입된 후 보헤미아 지방의회에서 활동하던 81명의 체코 정치가들은 자신들의 의원직을 포기했다. 이에 따라 보이스트의 빈 정부는 새로운 지방의회를 구성하겠다는 입장을 밝혔고 가까운 시일 내에 의회구성에 필요한 선거도 실시하겠다는 언급을 했다. 체코인들은 빈 정부의 이러한 대응에 격분했고 그것은 이들로 하여금 프라하를 비롯한 보헤미아 지방의 여러 도시에서 '타보리(tabory)'라는 옥외 집회를 개최하게 했다. 집회참석자들은 빈 정부가 국사조칙에서 확인, 강조한 보헤미아 왕국의 지위 및 권한을 인정할 의무가 있다고 주장했다. 이렇게 체코인들의 반정부집회가 확산됨에 따라 빈 정부는 우려를 표명하게 되었고 그 대책마련에도 고심하게 되었다. 점차적으로 빈 정부는 헝가리인들에게 부여한 권한의 일부를 체코인들에게도 허용해야 한다는 것을 감지하게 되었고 그것을 정책에 신속히 반영시키겠다는 의지도 대외적으로 천명했다. 그러나 체코인들은 빈 정부의 이러한 입장표명에도 불구하고 자신들의 반발 강도를 높여 갔다. 20,000명에 달하는 체코인들이 프라하의 판광장(Panplatz)에 모여 빈 정부의 정책을 강력히 비난한 것과 체코 민족의 전설적시조인 체흐(Čech)의 성지가 있는 르지프(Říp)산과 후스전쟁의 영웅이었던 지슈카(Žižka) 장군의 승전지였던 지슈코프(Žižkov)의 비트코프(Vítkov)산에 수만 명이 모여 시위한 것을 그 예로 제시할 수 있을 것이다. 이에 빈 정부의 위정자들은 체코인들의 반정부 시위를 현시점에서 중단시키지 않을 경우 야기될 수 있는 상황의 심각성을 고려하게 되었다. 따라서 빈 정부의 치안관계자들은 여러 차례의 회합을 가지게 되었고 거기서 프라하 전역을 계엄령 체제하에 두기로 결정했다.

12장

체코 정치가들의 러시아 방문과
프랑스와의 접촉

1. 체코 정치가들의 러시아 방문

1867년 3월 15일 프란츠 요제프 1세가 오스트리아 제국의 이원화를 공식적으로 선포한 후 체코 정치가들은 오스트리아 제국의 이원화를 기정사실로 인정했다. 그러나 이들은 더 이상 빈의 위정자들과 어떠한 정치적 타협도 모색하지 않았다. 아울러 이들은 그들 민족의 법적·사회적 지위 향상 및 민족성 유지를 오스트리아 제국이 아닌 다른 질서체제에서 찾고자 했다. 즉 이들은 당시 범슬라브주의의 기치 아래 슬라브 제 민족의 단결을 강조하던 러시아와의 접촉을 모색하게 되었고 그러한 움직임의 일환으로 팔라츠키와 리게르를 비롯한 84명의 체코 지식인들이 1867년 5월 15일 러시아 방문을 위해 프라하를 떠났는데 여기에는 슬라드코브스키, 마네스(J. Manes), 에르벤(K. J. Érben) 등도 참여했다. 그리고 팔라츠키와 정치적 견해를 달리했던 인물들도 러시아 방문에 동참했는데 그것은 이중체제의 도입을 반대한다는 공통분모에서 비롯된 것 같다. 이 당시 팔라츠키와 리게르는 러시아 방문에 앞서 파리에서 개최 중이던 세계박람회에도 참석하려고 했다. 따라서 이들은 러시아 방문 본진과는 달리 1867년 5월 15일 파리로 향했고 다음 날 늦게 프랑스의 수도에 도착했다. 파리에 도착한 직후 이들은 박람회관람보다는 프랑스의 정치가들, 특히 국회의원들과 접촉을 통해 체코문제를 외교적 쟁점으로 비화시키려고 했다. 그리고 이들의 이러한 시도는 예상외의 성과를 거두었는데 그것은 적지 않은 국회의원들이 체코문제에 대해 지대한 관심을 표명했을 뿐만 아니라 체코 민족의 독립 필요성까지도 지지했기 때문이다. 예상하지도 않은 프랑스에서의 상황에 고무된 팔라츠키와 리게르는 베를린과 바르샤바를 거쳐 1867년 5월 19일 체코 정치가들의 본진이 머무르고 있던 빌나(Wilna)에 도착한 후 자신들의 파리 방문 업적을 상세히 보고했다. 아울러 팔라츠키는 체코 정치가들과 더불어 러시아 방문에 필요한 절차들을 재점검했다. 다음 날 체코 정치가들은 상트페테르부르크(Petersburg)에 도착했고 이들은 지나칠 정도의 환영 및 후한 대접도 받았다. 러시아에서의 이러한 상황을 자신의 부인에게 알리기 위해 리게르는 편지를 썼는데 거기서 그는 자신의 장인인 팔라츠키의 명성에 대해 적지 않은 러시아인들도 알고 있다는 사실을 언급했다. 또한 그는 일련의 환영파티, 축제, 그리고 훌륭한 공연 등에 대해 상세히 거론했을 뿐만 아니라 당시 러시아 주재 오스트리아 대사가 예상외로 보이스트와 러시아 수상이었던 고르차코프(Gortschakow) 사이의 외교적 안건을 비교적 객관적 관점에서 접근하고 있다는 사실도 알렸다.

러시아 방문 중 리게르는 가능한 한 정치적 언급을 하지 않았지만 팔라츠키는 고르차코프와의 대화에서 독일 민족과 헝가리 민족으로부터 위협을 받고 있는 슬라브 민족들이 러시아에 대해 큰 희망을 가지고 있음을 피력했다. 팔라츠키의 이러한 언급은 향후 오스트리아 제국이 멸망할 경우 보헤미아 지방이 프로이센의 전리품이 될 수 있다는 두려움에서 비롯된 것 같다. 1876년 5

월 26일 체코 정치가들은 차르스코예셀로
(Tsarskoe Selo)[*]로 이동했다. 여기서 팔라츠
키, 브라우너, 에르벤, 그리고 하메르니크
는 알렉산데르 2세의 여름 별궁도 방문했
는데 이들에 대한 황제의 태도는 매우 우
호적이었다. 그는 슬라브 제 민족의 조국
인 러시아에서 슬라브 형제를 맞이한다는
자체에 대해 큰 의미를 부여하고자 했다.
러시아주재 오스트리아 대사는 차르스코
예셀로에서의 상황도 빈에 자세히 보고했

■ 팔라츠키의 러시아 방문

는데 그에 따를 경우 러시아인들이 체코 정치가들을 환영하기 위해 그들이 탄
마차 뒤를 따랐으며 이들은 마치 폴리네시아 제도에서 새로운 섬이 발견된 것
처럼 기쁨에 들떠 있었다는 것이다. 1867년 5월 28일 팔라츠키를 비롯한 체
코 정치가들은 모스크바에 도착했다. 이들은 이 도시에서 개최된 환영식에 초
대되었고 인근 여러 지역에 대한 방문과 시찰을 하기도 했다. 이 도시에서 체코
정치가들은 러시아 방문의 외형상 목적으로 제시한 민속학전람회를 참관하면
서 쉘링(Schelling)과 샤토브리앙(Chateaubriand), 그리고 드 메스트로(de Maistre)
의 민족주의 이론을 수용한 일련의 러시아 지식인들과 접촉을 하기도 했다.

　이러한 접촉에서 팔라츠키는 존경받는 슬라브 역사가로 소개되었고, 도브
로프스키와 1861년에 사망한 사파르지크 역시 학문적으로 높은 평가를 받았
다. 특히 팔라츠키는 러시아 지식인, 특히 민족주의자들을 상대로 연설할 기

----

[*] 차르스코예셀로는 '차르의 마을'이라는 뜻을 가졌다. 상트페테르부르크에서 남쪽으로 24킬로미터 떨어진 이곳
　에 별궁이 건축된 것은 에카테리나 1세 때였다. 그런데 차르스코예셀로는 1937년 이 도시에서 교육을 받은 알
　렉산드르 푸시킨(A. S. Pushkin: 1799~1837)의 100주기를 기념하기 위해 푸시킨(Pushkin)으로 지명이 바뀌
　었다. 그러다가 이 도시는 1990년 다시 원래의 차르스코예셀로로 환원되었다.

회도 가졌는데 이 자리에서 그는 체코 민족의 현재적 상황을 언급했다. 그는 우선 빈 정부가 체코 민족의 문화적 자치요구에 무관심으로 대응하고 있다는 것과 주변 강대국들에 의해 체코 민족의 생존권마저 위협 받고 있다는 사실을 거론했다. 이어 그는 러시아가 지속적으로 추진하던 범슬라브주의의 문제점에 대해서도 지적했다. 그는 러시아인들이 일방적으로 지향하는 슬라브 세계의 통합을 포기해야 한다고 했는데 그것은 단지 슬라브 세계의 파멸만을 유발시키기 때문이라는 것이다. 아울러 그는 러시아 지식인들이 슬라브 제 민족이 독자적으로 발전할 수 있게끔 협조해야 한다는 것도 강력히 피력했다. 여기서 팔라츠키는 러시아 지식인들이 슬라브 제 민족을 동등한 동반자로 간주할 경우 슬라브 세계의 통합은 자연스럽게 이루어질 것이라는 입장을 밝히기도 했다. 그러나 악사코프(I. Akasakov), 카트코프(M. N. Katkov), 그리고 포고진(M. Pogodin) 등은 팔라츠키의 이러한 관점에 대해 동의하지 않았을 뿐만 아니라 슬라브 제 민족의 통합은 반드시 러시아의 주도로 진행되어야 한다는 견해도 고수했다. 아울러 이들은 슬라브 제 민족의 언어, 풍습, 그리고 종교적 독자성을 인정하지 않으려고 했다. 팔라츠키가 접촉한 러시아의 민족주의자들은 이차적 민족주의라 간주되는 문화적 민족주의보다는 혐여적 민족주의를 지향했기 때문에 이들은 슬라브 제 민족의 통합실현이 자신들의 선결과제로 인식했던 것이다.

2. 나폴레옹 3세와의 접촉

점차적으로 체코의 지식인들은 러시아에서 펼친 자신들의 활동이 아무런 성과도 거둘 수 없다는 것을 인지하게 되었다. 여기서 이들은 알렉산데르 2세뿐만 아니라 러시아 지식인들이 자신들의 주도로 슬라브 세계가 통합되어야 한다는 입장을 포기하지 않는 한 자신들의 노력은 아무런 의미가 없다는 사실도 알게 되었다. 러시아에서의 시도가 아무런 성과 없이 끝나게 됨에 따라, 리게르와 그의 추종자들은 당시 민족 운동에 대해 관심을 보였던 나폴레옹 3세의 지원을 받아 그들 민족을 오스트리아 제국으로부터 이탈시키고자 했다. 팔라츠키 역시 1850년대 초반부터 체코 민족에 대해 관심을 보인 로베르(C. Robert), 생 르나드(G. E. Saint Renard Taillandier), 레제르(L. Léger), 드니(E. Denis) 등의 학자들과 학문적 교류를 지속적으로 펼쳤고 거기서 이들의 지원을 받을 경우 체코 민족의 국제적 지위향상도 가능하다는 판단을 하고 있었다. 아울러 그는 자신의 파리방문에서 호의적 반응을 보인 프랑스 정치가들의 도움도 받을 수 있다는 확신을 가지고 있었다. 따라서 그는 리게르의 시도에 대해 전적으로 동의했다. 이후 리게르는 약 1년간 나폴레옹 3세(Napoleon III: 1852~1870)와 비밀접촉을 가졌는데 거기서 활용된 방법은 서신교환이었다.

　나폴레옹 3세와의 접촉에서 리게르는 보헤미아 지방이 오스트리아 제국으로부터 독립할 경우 이 국가가 프랑스의 중부유럽정책, 특히 대프로이센 정책에 얼마나 효율적으로 활용할 수 있는가를 강조하는 데 주력했다. 즉 그는 프랑스가 보헤미아의 도움을 받을 경우 프로이센의 영토 확장정책 및 독일권의 통합계획을 보다 효율적으로 저지시킬 수 있음을 나폴레옹 3세에게 인지시키려 했던 것이다. 그렇지만 이 당시 나폴레옹 3세를 비롯한 프랑스의 정치가들은 비스마르크가 형제전쟁 발발 이전에 프랑스에게 약속한 영토적 보상을 확신했기 때문에 반프로이센 정책을 공식적으로 전개하려는 의도가 없었다. 따라서 나폴레옹 3세나 이 당시 파리 정부의 실세였던 제름 나폴레옹(J. Napoleon)은 보헤미아 지방의 독립을 보다 구체화시키기 위해 1869년 1월 초 파리를 방문한 리게르와의 협상을 회피했다. 그러나 제름 나폴레옹은 이미 리게르의 계획에 대해 깊은 관심을 표방한 바 있었다. 그 일례로 그가 1868년 여름 비밀리 프라하에서 팔라츠키와 리게르를 만난 후 보헤미아 왕국과 프랑스와의 협조체제를 구체화시키려고 했던 것을 제시할 수 있을 것이다. 그러나 나폴레옹 3세는 조카의 시도를 부정적으로 보았기 때문에 그의 계획을 중단시켰다. 나폴레옹 3세의 이러한 조치는 비스마르크의 영토적 보상이 조카의 시도로 이루어지지 않을 수 있다는 판단에서 비롯된 것 같다. 그럼에도 불구하고 리게르는 프랑스의 입장변화를 기대했으나 결국 그러한 것은 실현되지 못했다. 더욱이 파리 정부는 리게르의 시도를 빈 정부에 넌지시 알려 그의 정치적 행동반경 및 그를 지지하던 체코 정치가들의 활동을 크게 위축시켰다. 프랑스의 도움으로 체코 민족의 독립을 모색했던 리게르의 시도는 파리 정부의 회피적이고, 이율배반적인 태도로 아무런 결실도 얻지 못했다. 리게르와 프랑스 정치가들 사이의 비밀협상이 밝혀짐에 따라 프란츠 요제프 1세는 체코 정치가들과의 타협을 유보시키고 보수주의 정치가로 알려진 하스너(Hasner)를 새로운 수상으로 임명하여 중앙체제를 보다 강화시키고자 했다. 그러나 그는 자신의 이러한 계획을 실행하지는 않았는데 그것은 그 자신이 보헤미아 문제의 심각성을 정확히 파악했을 뿐만 아니라 가능한 한 빨리 체코 정치가들과 정치적인 타협도 모색해야 한다는 인식을 가졌기 때문이다. 프란츠 요제프 1세의 이러한 자세에도 불구하고 오스트리아에 대한 체코 정치가들의 반감은 약화되지 않았다.

13장

체코 정치가들의 소극정치와 능동정치

1. 빈 정부의 화해정책

1867년 3월 이중체제가 오스트리아 제국에 공식적으로 도입되었음에도 불구하고 체코 정치가들은 그러한 질서체제에 동의하지 않았다. 따라서 이들은 외부 세력, 특히 러시아와 프랑스의 지원을 받아 자신들이 지향하는 정치적 목표, 즉 자치권 획득 내지는 민족적 독립을 쟁취하려고 했지만 실패하고 말았다. 이렇게 체코 정치가들의 시도가 실패로 끝났음에도 불구하고 빈 정부는 이들의 행보가 제국의 안전에 심각한 위험을 가져다줄 수 있다는 판단을 했다. 이에 따라 빈 정부는 문제해결 방안을 모색했고 거기서 친체코 정치가로 알려진 헬퍼트(Helfert)를 정부특사로 임명하여 프라하로 파견하는 적극성도 보였다. 그러나 헬퍼트는 보헤미아의 주도(州都)에서 가시적인 성과를 거두지 못했는데, 그 이유는 빈 정부에 대한 체코 정치가들의 불신이 위낙 강했기 때문이다. 체코 정치가들과의 접촉에서 헬퍼트는 체코 정치가들이 빈 정부 및 황제로부터 더 이상 아무것도 기대하지 않는다는 것을 인지했다. 아울러 그는 이들의 지향목표가 이제는 자치권확보가 아닌 민족의 독립이라는 사실도 파악했다. 실제적으로 체코 정치가들과 지식인들은 오스트리아 제국의 존속을 인정하고 거기서 슬라브 제 민족의 자치권획득을 지향했던 친오스트리아슬라브주의에 대해 더 이상 관심을 표명하지 않았다.

2. 황제선언서^{fundamentálni članky}의 발표

오스트리아 제국에 대한 체코 정치가들의 부정적 시각이 변하지 않았음에도 불구하고 호헨바르트(Hohenwarth)의 빈 정부는 이들과의 충돌을 끝내려고 했다. 빈 정부의 이러한 움직임에 대해 프란츠 요제프 1세 역시 공감했는데 그것은 그 자신이 사안의 중대성을 인식하고 있었기 때문이다. 이후부터 그는 공식 석상에서 자신과 자신의 선조들은 보헤미아 왕국의 국법적 존재를 한 번도 부인한 적이 없었음을 누누이 강조했다. 또한 그는 체코 민족이 그동안 합스부르크 왕조를 지속적으로 지지한 사실도 인위적으로 부각시켰다. 1871년 9월 12일 당시 통상장관이었던 쉐프레(A. Schäffle)의 주도로 작성된 횡제선언서(fundamentálni članky)기 공포뇌었는데 거기서는 보헤미아 왕국의 제 권한을 인정한다는 것이 명시되었다. 이 선언서의 핵심적 내용은 체코 정치가들이 이중체제를 인정한다면 여타 문제에 대한 자치권을 체코 지방정부에게 부여하고 보헤미아 의회의 권한 역시 확대시켜 준다는 것이었다. 또한 보헤미아 지방 내의 체코인들과 독일인들 간의 문제는 기존의 지역행정구역을 거주지에 따라 새롭게 획정하여 해결한다는 것도 약속했다. 이러한 기본조항은 체코 민족의 자결과 자율을 위한 진일보적 발상이었다. 뿐만 아니라 선언서의 제9항에서는 향후 보헤미아 지방에서 관리로 활동하기 위해서는 독일어 및 체코어 모두 능통해야 한다는 것도 거론되었다.

3. 소극정치 pasivní politika

프란츠 요제프 1세 역시 선언서발표로 체코문제가 해결(české vyrovnání)될 수 있다는 확신을 가졌는데 그것은 도나우 제국이 오스트리아-헝가리 이중체제에서 오스트리아-헝가리-체코의 삼중체제로 변형될 수 있다는 그의 판단에서 비롯된 것 같다. 그러나 이 선언서는 제국 내 독일 정치가들과 헝가리 정치가들의 반발, 특히 보이스트, 홀츠게탄(Holzgethan), 그리고 언드라시(Andrássy)의 강력한 반발로 실현되지 못했다. 이 당시 독일 정치가들은 선언서가 공포될 경우 어떠한 상황이 초래될 것인가를 정확히 인지하고 있었는데 그것은 제국 내에서 슬라브적 우위가 현실화될 수 있다는 것이다. 따라서 이들은 빈 정부가 황제선언서를 철회하지 않을 경우 통합독일에 참여하겠다는 의사를 밝혔고 그러한 것은 프란츠 요제프 1세로 하여금 자신의 의도를 포기하게 하는 결정적인 요인이 되었다. 이에 따라 프란츠 요제프 1세는 1871년 10월 24일 보헤미아 지방의회에서 황제선언서를 공포하려는 공식적 일정을 취소했을 뿐만 아니라 같은 해 10월 21일에는 체코 민족의 대표들과 재협상하겠다는 입장도 밝혔다. 체코 정치가들, 특히 리게르, 프라차크(Pražák), 롭코비츠(Lobkowicz), 그리고 클람-마르티니크는 프란츠 요제프 1세의 이러한 행동에 대해 분노를 표시했고 그것은 이들로 하여금 빈 정부와의 어떠한 타협도 포기하게 했다. 상황이 이렇게 전개됨에 따라 빈 정부 역시 강경책으로 문제를 해결하려고 했다. 이에 따라 빈 정부는 콜러(Koller)남작을 프라하 총독으로 임명하는 무리수를 두었다. 프라하에 도착한 콜러는 소요적 상황을 종식시키기 위해 체코 정치가들의 반정부적 활동을 강제적으로 중단시켰을 뿐만 아니라 반정부적 신문의 발행도 중지시켰다. 이후부터 체코 정치가들은 정치적 은둔생활 내지는 소극정치(pasivní politika)를 본격적으로 펼치기 시작했다.

그러나 빈 정부 및 황제에 대한 실망에서 비롯된 소극정치는 많은 문제점들을 양산했다. 특히 보헤미아 지방의회의 참여거부로 체코인들은 일상생활의 여러 부분에서 심대한 불편을 감수해야만 했다. 점차적으로 이들은 누적되는 경제적 손실 및 교육문제로 수동적 저항에 대한 그들의 불만을 표시하는 적극성도 보이기 시작했다. 1873년 모라비아(Mähren) 지방의 대표들이 지방의회(zemské sněm) 참석을 결정하고 다음 해에 빈 제국의회에 참여한 것도 같은 맥락에서 비롯된 것이라 하겠다. 체코 정치가들 역시 유연하고 현실적인 정치를 통해 체코인들의 여론에 신속히 대응하고 그들의 정치적 입지도 강화시킬 필요성을 점차적으로 느끼기 시작했다.

4. 능동정치 aktivní politika

1874년에 접어들면서 보헤미아 지방에서도 모라비아의 예를 따라야 한다는 주장이 공식적으로 제기되었다. 이러한 분위기하에서 1874년 12월 27일 진보민족당(Národní strana svobodomyslná)이 공식적으로 출범했는데 이 낭은 시간이 시나면서 신체코당(Mladočeši)으로 더욱 알려지게 되었다. 이후 이 당의 당원들은 제국의회의 참석을 공론화시키는 데 주력했고 그것은 그동안 견지되었던 소극정치의 종료도 가져왔다. 그레그르(E. Grégr/J. Grégr)형제와 슬라드코브스키(K. Sladkovský)의 주도로 탄생한 진보민족당, 즉 신체코당은 구체코당(Staročeši)과 마찬가지로 지지 세력의 기반을 도시시민계층에서 찾고자 했다. 이들의 정치적 이념은 구체코당과 일치했지만 구체코당보다는 다소 진보적이었다. 이 당시 구체코당은 도시의 상류층과, 특히 진보민족당의 출현 이후 교회의 절대적 지지를 받은 반면, 진보민족당은 상공인들과 교사 및 학생들을 포함한 반교회적 인사들로부터 지지를 확보했다.

진보민족당의 조직은 이전의 어느 정당들보다도 체계화되었고 그들이 제시한 프로그램 역시 보다 구체적이었다. 이 당은 그동안 체코 정치가들이 거부한 빈 제국의회 및 보헤미아 지방의회의 참석, 시민권의 확대, 보통선거제의 도입, 그리고 교육제도 개선방안 마련 등을 그들 정당의 중요한 강령으로 채택했다. 아울러 이들은 체코민족의 사회적 위상뿐만 아니라 경제적 위상 증대에 필요한 방안도 강구한다는 입장을 표방했다. 진보민족당의 이러한 정책들은 유리우스 그레그르(J. Grégr)가 창간한 '민족신문(národní listy)'에 게재되어 널리 홍보되기 시작했다. 이렇게 출범한 진보민족당은 점차적으로 자신들의 정치적 영향력을 확대시켰고 구체코당에서 동조세력을 얻을 정도로 성장했다. 1878년 구체코당의 대표는 진보민족당의 현실정치론을 수용한다는 입장을 밝힘에 따라 양당 간의 관계는 정치적 사안을 공동으로 논의할 정도로 긴밀해졌다. 이후부터 양 당의 대표자들은 체코 지방의회의 참석 여부를 집중적으로 토론했고 거기서 이들은 제국의회에도 등원해야 한다는 데 견해를 같이했다. 이로써 체코 정치는 기존의 소극정치를 포기하고 능동정치(aktivní politika)를 지향하게 되었던 것이다.

아우에르스페르크(Auersperg) 정권이 등장한 이후 오스트리아-헝가리 제국은 어려운 상황을 극복하고, 정치 역시 활기를 보이기 시작했다. 그리고 국내정치에서의 안정은 보다 적극적인 대외정책을 펼치게 하는 요인으로 작용했다.

1878년 6월 13일부터 베를린(Berlin)에서 개최된 국제회의에서 오스트리아-헝가리 제국은 보스니아(Bosnia)와 헤르체고비나(Herzegovina)에 대한 점유권을 인정받았다. 그러나 제국 내 독일 정치가들은 빈 정부의 점유에 대해 심한 우려를 표명했는데 그것은 그렇지 않아도 슬라브 인들이 수적 우세를 보이던 제국의 민족구성에서 이들 민족이 차지하는 비율이 이전보다 훨씬 높아지리라는 것과 거기서 독일인들의 위상이 흔들릴 수 있다는 판단에서 비롯된 것 같다.

독일인들의 이러한 우려 하에서 타페(Taaffe)내각이 1879년 7월 12일 출범했다. 타페는 체코 정치가들의 지지를 얻고자 했다. 따라서 그는 체코 귀족들의 지지를 얻은 후 사안에 따라 연합전선을 구축하고 있던 구체코당과 진보민족당의 지지를 얻는 데도 성공했다. 또한 그는 폴란드의 대귀족들과 오스트리아 가톨릭당의 우익세력도 확보했다. 이에 따라 제국의회 내에서 그의 정책을 추종하는 의원들의 수는 179명에 달했다. 초당파적인 정부를 표방하면서 사안에 따라 각기 다른 정당들의 지지를 이끌어 낸 타페는 의심의 여지가 없는 보수주의자였지만 사회 안정을 위해서는 과감한 개혁도 주저하지 않던 실용주의자이기도 했다. 이 당시 타페는 체코 정치가들이 가장 우려했던 것을 정확히 직시했는데 그것은 독일의 자유주의자들이 빈 정부를 장악하는 것이었다. 타페의 분석처럼 체코 정치가들은 독일의 자유주의자들이 빈 정부를 주도할 경우 자신들의 수적 열세를 만회하기 위해 비독일계 민족에 대한 배려정책을 포기하거나 축소하리라는 것을 잘 알고 있었다. 이러한 체코 정치가들의 아킬레스건을 잘 알고 있던 타페는 체코 정치가들에게 결정적인 양보를 하기보다는 약간의 양보, 즉 '부스러기 양보(drobeček)'를 통해 자신의 정치적 과업을 달성하고자 했던 것이다.

별로 중요하지 않은 각료 자리를 체코 정치가들에게 양보한다든지 또는 1880년 4월 19일 이른바 스트레마이르 법령(Stremayr Decree)에 따라 보헤미아와 모라비아 관공서 및 법원에서 체코어와 독일어에 대해 동등한 자격을 부여한다는 것 등이 그 일례라 하겠다. 그런데 스트레마이르 법령에서 거론된 동등한 자격은 관공서와 개인의 관계, 즉 독일인이면 독일어를 사용하고, 체코인이면 체코어를 사용한다는 것일 뿐이지, 관공서와 관공서 간의 행정언어나 관공서 내의 행정언어(innere Amtssprache)는 여전히 독일어로 한다는 단서가 붙어 있었다. 그러나 이러한 작은 양보들 중에서 1882년에 시행된 프라하 대학의 분리는 매우 의미 있는 것이라 하겠다. 1620년 11월 8일에 펼쳐진 빌라 호라 전투 이후 완전히 독일화된 프라하 대학이 독일 대학과 체코 대학으로 분류됨으로써 향후 체코 교육발전에 획기적인 전기가 마련되었다 하겠다. 이제 체코 학생들은 대학에서 그들의 언어인 체코어로 공부하고, 졸업할 수 있게 되었다.

또 하나의 의미 있는 정책으로 제시할 수 있는 것은 1882년에 개정된 선거법을 들 수 있다. 개정된 선거법에서는 기존의 차등선거 하에서 적용되었던 선거권부여 조건, 즉 직접세의 하한선을 10굴덴(Gulden)에서 5굴덴으로 하향시켜 체코인들에게 보다 많은 참정권을 부여하려고 했다. 새로운 선거법에 따라 1883년 보헤미아 지방의회선거가 실시되었는데 거기서 체코인들은 167석의 의석을 차지했다. 이에 반해 독일인들이 차지한 의석은 75석에 불과했다.

그런데 능동정치의 가장 중요한 성과는 이처럼 몇몇 양보를 얻어내는 데 있었던 것은 아니었다. 체코의 정치가들이 보헤미아 지방의회와 제국의회에서 합리적인 사고 및 전문성에 바탕을 둔 정치문화를 배우고 익힐 수 있었다는 점이 더 크고 중요한 성과라 하겠다. 이들이 소극정치를 펼칠 때는 도덕적 고결성과 굽힐 줄 모르는 저항성 및 선동성으로 충분했지만, 이제는 내실 있는 전문성과 인내 및 타협을 도출할 수 있는 능력도 요구되었기 때문이다. 그리고 체코 정치가들에게 민족과 국가 간의 관계를 재정립할 수 있는 기회를 부여했다는 점이 의회활동의 또 다른 성과로 제시될 수 있을 것이다. 이제 체코인들은 자신들이 오스트리아 제국의 관료로서 근무하는 것을 더 이상 반민족적인 행위로 간주하지 않게 되었고 그것은 체코인들의 사회진출 및 지위향상을 크게 신장시키는 계기도 되었다. 이후부터 사회 각 분야에서 체코 전문가들의 배출도 본격화되기 시작했다.

14장

마사리크의 현실주의론

1. 마사리크^{T. G. Masaryk}의 학문적 활동

1850년 3월 7일 모라비아(Mähren) 남부의 호도닌(Hodonín)에서 태어난 마사리크(T. G. Masaryk)[*]는 1881년 빈 대학에서 '현대문명의 사회적 대중현상으로

[*] 마사리크의 아버지 마사리크(J. Masaryk)는 기수하인과 마부였고, 모라비아 출신의 어머니(T. Masaryková)는 요리사 및 하녀활동으로 생계를 도왔다. 마사리크는 유년 시절 부모의 출신 때문에 슬로바키아-모라비아 방언을 배웠고 경제적인 문제 등으로 거주지도 자주 옮겨야만 했다. 이러한 것은 후에 마사리크가 체코어와 독일어를 사용하는데 많은 어려움을 가져다주었다. 체이코비체(Čejkovice) 초등학교를 졸업한 마사리크는 후스토페체(Hustopeče) 가톨릭 직업학교에 입학했다. 이어 그는 빈에서 말뒷굽 보호대를 생산하는 철물공장에서 도제교육을 받았다. 그러나 마사리크는 체이코비체 초등학교 교사 사토라(v. Satora) 보좌신부의 도움으로 다시 일반계 학교에서 공부할 수 있게 되었고 1865년에는 브르노(Brno)의 독일계 인문고등학교에 입학했다. 이 당시 마사리크는 브르노 경찰청장 르 모니에(Anton Ritter v. Le Monnier) 아들에 대한 개인보충과외에 적지 않은 시간을 할애했는데 그것은 자신의 생계유지에 절대적으로 필요했기 때문이다. 르 모니에가 빈 경찰청장으로 승진함에 따라 마사리크도 빈에 소재한 인문계 고등학교로 전학하게 되었는데 그러한 배려는 르 모니에가 마사리크의 성실성과 학문적 능력을 인정했기 때문이다. 빈의 인문계 고등학교에서 마사리크는 종교, 독일어, 그리고 그리스어에서 두각을 나타냈지만 역사와 철학에서는 그리 좋은 성적을 올리지 못했다. 1872년 여름 졸업시험(Abitur)에 합격한 마사리크는 같은 해 겨울 학기 빈 대학에 입학했다. 입학직후부터 그는 고대어문학과 철학에 대해 깊은 관심을 표명했다. 아울러 거의 같은 시기 그는 '체코학술협회(Die Tschechische Akademische Union)'에 가입한 후 자신이 최초로 작성한 논문을 이 협회의 학술지에 게재하려고 했으나 심사과정에서 그 게재가 불허되었다. 편집위원회는 마사리크가 러시아어와 슬로바키아어가 포함된 '난잡한 체코어(Krause Tschechische Sprache)'로 논문을 작성했기 때문에 그 게재가 불가능하다는 입장을 공식적으로 밝혔다. 1875년부터 르 모리에를 대신하여 영국-오스트리아 은행의 은행장이었던 슐레징어(R.Schlesinger)가 마사리크

서의 자살(Selbstmord als soziale Massenerscheinung der modernen Zivilisation)'이라
는 논문으로 교수자격(Habilitation)을 취득했다. 논문에서 마사리크는 자신이
수집한 자료들을 분석했고 거기서 그는 19세기에 접어들면서 갑자기 높아진
자살률이 종교적 의무가 결여된 데서 비롯되었다는 견해를 제시했다. 그에 따
를 경우 유럽에서 급속히 확산되던 믿음의 결여는 인간의 토대 및 삶의 방향 상
실로 연계되고 그러한 것이 결국 자살률을 대폭 증대시키는 요인으로 작용했
다는 것이다. 마사리크는 자살이라는 것이 사회적 위기의 징후(Indiz)이기 때문
에 각 개인의 자살 시도와 1914년 이후, 즉 1차 세계대전 이후 열광적으로 전
투에 참가하여 죽음을 맞이하려던 젊은 지식인 계층의 의식을 같은 맥락에서
이해하고자 했다.

　1882년 겨울학기부터 마사리크는 프라하 체코대학(Česká univerzita)에서 강
의를 했는데 여기서는 주로 국가의 정치체제, 민족과 도덕 문제, 그리고 당시
사회적 문제로 대두되었던 매춘문제 등이 거론되었다. 1897년 그는 자신과 정
치적 관점을 같이하던 지식인들과 더불어 '현실주의 모임'을 발족시켰다. 여기
서 이들은 민족문제에 지나치게 집착하기보다는 경제 및 사회문제를 우선적으
로 해결하고 오스트리아 제국을 연방화시키기에 앞서 민주화부터 선행시키는
것을 정치적 목표로 설정했다. 이후부터 마사리크는 체코 문제를 해결하는 과
정에서 현실주의적 원칙들을 적용시키려고 했다. 아울러 그는 체코 민족의 정
치적 과제를 휴머니즘적 이상을 지향하던 체코정신과도 접목시키려고 했다.

에 대한 경제적 후견인으로 등장했는데 그것은 자신의 장남에 대한 마사리크의 학문적 보충수업이 기대 이상
의 성과를 거뒀기 때문이다. 이렇게 경제적 어려움에서 벗어난 마사리크는 학문적 연구에 전념할 수 있게 되었
고 1876년에는 플라톤(Platon)의 사상을 취급한 논문으로 박사학위도 취득했다. 박사학위를 취득한 직후, 즉
1876년 1월 15일부터 마사리크는 슐레징어의 아들과 함께 라이프치히(Leipzig) 대학에서 1년간 철학공부를
하게 되었는데 이 시기에 그는 자신의 부인이 될 미국 유학생 샬럿 개리그(C. Garrigue)를 만나게 되었다. 샬럿
개리그와의 접촉과정에서 마사리크는 지금까지 자신의 생활에서 등한시한 문학, 음악, 그리고 여성의 특성을
서술한 인류학 등에 대해 깊은 관심을 보였는데 그것은 아마도 그 자신이 샬럿 개리그와의 만남을 일시적 조우
로 간주하지 않았기 때문이다. 1878년 3월 15일 샬럿 개리그와 결혼한 후 마사리크는 자신의 학문적 활동에
더욱 적극성을 보이게 되었다.

그리고 그의 이러한 의도는 『체코문제(Die Tschechische Frage: Česká otazka)』와 『우리의 현재적 위기(Unsere jetzige Krise)』라는 저서에서 구체적으로 언급되었다. 특히 1895년에 출간된 『체코문제』에서 마사리크는 보헤미아 지방의 체코인들과 독일인들이 협력하여 보헤미아 지방이 오스트리아 제국 내에서 독립적 지위를 확보해야 한다는 주장을 펼쳐 오스트리아 제국의 존속을 부정하지 않았다. 그리고 이것은 팔라츠키의 친오스트리아슬라브주의를 추종한 것으로도 볼 수 있을 것이다.

2. 현실정치의 필요성 인식

마사리크는 점차적으로 자신의 정치적 이념과 사상을 현실정치와 접목시켜야 한다는 필요성을 인식하게 되었고 그것을 실천시키기 위한 방안으로 자신이 교수로 봉직하던 프라하 체코 대학의 구성원들과 더불어 1900년 '현실주의당(realisticka strana)'을 창당했는데 이 당은 자신이 발족시킨 '현실주의 모임'을 확대·개편시킨 것으로 볼 수 있을 것이다. 마사리크가 주도한 이 당은 1907년 일반선거제의 도입을 요구했는데 그러한 것은 슬라브 민족이 오스트리아-헝가리 제국 내에서 차지하는 비율이 50% 이상이라는 현실적 상황에서 비롯된 것이라 하겠다. 그리고 같은 맥락에서 이 당은 도나우 제국 내에서 자치권 획득을 지향하는 민족들 모두를 지원하겠다는 입장도 밝혔다. 같은 해 실시된 제국의회선거에서 마사리크는 사회주의자들의 지원을 받아 빈 제국의회에 진출할 수 있었다.

그러나 마사리크 개인이 당대의 정치, 사회, 문화 전반에 미쳤던 영향력과는 달리 현실주의당의 영향력은 미약한 상태에서 벗어나지 못했다. 그럼에도 불구하고 1907년부터 1914년까지 현실주의당의 의원으로 활동한 마사리크는 합스부르크 왕조의 정치적 목적을 정확히 파악하는 성과를 거두기도 했다. 여기서 마사리크는 오스트리아-헝가리 제국으로부터 더 이상 아무것도 기대할 수 없다는 것을 인지했다. 즉 그는 개혁을 위한 모든 제안들이 위정자에 의해 거부되었고 특히 슬라브 민족에 대한 자치권 부여 등은 논의의 대상조차 되지 않는다는 사실에 충격을 받았던 것이다. 실제적으로 이 당시 빈 정부는 민족문제에 대한 어떠한 결정을 내리고 그것을 실행할 능력도 갖추지 못한 무능한 정부였다.

1914년 6월 28일 보스니아의 사라예보(Sarajevo)에서 발생한 오스트리아-헝가리 제국의 왕위계승자였던 페르디난트(Ferdinand) 황태자 부부에 대한 저격은 제1차 세계대전 발발의 직접적 요인으로 작용했다. 이렇게 시작된 세계대전은 체코 민족과 그들의 정치가들을 매우 당혹스럽게 했다. 전쟁이 발발하기 직전 체코인들은 자신들이 정치적, 경제적, 그리고 문화적 분야에서 괄목할 만한 성장을 했기 때문에 그들 민족이 기존의 독일화적 위험으로부터 벗어날 수 있다는 확신도 가지고 있었다. 이 당시 이들은 권력의 집중화와 관료주의적 행정체제에 대해 불만을 가졌지만 가까운 장래에 체코 민족 역시 제국 내에서 지신들의 역량에 적합한 자치 및 평등을 확보할 수 있다는 희망적 믿음도 가지고 있었다. 그러나 전쟁의 발발로 체코 민족과 그들의 지도자들은 선택적 상황에 놓이게 되었고 그것은 이들로 하여금 기존의 친오스트리아슬라브주의적 관점을 포기하게 하는 요인으로도 작용했다.

제1차 세계대전이 발발한 이후부터 마사리크는 국내외 정세를 객관적으로 분석하는 데 주력했고 거기서 그는 전쟁이 발발한 이상 오스트리아-헝가리 제국 내에서 체코 문제를 해결할 수 없다는 사실도 인지하게 되었다. 따라서 그는 반합스부르크 항쟁을 통해 체코 문제를 해결해야 한다는 생각을 가지게 되었고 그러한 것을 실천시키기 위해 필요한 방법도 구체적으로 모색하기 시작했다. 이 당시 마사리크는 독일-오스트리아 동맹국이 연합국에게 승리할 수 없다는 것을 알고 있었기 때문에 체코 민족이 향후 독일 민족과 마찬가지로 패전 민족으로 취급될 수 있다는 우려도 했다. 따라서 그는 프랑스, 영국, 그리고 미국의 도움을 받아 체코 문제를 해결해야 한다는 생각도 가지기 시작했다.

1915년 7월 6일 제네바의 종교개혁강당(Reformationssaal)에서 개최된 후스 화형 500주년 기념식에 참석한 마사리크는 그동안 오스트리아 제국이 수행한 전통적 역할, 즉 이교도로부터 중부 유럽을 지킨다는 것에 대해 부정적인 시각을 표출했다. 아울러 그는 기념식에서 체코 민족의 역사적 연속성을 부각시켜 독립국가 등장에 필요한 당위성도 부여받으려고 했다.

3. 체코국외위원회^{Česky komitet zahraniční}의 결성

이로부터 몇 개월이 지난 후 마사리크는 자신을 지지하던 세력을 규합한 후 '체코국외위원회(Česky komitet zahraniční)'를 공식적으로 출범시켰다. 이렇게 출범한 위원회는 1차 세계대전이 발생한 직후 마사리크가 제시한 체코 민족의 독립보다 이 민족이 슬로바키아 민족과 더불어 체코슬로바키아(Československo)라는 독립 국가를 건설해야 한다는 데 더 큰 비중을 두었다. 그리고 국내에 잔류한 마사리크의 추종자들은 체코 마피아(Česká Maffie)라는 비밀단체를 결성하여 체코 내의 동정을 마사리크와 그의 추종세력에게 알리는 데 주력했다. 이 당시 마사리크와 그의 추종세력들은 연합국이 승리하고 오스트리아-헝가리 제국이 붕괴될 경우 그들의 민족 국가도 건설할 수 있다는 확신을 가지고 있었다. 그리고 이러한 확신은 전쟁이 진행되면서 보다 구체화되기 시작했다. 1915

년 10월 1일 영국의 왕립대학(King's College)은 마사리크를 '동유럽 및 슬라브 연구(School of Slavonic Studies)' 담당교수로 임명했다. 이에 따라 마사리크는 1915년 10월 19일 '유럽분쟁기의 소국들 문제(The Problem of Small Nations in the European Crisis: Problém malých národů v evropské krizi)'라는 제목으로 취임강연을 했는데 거기서 그는 체코 민족이 오스트리아—헝가리 제국으로부터 이탈하여 독립 국가를 건설해야 한다는 주장을 다시금 펼쳤다. 아울러 마사리크는 이러한 과정에서 체코 민족과 슬로바키아 민족이 협력하여 체코슬로바키아 공화국을 건설해야 한다는 관점을 부각시켜 체코국외위원회의 입장을 옹호하기도 했다.

4. 세계혁명 Světová revoluce

다음 해인 1916년부터 간행되기 시작한 『신유럽(The New Europe)』의 창간호에서 마사리크는 당시 진행 중인 전쟁에서 독일인들이 지향하는 것이 바로 중부유럽에서 자신들의 절대적 우위를 확보하는 것이라고 했다. 이 당시 마사리크는 전쟁의 양상을 민족적인 대립보다는 정치체제의 대립, 즉 신권정치와 민주정치와의 대립으로 간주하려고 했다. 그는 신권정치를 펼치는 대표적인 국가들로 오스트리아와 독일을 제시했다. 그리고 프랑스와 영국이 올바른 민주정치를 지향하고 있다는 것이 그의 관점이었다. 여기서 마사리크는 러시아를 이러한 대립적 구도에서 배제시켰는데 그것은 그 자신이 중부 유럽에 대한 러시아의 영향력을 그리 높이 평가하지 않았기 때문이다. 마사리크는 전쟁이 진행되면서 신권정치체제가 민주정치체제로 대체될 것이라는 확신도 가지고 있었다. 또한 그는 당시 전쟁의 산물로 간주되던 볼세비키적 또는 파시즘적인 정치체제, 즉 전체주의적인 정치체제가 전쟁보다 더 심각하고 파괴적인 후유증을 가져다줄 것이라는 예견도 했다. 마사리크는 자신의 논문에서 기존 질서체제의 붕괴와 그것을 대신할 새로운 질서체제, 즉 민주정 체제의 도입을 '세계혁명(Světová revoluce)'으로 지칭했다. 여기서 그는 패전국의 신분으로 전락하게 될 독일과 오스트리아의 향후 처리방안에 대해서도 거론했다. 그에 따를 경우 연합국은 독일인들이 타민족에 대한 자신들의 우위권을 포기하지 않는 한 독일과 오스트리아의 존속을 허용할 필요가 없다는 것이다. 만일 독일인들이 민족간의 동등권 또는 민족자결 원칙을 수용한다면 이들 역시 새로운 질서체제하에서 동등하게 살아나갈 수 있다는 것이 마사리크의 입장이었다. 그리고 그는 이러한 세계혁명의 진행과정에서 체코슬로바키아 공화국이 등장하게 되리라는 확신도 피력했다. 여기서 마사리크는 보헤미아 왕국에 포함되었던 지방들과 헝가리의 지배로부터 벗어날 슬로바키아가 통합해야 할 당위성을 도덕적 측면에서 찾고자 했다. 즉 그는 체코슬로바키아 공화국을 단순히 한 국가의 건설이 아닌 혁신이란 측면에서 접근하고자 했던 것이다. 마사리크는 이러한 접근을 통해 보헤미아 왕국의 유구한 역사뿐만 아니라 향후 등장할 체코슬로바키아의 새롭고, 시대순응적인 정치체제, 즉 민주주의적인 정치제제도 부각시키려 했던 것이다.

앞에서 거론했듯이 마사리크의 신생 체코슬로바키아는 옛 보헤미아 왕국의 영역에다 독일인들의 집단 거주지역과 슬로바키아 지방을 포함시켰다. 향후 예상될 수 있는 민족적 갈등에도 불구하고 마사리크가 이렇게 양 지방을 신생독립국가에 포함시키려 했던 것은 안보적 또는 경제적 측면에서 생존이 가능할 정도의 규모를 신생국가가 반드시 갖춰야 한다는 자신의 신념에서 비롯된 것 같다.*

---

* 이 당시 마사리크는 신생공화국의 면적을 옛 보헤미아 왕국으로 한정할 경우 너무 규모가 작은 국가가 될 수

5. 체코슬로바키아 민족회의^{Československá národní rada}의 활동과 지향목표

1916년 2월 파리에서 마사리크는 체코에서 망명 온 베네시[*], 현실주의당 출신으로 오스트리아 제국의회에서 활동한 듀리히(Dürich), 그리고 슬로바키아 출신의 천문학자인 슈테파니크(Stefanik)^{**}의 도움으로 기존의 체코국외위원회를 '체코슬로바키아 민족회의(Československá národní rada: Conseil National des pays tchèques)'로 확대·개편시켰는데 이 과정에서 그는 파리 정부의 적지 않은 도움을 받기도 했다.^{***} 여기서 마사리크는 의장으로 선출되었고, 베네시는 서기로 중용되었다. 그리고 슈테파니크는 슬로바키아 대표로 선출되었고 듀리히

있다는 판단을 했기 때문에 슬로바키아 지역뿐만 아니라 독일인들이 다수 거주하던 지역도 포함시켜야 한다는 관점을 피력했다. 여기서 그는 신생공화국에 반드시 슬로바키아 지방을 포함시켜야 한다는 자신의 입장을 현실화시키기 위해 체코 민족과 슬로바키아 민족이 단일 민족이라는 체코슬로바키즘이라는 논리도 아울러 제시했다 그런데 마사리크는 자신이 제시한 체코슬로바키즘(čechoslovakismus)에서 언어적 측면을 부각시켰다. 즉 그는 슬로바키아인들이 체코어와 다른 독자적인 언어를 사용하는 것 자체가 중요하지 않다는 입장을 밝혔는데 그것은 체코인들이 슬로바키아어를 잘 이해하고, 슬로바키아인들 역시 체코어를 잘 구사한 데서 비롯된 것 같다.

* 베네시는 1884년 5월 24일 보헤미아의 코즈란(Kozlan)에서 태어났다. 프라하에서 인문계 고등학교를 다닌 베네시는 프라하 대학에서 독일문학과 철학을 공부했다. 그는 1905년부터 프랑스에서 철학을 공부할 수 있었는데 그것은 그가 프랑스문화원으로부터 장학금을 받았기 때문이다. 그리고 베네시는 1907년에는 런던, 1909년에는 베를린에 머무르기도 했디. 프라하로 놀아온 베네시는 사회주의 일간지였던 '프라보 리두(Pravo Lidu: 인간의 권리)'에 근무했다. 이후 그는 일련의 사회주의적 성향의 출판사에서 활동을 펼치는 적극성도 보였다. 베네시는 1908년 디종(Dijon)대학에서 '오스트리아 문제와 체코논제(Le problème autrichien et la question tchèque)'라는 논문으로 박사학위를 취득했다. 베네시는 자신의 학위논문에서 도나우 제국의 민족문제를 해결하기 위해서는 오스트리아 제국을 민주주의적-연방주의적인 체제로 변형시켜야 한다는 주장을 펼쳤는데 이러한 것은 그가 친오스트리아슬라브주의를 체계화시킨 팔라츠키의 영향을 받은 것으로 볼 수 있다. 박사학위를 취득한 이후 프라하로 돌아온 베네시는 1909년부터 5년제의 상업고등학교(Handelsakademie)에서 교사로 활동했다. 이 시기에 그는 프라하 대학 사회학과에서 교수자격취득과정을 밟았고 "Quelques verites simples sur la federalisation de l'Autriche-Hongrie"라는 논문으로 교수자격을 획득했다. 1912년 베네시는 프라하 대학의 교수로 임용되었다. 이후부터 그는 종종 마사리크와 더불어 오스트리아 제국 및 보헤미아 지방의 정치적 상황에 대해 논의를 하는 등의 적극성을 보였다.

** 슈테파니크는 프라하 대학에서 마사리크의 강의와 세미나에 집중적으로 참석했다. 이후 그는 프랑스로 망명했고 1905년부터 파리 근처의 천체물리학 관측소(Astrophysikalisches Observatorium)에서 근무했다. 그러다가 슈테파니크는 1914년 프랑스 국적을 취득한 후 공군장교로 입대했다.

*** 이 당시 프라하에는 마사리크와 베네시를 추종하던 인물들이 적지 않았는데 이들은 국내의 상황을 정례적으로 마사리크와 베네시에게 알려 주었다.

(Dürich)[*]는 러시아 황실과의 접촉을 전담하게 되었다. 1917년 3월 중순부터 다음 해 4월까지 마사리크는 페테르부르크, 모스크바, 그리고 키예프를 여행했는데 그것은 같은 해 초부터 체코 망명자들, 탈영병들, 그리고 전쟁포로들을 중심으로 가시화되기 시작한 체코 군단결성을 마무리시켜 이 군단을 연합국 측의 일원으로 전쟁에 참여시키겠다는 계획에서 비롯되었다. 이렇게 마사리크 주도로 결성되기 시작한 체코군단의 수는 1년도 안 되어 6만 명을 돌파하는 성과를 거두었다. 그리고 프랑스와 이탈리아에서도 각기 1만과 2만의 병력으로 구성된 체코슬로바키아 군단(Československé legie)이 별도로 결성되었다.

1917년 10월 마사리크가 키예프에 체류하고 있을 때 프랑스에서는 클레망소(Clemenceau)의 신정부가 등장했다. 이 당시 프랑스는 매우 어려운 상황에 놓여 있었는데 그러한 것은 내부적 혼란, 즉 프랑스군 내부에서 발생한 폭동과 전쟁에 혐오감을 느끼기 시작한 노동자들이 펼친 강도 높은 파업에서 비롯되었다. 마사라크는 이렇게 어려운 상황에 놓여 있던 파리 정부를 지원하기 위해 체코 군단의 전선투입을 클레망소에게 제안했다. 파리 정부가 이러한 제안을 전격적으로 수용함에 따라 12월부터 체코 군단은 알자스(Alsace)와 샹파뉴(Champagne) 전선에 투입되었고 다음 해인 1918년 초에는 이탈리아 전선에도 투입되었다. 이 당시 베네시는 더 많은 체코 군단의 전선투입도 제안했는데 그것은 우크라이나(Ukraine)로부터 귀환할 5만 명의 체코 군단을 의식했기 때문이다. 이후 체코군단과 후에 결성된 체코슬로바키아 군단은 연합군의 일원으로 수차례 전투에 참여했고 그것은 체코슬로바키아 독립국가 결성에 대해 부정적이었던 연합국의 시각을 반전시키는 계기도 되었다.

이 당시 마사리크의 주도로 진행된 독립운동은 두 가지 목표를 동시에 지향

---

* 듀리히는 러시아에서 당시 러시아 지식인들이 지향한 범슬라브주의에 대해 관심을 표명하게 되었고 그것은 이 인물로 하여금 체코슬로바키아 민족회의에서 탈퇴하게끔 했다.

했는데 그 하나는 연합국 측이 체코슬로바키아의 독립 필요성을 인지한 후 그 것을 전쟁목표 중의 하나로 설정하게 하는 것이었고, 다른 하나는 체코슬로바 키아 군단을 결성하여 향후 등장할 신생공화국의 핵심국방력으로 활용하겠 다는 것이었다.* 그러나 이 당시 연합국은 오스트리아-헝가리 제국의 와해를 전쟁 목표에서 배제시켰는데 그러한 것은 오스트리아-헝가리 제국의 존속이 중부 유럽의 안정에 반드시 필요하다는 판단에서 비롯된 것 같다.

1918년 11월 여러 정당들의 대표들을 보강한 민족회의는 그 명칭을 '임시국 민의회(Revoluční národní shromáždění)'로 변경했다. 이어 개최된 11월 14일의 첫 회의에서 민주공화정체제의 도입이 공포되었고, 마사리크를 체코슬로바키아 공화국(Československá republika)의 초대 대통령으로 선출했다. 이 당시 미국에 체류 중이었던 마사리크는 자신이 체코슬로바키아 공화국의 대통령으로 선출 되었다는 소식을 접한 후 가능한 한 빨리 프라하로 귀환하려고 했다. 마사리크 는 체코슬로바키아로 귀국하기 직전 윌슨 대통령과 재차 면담을 한 후 11월 20 일 미국을 떠나 런던, 파리, 그리고 이탈리아를 거쳐 12월 21일 프라하에 도착 했다. 같은 날 크라마르시는 마사리크와의 독대에서 마사리크가 상징적 대통 령으로 활동할 것을 요구했지만 마사리크는 그러한 요구를 정중히 거절했다.

크라마르시와 면담을 끝낸 직후 마사리크는 공개석상에서 신생 공화국이 해 결해야 할 선결 과제들을 거론했는데 그것은 첫째, 전쟁 기간 중 오스트리아- 헝가리를 직·간접적으로 지원한 협력자들에 대한 사면문제, 둘째, 프라하에 서 부각되던 반유태주의적 성향을 완화시키는 데 필요한 방법강구 등이었다. 다음 날 마사리크는 '임시국민의회'에서 연설을 하면서 체코슬로바키아 내 독일 인들의 법적·사회적 위상에 대해 거론했는데 이것은 전날 발표한 신생공화국

---

* 마사리크는 1915년 4월 당시 런던 정부의 외무장관이었던 그레이(E. Gray)에게 보헤미아 독립에 대해 거론하 면서 체코와 슬로바키아의 합병 필요성도 역설했다.

의 선결과제에 이어 다시금 자신이 상징적 대통령으로 머무르지 않겠다는 의지를 우회적으로 표방한 것이라 하겠다.

이어 마사리크는 민주주의적 개념에 대해 거론했다. 그에 따를 경우 민주주의(demokracie)는 사회성원의 관심사를 정의롭게 관리하는 것이었다. 여기서 그는 당시 크라마르시와 그의 추종세력이 지향한 신슬라브주의를 우회적으로 비판했는데 그러한

■ 마사리크

것은 러시아인들이 지금까지 기존의 행정체제에서 안주했기 때문에 민주주의적 행정체제의 장점을 알지 못한다는 지적에서 확인할 수 있다. 따라서 신생 체코슬로바키아 정부는 러시아의 정치체제보다 서유럽의 정치체제, 즉 민주주의 체제를 도입해야 한다는 것이 마사리크의 기본적 관점이었던 것이다.

또한 마사리크는 연설에서 자신이 비록 반군국주의자이지만 신생공화국인 체코슬로바키아가 외부 세력의 개입으로부터 국가를 효율적으로 지키기 위해서는 강력한 군사력도 필요하다는 입장을 밝혔다. 이어 마사리크는 연설 서두에서 밝힌 신생공화국 내 독일인문제에 대해 구체적으로 거론하기 시작했다. 그에 따를 경우 체코슬로바키아는 어느 특정 민족을 위해 국가를 분리해서는 안 된다는 것이다.* 그 일례로 그는 미국이 남부 분리주의자들의 주장을 수용

---

* 신생 체코슬로바키아 공화국은 다민족 국가였다. 1921년에 실시된 인구조사에 따를 경우 총인구 13,613,000명 중에서 체코인이 6,850,000명, 슬로바키아인이 1,910,000명으로 두 민족을 합한 인구가 전체 인구의 65.5%라는 다수를 차지하고 있었다. 그리고 소수 민족으로는 독일인 3,123,000명, 헝가리인 745,000명, 그리고 46,000명의 루테니아인, 우크라이나인, 그리고 러시아인이 있었다. 그런데 이들 소수 민족들도 체코와 슬로바키아인들과 마찬가지로 자신들의 학교를 가지면서 고유의 문화발전을 위한 평등권을 누릴 수 있었으며, 정치적 활동에서도 아무런 차별이 없었다. 그럼에도 불구하고 민족문제는 당시 체코슬로바키아 정부가 당면한 가장 어려운 문제 중의 하나였다. 실제적으로 독일인들은 자신들이 거주하던 체코 국경 지역을 오스트리아에 편입시키려는 시도를 펼치고 있었다.

하지 않고 오히려 전쟁이란 방법을 통해 분열을 저지한 역사적 사실을 상기시
켰다. 체코인들과 슬로바키아인들은 공동으로 신생 공화국을 건설했고 독일인
들은 단지 이주민의 신분으로 보헤미아 지방과 모라비아 지방에 정착했기 때
문에 이들이 체코인들과 슬로바키아인들과 동등한 신분이 될 수 없다는 것이
마사리크의 견해였다.[*]

1918년부터 체코슬로바키아 대통령직을 수행한 마사리크는 1935년 노령으
로 은퇴할 때까지, 그리고 은퇴 후부터 서거할 때까지 초당적 인물로서 신생독
립국가의 정치를 주도했으며, 그의 높은 인품, 풍부한 지혜, 그리고 인본주의
적 도덕 정치는 국내뿐만 아니라 국외에서도 평가 및 칭송의 대상이 되었다. 더
욱이 체코슬로바키아 국가 형태가 내각중심제와 대통령 중심제의 혼합형이었
기 때문에 대통령의 권한 역시 매우 제한적이었다는 사실을 고려할 경우 마사
리크의 정치적 지도력은 더욱더 뛰어났다 하겠다.

---

[*] 이 당시 체코 민족과 슬로바키아 민족 간의 관계는 매우 미묘했다. 독립국가의 쟁취라는 과정에서 구체화되기
시작한 체코슬로바키아 단일 민족이라는 전제는 독립 이후에 새로운 국면에 봉착하게 되었다. 정치적, 경제적,
그리고 문화적으로 체코에 비해 현저하게 낙후된 슬로바키아인들에게 있어서 체코인들의 독주는 매우 못마땅
했다. 여기에 슬로바키아 고유의 역사와 현실에 대한 이해가 부족한 일부 체코 정치가들이 슬로바키아 민족감
정을 자극하여 슬로바키아 자치운동과 나아가 슬로바키아 분리주의 운동에 단서를 제공하게 되었던 것이다.

15장

인간얼굴을 한 사회주의

1. 사회주의체제의 문제점 대두

1948년 2월정변(Coup de Prague) 이후 체코슬로바키아 사회는 빠른 속도로 공산당에 의한 일당 독재 전체주의 사회로 전환되었다.* 많은 시민들, 특히 노

---

* 1948년 2월 비공산 계열 정당 등이 체코에서의 모스테츠크(mostecká aféra)와 크르치만 사건(krčmaňký případ), 그리고 슬로바키아에서의 슬로바키아 음모(spiknutíi na Slovensku)를 구실로 한 비공산 계열 인사들에 대한 반국가행위피소에 대한 해명 및 조사위원회 구성을 요구함에 따라, 공산계 내무장관인 노세크(Nosek)는 프라하에서 경찰권을 완전히 장악하기 위한 조치, 즉 6명의 경찰간부를 공산당원으로 전원 대체하는 것으로 대응했다. 이에 정부는 2월 13일자의 정부결정에 대한 이해를 촉구했으나 노세크는 그것의 수용을 거부했다. 이에 국민사회당, 인민당, 그리고 민주당의 비공산 계열 정당들은 정부결정이 받아들여지지 않을 경우, 자기 당 출신 각료들이 사표를 제출하겠다는 입장을 밝혔다. 이러한 것은 비공산 계열 정당들이 공산당과의 대립에서 아직까지 의회 민주주의적인 방법에 의존하고 있음을 확인하게 한다. 이에 반해 공산당은 이미 핵심적 권력의 대다수를 장악했으며, 최단 시일 내에 프라하를 휩쓸 수 있는 대중동원능력도 갖추고 있었다. 이러한 상태에서 2월 20일 비공산 계열 3개 정당의 11명 각료들이 정부의 결정이 이행되지 않음을 내세워 사표를 제출했다. 그러나 베네시(Beneš) 대통령은 이를 수용하지 않았는데 그것은 공산당에 압력을 가하고 새로운 총선의 필요성을 부각시키려는 의도에서 비롯되었다 하겠다. 대통령의 이러한 의도를 파악한 공산당은 대통령이 이들의 사표를 반드시 수용해야 한다는 입장을 밝혔다. 이와 동시에 공산당은 정부의 위기를 선언하고 2월 21일부터 이틀 동안 대규모 군중집회를 통해 사표 수리 및 고트발드(Gotwald) 제안에 따른 신정부 구성에 대한 지지를 결의하고, 이틀 후의 총파업도 결정했다. 고조되는 긴장 속에서 내전의 위험과 소련의 개입을 우려한, 베네시 대통령은 1948년 2월 29일 공산당의 요구를 받아들여 비공산 계열 각료들의 사표를 수리하고, 고트발트가 미리 조각한 공산당 계열 일색의 새 내각도 승인했다. 그리고 체코슬로바키아 연방의회는 3월 11일 공산당의 압력으로 신정부를 인정했다. 고트발트는 프라하의 스타레메스토 광장에 운집한 군중 앞에 나아가

동자들과 150만 명에 달하는 공산당 당원들은 이른바 '2월의 승리(únorové
vítězství)'의 열광을 만끽하는 동안 기존의 중산 계층은 불안감에서 벗어나지
못했다. 얼마 안 되어 정치적 숙청과 저항세력에 대한 무자비한 탄압은 시작되
었고, 불과 서너 달 만에 20만 명에 달하는 비공산 계열 지지자들은 민족위원
회, 관공서, 학교, 근대, 그리고 경찰서 등에서 직위 해제되었다가, 그 후 대다
수가 실직했다. 이에 75만 명에 달하는 사람들이 실직상태에서 벗어나기 위해
공산당에 자발적으로 입당하는 상황이 초래되기도 했다.

공산당에 의한 정치적 독재는 독립적 권력 기구들의 견제기능을 완전히 박
탈했고 소수의 지배 계층은 헌법적, 법률적 책임에서 벗어난 초월적 지위를 확
보했다. 당과 국가의 중요한 자리는 20만 명에 달하는 충직한 노동자들로 교체
되었고 내각을 비롯한 국가요직에 임명되었던 소련고문관 역시 초법적 지위를
확보했다. 특히, 군과 경찰에서 이들이 발휘한 영향력은 실로 막강했는데 이것
은 체코슬로바키아 정치가 소련의 영향하에 있다는 결정적 증거가 된다 하겠
다. 체코슬로바키아 공산당과 그 지도부가 법적 근거 및 정당성을 초월하여 국
가권력을 독점적으로 장악한 이후부터 불법, 숙청, 그리고 체포는 공산당 정
권을 유지시키는 수단이 되었고, 특히 1948년 이후 수년 동안 그 정도는 매우
극심했다. 녹재체제로의 전환과 사회의 혁명적 변화를 위해서는 강제와 전횡
의 수반은 필연적인 것이었다. 공산당 지도부는 소련과 유고와의 분열, 한국전
쟁의 발발 등으로 국제정세가 긴장국면으로 접어든 상태에서 공포정치를 한층
더 강화시켰다. 이토록 강화된 공포정치는 스탈린의 사회주의를 위한 계급투
쟁 강화라는 이론에서 비롯되었다. 이에 따라 구정치인, 지식인, 그리고 가톨
릭 신부들에 대한 정치재판을 통한 숙청이 자행되었을 뿐만 아니라 스탈린의

'반동세력의 패배(porázka reakce)'를 선언했다. 그리고 이 인물은 1948년 6월 14일 체코슬로바키아 연방 의회
에서 대통령으로 선출되었는데 이 연방의회는 1948년 5월 30일에 실시된 총선 이후 구성되었다.

지령에 따른 공산당 내의 숙청도 진행되었다.[*] 1951년 10월 27일 반국가음모로 기소된 후 처형된 공산당 서기장 슬란스키(Slánský)와 그의 추종 세력(Slansky Clique)에 대한 숙청이 그 대표적인 예라 하겠다.[**] 그런데 이러한 숙청작업은 1953년 스탈린이 사망하고, 1955년 흐루시초프(Khrushchew)가 새롭게 권력을 장악한 이후에도 한동안 지속되었다. 이런 가운데, 제2차 세계대전 이전까지 유럽에서 중공업이 매우 활성화되었던 체코슬로바키아는 1960년대에 들어서면서 심각한 경제적 위기에 직면하게 되었다.[***] 생산량의 저하, 농산물 출하량의 감소, 국가예산의 긴축압박, 그리고 국민소득의 증가가 정체 내지는 감소됨에 따라 1961년부터 시작된 제3차 5개년 경제계획(1961~1965)은 시작부터 완전히 실패로 돌아갔음이 확인되었다. 여기서 당 및 행정부의 책임자들은 과도한 지출, 소비증대, 그리고 중국과의 무역 감소를 실패원인들로 제시했고 중앙통제경제의 강화, 지출의 감소, 그리고 소련 경제에 대한 의존확대를 통해 경제적 상황을 호전시킬 수 있다는 입장을 밝혔다. 그러나 국유화경제체제의 실패가 확인됨에 따라 책임자들에 대한 정치적 비판과 함께 과거 스탈린 체제시기에 수립된 지나친 중앙집중적 경제 시스템의 문제점에 대한 개선 방안 등이 논의대상으로 부각되었다.[****] 개혁적 당 관료들과 더불어 '작가동맹' 등 지식인

---

[*] 1948년 티토(Tito)와 스탈린 간의 코민포름 분쟁 이후 부각된 스탈린주의의 강화와 티토주의자들에 대한 숙청작업으로 공산당원들을 포함해 모두 14만 명에 달하는 인물들이 처형되거나 투옥되었다. 이들 중의 상당수는 소련의 일방적이고 강압적인 압력에서 비롯되는 문제점들을 제기했거나, 공산당 정책에 대해 의문을 제시한다고 판단되는 인물들이었지만 권력 다툼에 따른 희생자들도 다수 포함되었다.

[**] 이 당시 고트발트는 자신의 경쟁자였던 슬란스키를 제거하려는 시도를 펼쳤고 그러한 과정에서 모스크바의 동의를 얻게 되었다. 이후 슬란스키는 시민적 민족주의자로 간주되었고 그로 인해 경제적 위기와 그것에 대한 대중적 불만이 야기되었다는 죄명도 부여받았다.

[***] 소련의 요구에 따라 체코슬로바키아 산업구조는 인위적으로 재편되었다. 여기서는 체코슬로바키아를 기계산업 위주의 중공업 국가로 변형시키는 것이 강조되었다. 이에 따라 체코슬로바키아의 산업체제에서 중공업 분야와 무기생산에 대한 비중이 크게 증대되었고 그것은 산업의 다른 분야, 특히 소비재분야는 자원부족에 시달리게 했으며 심지어 파멸직전의 상황까지 놓이게끔 했다.

[****] 이 당시 체코슬로바키아 경제는 이미 구매력을 충족시킬 수 없는 공급 부족현상으로 지하 경제에 크게 의존하는 심각한 상태에 놓여 있었다. 그리고 불법적인 지하경제에서 유발되는 각종 경제 범죄와 부패, 도덕성의 파괴는 점차 우려할 만한 수준까지 이르게 되었다.

들 또한 1950년대에 시행된 대규모 숙청작업의 문제점들을 비판하기 시작했고, 상황이 점차 심각해짐에 따라 정부에선 스탈린주의 시대에 시행된 정책들의 문제점들을 시인하고, 이 당시 희생되거나 체포되었던 일부 인사들의 명예회복도 단행했다.* 정부의 이러한 대응에도 불구하고 정치, 경제 및 사회개혁에 대한 요구가 이어졌고, 이러한 투쟁의 선봉에는 사회주의 체제 수립 이후 중앙정부로부터 소외받았던 슬로바키아 지식인들이 자리하고 있었다. 이 당시 이들은 일련의 개혁뿐만 아니라 체코와 슬로바키아 간의 평등한 권리보장도 요구했다.

제2차 세계대전 이후 경제적으로 가장 어려웠던 한 해로 간주되었던 1963년부터 개혁적 성향의 지식인들은 체코슬로바키아 경제가 안고 있던 구조적 문제를 제기했다. 1963년 2월 경제학자 셀루츠키(Selucký)는 중앙계획경제의 효율성에 대해 이의를 제기하면서 '계획의 우상화'를 '개인의 우상화'로 빗대어 계획경제와 스탈린주의를 동시에 공격했다. 또한 같은 해 11월 한 경제세미나에서는 사회주의 경제체제의 개선책으로 시장경제원리를 도입시켜야 한다는 주장이 제기되었고, 12월의 당 중앙위원회에서는 과학 아카데미 경제연구소 소장이었던 시크(O. Šik)가 소련경제모델대신에 계획경제와 시장경제의 혼합형을 제시했다. 1964년에 구성된 특별위원회의 검토를 거쳐 1965년에 당 중앙위원회의 승인을 받은 시크의 신경제모델은 중앙의 계획경제를 대폭적으로 제한하고 생산, 투자, 가격, 임금의 가이드라인을 제공하는 수준으로 줄이고, 대신 수요와 공급의 원칙에 따라 생산 및 가격의 결정, 이윤의 추구와 임금의 차등화라는 시장경제원리를 도입했다.

---

* 1960년의 사면으로 약 800명에 달하는 죄수들이 석방되었고, 새로이 구성된 복권위원회는 1950년대 스탈린주의의 공포정치와 죄악상에 대한 보고를 공포하기 시작했다.

2. 둡체크^{A.Dubček}의 등장

1967년 6월 프라하에서 개최된 제4차 작가동맹대회에서 쿤데라(M. Kundera)와 클리마(I. Klima)를 비롯한 일련의 작가들은 경제적, 사회적, 그리고 정치적 상황에 대한 신랄한 비판을 했을 뿐만 아니라 그동안 금기사안이었던 공산당의 핵심 인물들에 대한 비난도 제기했다. 특히 쿤데라는 당시 작가동맹의 회장이었던 헨드리흐(J. Hendrych)에 대한 비판을 공개적으로 감행했는데 그것은 이 인물이 작가세계에서 자유주의적 성향이 증대되는 것과 공산당에 대한 작가들의 충성심이 이전보다 약해진 것을 비판한 데서 비롯된 것 같다. 이로써 기존의 사회주의 틀을 유지하려던 보수 세력과 새로운 정치 시스템 도입을 지향한 개혁 세력 간의 공개적 충돌이 야기되었다. 10월에 접어들면서 대학생들의 반정부 시위도 펼쳐지기 시작했는데 그것은 스트라호브(Strahov)기숙사의 열악한 시설에 대한 항의 과정에서 비롯되었다.* 이 당시 동유럽의 맹주국 역할을 담당하던 소련은 체코슬로바키아에서 발생한 이러한 일련의 상황에 대해 심한 우려를 표명했다. 이에 따라 소련 공산당 제1서기 브레즈네프(Breschnew)는 1967년 12월 8일 극비리에 프라하를 방문하여 당시 체코슬로바키아 공산당 제1서기였던 노보트니(A. Novotný: 1904~1975)와 독대를 펼쳤는데 여기서 그는 노보트니에 대한 지지의사를 적극적으로 밝히지 않았다. 프라하 체류 중에 브레즈네프는 헨드리히, 레나르트(Lenart), 둡체크(A. Dubček: 1921~1992), 도란스키(Doranský) 등과도 접촉했다. 여기서 그는 소련에서 성장하고 러시아어에 능통한 둡체크**에 대해 큰 호감을 표시했다. 브레즈네프의

---

* 실제적으로 대학생들의 기숙사는 정전되는 경우가 많았고 저녁에는 공산당의 지침에 따라 전기가 강제로 차단되어 학생들의 불만은 매우 증대된 상태였다.

** 둡체크는 4살부터, 즉 1925년부터 1938년까지 소련에서 살았다. 그리고 그는 1933년부터 기계조립공으로 활동했다. 슬로바키아로 돌아온 그는 1939년 슬로바키아 공산당에 가입했다.

■ 둡체크

프라하 방문 이후 노보트니는 결국 실각했고 그의 후임으로 슬로바키아 공산
당서기였던 둡체크가 1968년 1월 5일 체코슬로바키아 공산당 제1서기로 취임
했다.* 그러나 둡체크에 대한 브레즈네프의 기대와는 달리 체코슬로바키아에
서는 공공토론이 활성화되기 시작했고 정보자유도 확대되는 상황이 초래되었
다.** 즉 1968년 3월부터 본격화되기 시작한 개혁운동(reformní hnutí)으로 검
열제도는 폐지되었고, 과거의 정치적 실책들에 대한 비판도 동시에 제기되었
다. 뿐만 아니라 시민사회가 재건되었고, 새로운 사회단체들도 탄생했다. 민주
적 사회주의의 실현을 목표로 제시한 비공산당 앙가주 클럽(Klub angažovaných
nestraníku)이 등장했고, 정치적 재판으로 숙청된 사람들이 K-231, 즉 제231
조 위반 정치범집회라는 단체를 조직했으며, 사회민주당이 재창당에 착수했

___

* 이 당시 체코슬로바키아 공산당에서 체르니크(Černík), 콜데르(Kolder), 시크(Šik), 크리에겔(Kriegel), 그리고
  스므르코프스키(Smrkovský)는 둡체크의 개혁적 성향을 지지했다.
** 이러한 상황변화에 대해 당시 프라하 주재 소련대사 체르보넨코(S. Trscherwonenko)가 1968년 1월 18일 소
  련 중앙정치국에서 체코슬로바키아에서 진행된 일련의 상황을 거론하고 제2의 헝가리 사태가 발생될 수 있다
  는 입장도 표명했다.

다. 공산당 간부들에 대한 교체 및 당 지도부의 변화가 있었고, 3월 말에는 스보보다(L. Svoboda)를 대통령으로, 스므르코프스키(J. Smrkovský)를 새 의장으로 선출했으며, 내각도 개혁파인 체르니크(O. Černík)가 주도하게 되었다. 이에 따라 보수파의 노보트니는 당과 정부 양쪽에서 실권하게 되었고, 체코 사회는 새롭게 태어나기 위한 광범위한 개혁운동을 펼치기 시작했다. 이른바 '프라하의 봄(Pražské jaro)'이 도래한 것이다.[*]

3. 인간얼굴을 한 사회주의socialismus s lidskou tváří

이러한 분위기하에서 개최된 공산당전당대회에서는 파격적인 행동강령도 제정되었는데 거기서는 '인간얼굴을 한 사회주의(socialismus s lidskou tváří)'를 지향한다는 것과 공산당의 권력독점도 포기한다는 것이 언급되었다. 인간얼굴을 한 사회주의체제는 민주적 사회주의체제의 새로운 모델로 볼 수 있는데 여기서는 정치적 다원주의와 부분적 시장경제체제의 도입이 강조되었다. 이에 따라 체코인들과 슬로바키아인들은 자신들의 조그만 가게를 운영할 수 있게 되었다. 크리마 주도하의 체코 언론도 전후 스탈린 시대를 재평가해야 한다는 주장을 펼쳤는데 이것은 1940년대 말부터 약 10년간 숙청되었던 인물들에 대한 복권요구로 볼 수 있을 것이다.

4월 24일 체르니크의 프라하 정부는 일련의 개혁안을 발표했는데 거기서는

---

[*] 원래 프라하의 봄은 체코 필하모니 결성 50주년을 기념하기 위해 1946년부터 매년 5월 프라하에서 개최된 음악제의 이름이었다. 전통적으로 개막일에는 스메타나의 '나의 조국'이, 폐막일에는 베토벤(Beethoven)의 '교향곡 9번'이 연주되었다. 그런데 체코사태 당시 한 외신기자가 '프라하의 봄은 과연 언제 올 것인가?'하고 타전한 이후 '봄'이라는 단어가 주는 자유적 이미지와 겹쳐 '프라하의 봄'이 체코 자유민주화운동을 상징하는 용어로 자리잡게 되었다. 이후부터 세계 각국에서 민주화운동이 발생하면 지명에 종종 '봄'을 붙이는 관례가 생겼다. 그 일례를 들어본다면 폴란드에서는 '바르샤바의 봄'이, 헝가리에서는 '부다페스트의 봄'을 들 수 있다.

검열제도의 폐지, 숙청된 희생자들에 대한 복권작업, 재판의 민주화, 사전검열 제도의 폐지, 언론 및 출판의 자유, 집회의 자유, 여행의 자유, 이주의 자유, 그리고 경제개혁을 추진한다는 것 등이 거론되었다. 이러한 개혁 시도에 대해 소련 및 그 위성국들은 동의하지 않았을 뿐만 아니라 자신들의 확고한 입장을 정리하기 위해 1968년 5월 8일 바르샤바(Warsaw) 동맹국 정상회의를 모스크바에서 개최했다. 물론 이 회의에는 둡체크의 참여가 허용되지 않았다.[*] 거의 같은 시기 소련과 그의 바르샤바 동맹국들은 체코슬로바키아에서 참모훈련도 실시했다.

상황이 이렇게 전개되었음에도 불구하고 6월 27일 체코슬로바키아의 저명한 지식인 70명이 서명한 '2,000 단어 선언(Dva tísce 2000 slov)'이 공개되었다. 이 선언서는 당시 유명한 작가였던 바출리크(L. Vaculík)의 주도로 작성되었는데 여기서는 정부의 개혁이 아직까지 사회의 하부구조까지 영향을 주지 못했기 때문에 향후에도 개혁은 지속적으로 진행되어야 한다는 것이 강조되었다. 아울러 공산주의 체제의 문제점도 거론되었는데 그것에 따를 경우 공산주의 체제가 도입된 이후 체코슬로바키아에서는 정신적, 물질적인 퇴보만이 이루어졌으며, 경제적·정치적인 퇴행 역시 멈추지 않고 있다는 것이다. 또한 선언서에서는 체코슬로바키아 사회에서 만연된 상호 간의 불신해소가 우선적으로 요구된다는 주장도 제기되었다. 이러한 성명에 대해 공산당과 프라하 정부는 부정적이었지만 일반 시민들은 지지하는 자세를 보였다.

'2,000 단어 선언'에 대한 소련의 반응도 매우 부정적이었다. 이후 브레즈네프를 비롯한 소련공산당의 핵심 인물들은 체코슬로바키아에 대한 내정간섭의 필요성을 제기하게 되었다. 7월 7일 소련과 그의 바르샤바 동맹국들은 체코슬로바키아에서 진행 중인 반혁명적 움직임에 대해 절대로 좌시하지 않겠다는

---

[*] 바르샤바 조약기구(Vašsavská smlouva)는 1955년에 결성되었다.

입장을 공식적으로 표명했고 그것에 대한 구체적인 대책을 강구하기 위해 7월 14일 폴란드의 수도인 바르샤바에 집결했다.

이후 체코슬로바키아에서 일시 중단되었던 바르샤바 동맹국들의 합동군사 훈련은 7월 29일부터 다시 시작되었고 그 규모 역시 확대되었다. 이러한 무력적 시위와 병행하여 치에르나나트티소우(Čierná nad Tisou: 동 슬로바키아)에서는 바르샤바 동맹국 정상회담이 개최되었다. 여기서 둡체크를 비롯한 개혁파 인물들은 소련과의 독대에서 바르샤바 조약기구와 코메콘에 대한 체코슬로바키아의 책임을 충실히 이행할 것이라는 맹세도 했다. 그러나 이들은 개혁 프로그램의 포기에 대해서는 거부했다. 치에르나나트티소우에서는 언론의 자유 탄압, 정치집회 금지, 바르샤바동맹체제의 지속, 그리고 공산당의 지도적 역할 등이 강조되었다. 이후 체코슬로바키아는 위기적 상황에 놓이게 되었으나 프라하 정부에 대한 국민들의 지지는 더욱 확산되었다.

4. 브레즈네프 독트린 Brežněvova doktrína

1968년 8월 15일 브레즈네프는 미국대통령 존슨(Lyndon B. Johnson)에게 서신을 보냈다. 편지에서 그는 미국 정부가 아직까지 얄타(Yalta)*와 포츠담(Potsdam)에서 체결한 조약의 제 내용을 준수할 의지가 있는가를 확인하려고 했다. 미국 정부의 답변은 3일 후인 8월 18일 모스크바에 도착했는데 그것에 따를 경우 체코슬로바키아와 루마니아와 관련된 제 사항은 아직까지 유효하다는 것이었다. 즉 소련은 자신의 영향권 내에 있는 국가들에 대해 독자적 행동을 할 수 있을 뿐만 아니라 미국은 그것에 대해 어떠한 이의도 제기하지 않는다

---

* 1945년 제2차 세계대전의 전후처리를 위해 미·영·소의 수뇌회담이 열렸다.

■ 바르샤바 동맹군의 프라하 진입

는 것이다. 이 당시 미국 정부는 소련이 체코슬로바키아에서 진행되고 있는 개혁운동을 차단시키기 위해 무력적 개입을 준비하고 있음을 인지하고 있었다. 비록 워싱턴 정부는 소련의 이러한 의도에 대해 부정적이었지만 만일 자국이 체코슬로바키아 문제에 개입할 경우 세계대전이 발발할 수 있다는 문제점도 직시하고 있었다.

미국으로부터 서신을 받은 지 3일도 안 된 8월 21일 소련, 폴란드, 동독, 헝가리, 그리고 불가리아 군으로 구성된 바르샤바 동맹군 300,000명은 체코슬로바키아의 국경을 침범했는데 그 이유는 체코슬로바키아를 반혁명적 요소로부터 비롯되는 위협에서 구하겠다는 것이다.[*]

---

[*] 이에 앞서 8월 20일 체코 공산당 중앙위원회가 개최되었는데 여기서는 콜데르(Kolder), 빌랴크(Bil'ak), 리고 (Rigo), 그리고 인드라(Indra) 등을 비롯한 일련의 반개혁세력이 소련을 비롯한 바르샤바 동맹국에 군사적 지원을 요청해야 한다는 결의안을 제출했으나 통과되지는 못했다. 그런데 반개혁세력은 자신들의 계획을 실행하

이러한 침범에 대해 프라하 정부는 적극적인 저항보다는 국권침해를 대외적으로 부각시키려고 했다. 이에 따라 당시 외무부 장관이었던 하예크(J. Hájek)는 소련을 비롯한 바르샤바 동맹국의 자국침입사건을 유엔안정보장이사회에 긴급의제로 상정시키면서 '무력사용은 어떠한 이유라도 정당화시킬 수 없다(Act of use of force which cannot be justified by any reason)'라는 성명을 발표했다.

이와 병행하여 제14차 체코슬로바키아 공산당전당대회가 8월 22일 프라하의 비소차니(Vysočaný)에 있는 체카데(CKD), 즉 체코슬로바키아 콜벤-다네크(Českoslováka Kolben Daněk) 기계공장서 개최되었다. 모두 1,200명에 달하는 대의원들이 참석한 비상 당대회는 둡체크의 정책을 계속 지지한다는 것과 소련과 그의 동맹국들의 침공에 대한 부당성과 이들의 즉각적인 철수도 요구했다.

8월 23일 둡체크를 비롯한 일련의 핵심적 인물들, 즉 체르니크, 스므르코프스키, 크리에겔(F. Kriegel), 시몬(B. Šimon), 그리고 슈파체크(J. Špaček)는 모스크바로 압송되었고 거기서 이들은 소련의 요구들을 수렴할 수밖에 없었다.[*] 모스크바 의정서(moskovské protokoly)에서 소련이 요구한 것들을 살펴보면 다음과 같다. 프라하 정부는 지금까지 추진한 제 개혁을 포기할 뿐만 아니라 유엔안정보장이사회에서 결의한 내용도 인정하지 않는다. 그리고 14차 공산당전당대회에서 결의된 사안들 역시 무효화시킨다는 것과 검열제도의 재도입이 거론되었다. 끝으로 바르샤바 동맹국의 군대가 체코슬로바키아에 주둔한다는 것도 언급되었다.

이후 약 28,000명에 달하는 체코슬로바키아인들이 국외탈출을 시도했는데 이들의 대다수는 고등교육을 받은 지식인 또는 전문기술자였다.

기 앞서 모스크바 정부와 사전교감이 있었는데 거기서 소련 공산당은 무력행사를 통해 체코슬로바키아 문제를 해결해야 한다는 입장을 강력히 피력했다.

[*] 둡체크는 1989년 민주화를 향한 일련의 확신을 통해 체코와 슬로바키아 민족에게 다시 한번 희망을 안겨다 주었다. 그리고 이 인물은 1989년 12월 체제 전환 당시 공산당과 민주 세력 간의 타협에 따라 국정 최고 지도자, 즉 체코슬로바키아 연방의회 의장으로서의 역할을 수행하기도 했다.

1968년 10월 28일 체코슬로바키아의 국명이 ČSSR(체코사회주의공화국＋슬로바키아사회주의공화국)로 변경되었는데 그것은 연방체제의 재도입을 의미하는 것이었다. 아울러 브레즈네프 독트린(Brežněvova doktrína, Breschew doctrine)도 발표되었는데 그 내용은 사회주의와 사회주의 공동체를 지키기 위해 이웃 사회주의 국가의 내정에 간섭할 수 있다는 것이다.

이렇게 소련의 내정간섭이 본격화되어짐에 따라 1969년 1월 16일 프라하 대학 철학부 학생이었던 팔라치(J. Palach)가 벤젤 광장에서 자신의 몸에 기름을 붓고 분신자살을 시도했는데 이것은 분명 당시 체코슬로바키아인들의 분노 내지는 저항의 표시였다.[*] 이후 자이츠(J. Zajíc)와 플로체크(F. Plocek)도 분신을 했고 그것은 체코 사회를 경악시켰다. 그럼에도 불구하고 소련의 신임을 받던 후사크(H. Husák)가 1969년 4월 17일 체코슬로바키아 공산당 제1서기로 등장했다. 이에 따라 소위 반동(reakce)과 반혁명(kontrarevoluce)의 시기가 가고 '진정한 사회주의(období reálného socialismu)'가 도래하게 되었다. 이후 실시된 대규모 숙청(hromadné čistky)은 1971년까지 지속되었는데 그 과정에서 약 50만 명의 공산당원들이 당원자격을 박탈당했으며, 군 지도부의 17%와 경찰간부의 30% 정도가 교체되었다. 이후부터 후사크의 체코슬로바키아 정부는 소련과의 관계강화에 지중했고 이것은 1989년 체코슬로바키아에서 다당제 선거가 합의되고 민주화가 진행될 때까지 지속되었다.

---

[*] 중화상을 입은 팔라츠는 죽기 직전까지 몇 차례 의식을 회복했는데 그때마다 그는 자신의 주치의에게 '역사 속에는 항상 어떠한 것을 해야 할 필요성이 제기되는 순간이 있다. 지금이 반년 또는 1년 후에는 영원히 늦었음을 파악할 수 있는 바로 그 순간이다'라고 언급했다.

16장

벨벳혁명

1. 공산주의체제의 지향목표와 문제점

일반적으로 18세기 및 19세기의 이념들은 낙관적인 성향을 가졌다. 인류의 진보가 필연적이라는 인식을 가졌던 사람들은 인류의 창조적인 힘을 갑자기 그리고 결정적으로 해방시켜 줄 혁명적 위기가 도래하리라는 기대를 했으며, 또 그러한 상황이 발생할 경우 사회는 그 자체의 자발적 자제력 때문에 정부의 강제라는 악이 대부분 또는 전혀 필요 없게 되리라는 믿음도 가지고 있었다. 공산주의 역시 이러한 궁극적 희망을 포기하지 않았지만 그러한 상황이 곧 실현되리라는 확신도 가지지 않았다. 프롤레타리아독재를 통해 인류를 혁명적으로 구제하겠다는 공산주의는 기존의 폭발적이고 결정적인 과정 대신에 장기적이고 고된 투쟁을 선택하게 된 것이다. 이제 공산주의는 무계급적이고 무국가적인 유토피아 세계를 맞이하게 되리라는 약속 대신에 프롤레타리아의 승리는 고통스럽고 자기 헌신적인 기간을 거쳐야만 달성될 수 있다는 견해를 제시했다. 여기서 공산주의는 프롤레타리아 국가의 권력이 자본주의의 잔존세력을 분쇄하고 또 풍요한 미래사회의 경제적 기초가 굳건히 잡힐 때까지 무한적으로 사용되어야 한다는 주장도 펼쳤다. 즉 이러한 기간 동안 중요한 책임은 모두 특별히 훈련되고 헌신적인 당, 즉 정치적 효율성을 가져오기 위해서는 가장 잔인한 규율도 감수하는 그러한 당에게 귀속되어야 한다는 것이다. 이제 공산주의는 목표의식 있는 정치적 활동의 필요성을 인식하게 되었고, 혁명적 엘리트의 창조적 역할을 강조했다는 점에서 근대적 이데올로기 역사에서 하나의 전환점을 제시한 것 같다.

그런데 동유럽 및 중부유럽의 공산주의체제는 냉전의 상대방인 서방으로부터의 공격과 같은 무력이 아닌, 즉 외부로부터의 물리적 압력이 아닌 자체적 문제점으로 인해 스스로 붕괴되었다. 이러한 붕괴에는 그 체제에 속한 사람들의 정신적 타락도 일조했다. 공존과 공생이라는 사회주의적 이상이 사라지고, 상호 간을 감시하거나 훔쳐야 하는 인간성의 파괴라는 상황하에서 체제를 유지시킨다는 것은 매우 힘든 일이었다.

사람들의 일상생활은 외양상 드러나 보이는 것처럼 당과 국가의 지시 및 구호대로 움직이지는 않았다. 공산주의 이데올로기에 따른 구호처럼 이른바 '노동에 영광을' 더 많이 주는 정직한 노동일수록 그 대가는 더 적었다. 따라서 사람들은 '훔치지 않는 자는 자신의 가정을 훔친다(kdo nekrade, okrádá vlastní rodinu)'라는 또 다른 구호에 동의하는 자세를 보였다. 모두가 훔치지 않고서는 살아 나갈 수 없다는 뜻의 이 문구는 사회윤리뿐만 아니라 노동윤리에도 적용되었다. 국영기업이나 협동농장에서 사람들은 건성으로 하는 노동과 적당주의 노동으로 비축한 힘을 퇴근 후에 사적인 부업이나 별장이나 텃밭의 경작지를 위한 주말노동에 투여함으로써 국가와 공공에 돌아갈 노동을 훔쳤다. 점차적으로 사람들의 크고 작은 별장들과 당 간부들의 대규모 별장들은 국토의 구석구석을 잠식했고, 시골주민들도 주말별장이나 텃밭의 건물들을 짓기 시작했다. 이후 사람들은 금요일만 되면 자신들만의 작은 식민지인 별장으로 떠났고 그것은 도시를 공동화시키는 요인이 되었다. 사람들은 자신들의 별장을 개축하거나 별장 내의 텃밭을 일구는 데는 혼신의 노력을 기울였지만 자신들의 직장 일에 대해서는 그렇지 못했다. 자신과 자신의 안식처는 소중히 생각하면서도 공공주택 단지의 복도와 거리가 더러워져도 남의 일로 방치해 버리는 현상이 광범위하게 확산되었는데 그것을 지칭하여 공산주의 사회에서의 공중의식 황폐화라 한다.

평등의 공산주의 사회라지만 모두가 적당주의 노동으로만 월급을 받는 것도, 모두가 똑같은 월급을 받는 것도 아니었다. 노멘클라투라(nomenklatura)와 같은 특수계층을 포함하여 최소의 노동으로 최대의 임금을 받던 계층이 있는 반면 광부, 화부, 방직 공장의 여성근로자들처럼 고된 노동을 감당하는 계층도 있었고, 노동의 위험도에 따라 임금의 수준이 다른 경우도 있었다. 그리고 일상생활에 필요한 기술, 상점에서 구입하기 어려운 소비재, 상부로부터의 영향력행사, 의료기술 등을 제공해 줄 수 있는 사람들은 자신들만의 특수 그룹을 형성하고 서로 도왔다. 그리고 이것은 바로 자신의 직장을 훔치고 국가경제를 훔치는 소위 지하경제의 토대가 되었다. '진열대 위에는 없어도 진열대 아래에는 있다(co nebylo na trhu, bylo pod pultem)'라는 말이 암시하듯이 훔치기는 만연되었고, 지하경제는 모든 것을 제공할 정도로 그 규모가 커졌다. 이제 정치적 탄압이라는 채찍의 대가로 제공하는 인간성의 파괴와 환경의 파괴라는 당근은 당근이 아니라, 결국 종말을 재촉하는 죽음의 독 뿌리였고 그것은 경제와 체제의 파탄을 유발시키는 결정적 요인이 되었다.

2. 벨벳혁명 ^{Sametová revoluce}

　1985년 3월부터 고르바초프(Gorbatschow)*의 개혁(perestrojka)과 개방(glasnost)정책의 물결이 1989년 동유럽혁명으로 이어지면서 동유럽 공산주의의 마지막 보루였던 체코슬로바키아에서도 혁명적 기운이 감돌기 시작했다. 1989년 11월 17일 나로드니 트리다(Narodni Trida) 광장에서 나치독일에 대한 항거 및 프라하 대학 폐쇄 50주년을 기념하기 위한 행사가 개최되었고 여기에는 약 15,000명의 대학생들이 참석했다. 그런데 이들 중의 일부가 후사크 정권에 반대하는 시위를 펼쳤고 그것은 경찰의 과격한 개입을 유발시켰다. 진압과정에서 적지 않은 학생들이 부상을 입었다. 이후 경찰의 만행을 규탄하는 시위 및 동조적 파업이 프라하뿐만 아니라 전국으로 확산되었고 그것은 후사크 정권을 붕괴시키는 결정적 요인이 되었다.** 1989년 12월 10일 프라하에서는 국민화합정부가 구성되었는데 찰파(M. Calfa)를 비롯하여 반체제 운동조직인 시

---

* 1985년 체르넨크에 이어 소련 공산당 서기장으로 취임한 고르바초프는 70년대 이후부터 지속된 경제적 침체현상을 극복하기 위해 경제 및 사회를 비롯한 모든 영역에서 개혁을 추진했는데, 이것이 바로 페레스토로이카였다. 고르바초프는 1989년 11월 29일 프라우다에 '사회주의사상과 페레스트로이카'라는 기고문을 투고했는데 거기서 그는 페레스트로이카를 나름대로 명확히 정의했다. 그에 따를 경우 페레스트로이카는 당과 지도부의 발의로 시작되었기 때문에 많은 언론들이 페레스트로이키를 '위토부터의 혁명'이라고 평가하면서 역사적 비교 및 대조를 시노하고 있다는 것이다. 그러나 그는 페레스트로이카가 '위로부터의 혁명'이라는 것에 대해 동의할 수 없다는 입장을 밝혔다. 만일 '위로부터의 혁명'을 수용할 경우 소련 사회를, 위에서 지도하는 '상부'와 그의 사상과 지시 그리고 명령을 수행하는 '하부'로 나누게 된다는 것이 고르바초프의 분석이었던 것이다. 여기서 고르바초프는 농업 집단화를 지향하던 스탈린에게나 어울리는 개념이 바로 '위로부터의 혁명'이라는 것이다. 왜냐하면 이 개념의 밑바탕에 '하부'가 있고 꼭대기에 지도자가 있는 권력 피라미드에 관한 스탈린의 구상이 구체적으로 반영되기 때문이라는 것이다. 따라서 고르바초프는 그러한 구상 자체가 현재의 소련이 배격하는 권위주의적 체계의 반영이고, 스탈린주의의 반민주적 이념의 표현으로 보았던 것이다. 즉 새로운 사고가 아니라 낡은 사고였던 것이다. 따라서 고르바초프는 페레스트로이카를 민주주의적 방법에 의해, 인민을 위해 실현되는 하나의 혁명 과정으로 인식했던 것이다.
　"당은 인민과의 관계에서 인민의 정치적 전위대로 행동한다. 당이 발휘하는 주도성과 역사적 선도성은 당의 전위적 역할의 당연한 표현이다. 또한 당은 탐구의 권리를 독점하지 않는다. 누가 발의했든가에 유익한 것이기만 하다면 그 어떤 것도 페레스트로이카에 필요하다. 왜냐하면 페레스트로이카의 생명력은 정치적으로 민주주의의 발전에 달려 있으며, 민주주의의 기능은 특히 인민의 창의성과 자발성을 자극하는 데 있기 때문이다."

** 1987년 12월 후사크를 대신하여 야케시(M. Kakes)가 체코슬로바키아 공산당 제1서기로 등장했지만 이 인물은 당시의 상황을 극복할 능력을 갖추지 못했다.

민포럼(Občanské fórum: OF)과 폭력에 반대하는 시민단체(Veřejnost' proti násilíu: VPN)의 지도자들, 비정당인, 군소 정당 당원, 그리고 반체제운동에 가담한 공산당원들이 참여했다. 한 달 후인 12월 29일 그동안 반체제활동을 주도한 바츨라프 하벨(V. Havel)*이 대통령으로 선출됨에 따라 40년간 유지된 공산주의 정권은 종지부를 찍게 되었고, 체코슬로바키아는 새로운 전기를 맞이하게 되었다. 대통령으로 선출된 하벨은 1990년의 신년사에서 자신을 비롯한 체코슬로바키아인들 모두가 전체주의적 정치체제에 참여했기 때문에 그것에 대한 응분의 책임에서 벗어날 수 없다는 입장을 밝혔다. 여기서 그는 체코슬로바키아에서 그러한 질서체제의 희생자들보다는 공동창조자들만 존재한다는 관점을 피력했다. 또한 그는 체코슬로바키아인들이 도덕적으로 건강하지 못함을 지적했는데 그것은 개선적 방향을 생각하고, 제시하기보다는 기존의 질서체제를 비난하는 데 치중한 데서 비롯되었다는 것이다. 이러한 암울한 상황에서 벗어나기 위해서는 그동안 등한시한 인문주의적 또는 민족주의적 전통을 부각시켜야 한다는 것이 하벨의 견해였다.

체코슬로바키아에서 진행된 혁명적 변화는 이웃의 다른 국가들과는 달리 한 사람의 희생자도 없이 비단처럼 부드럽고 유연하게 진행되었다 하여 '벨벳혁명(Sametová revoluce)' 혹은 '비단혁명'이라는 명칭을 부여받았다.** 이러한 혁

---

* 하벨은 '프라하의 봄'이 한창 진행되던 1968년 봄, '반대의 주제에 대해'라는 글에서 공산당의 권력독점체제에 대한 대안정당의 필요성을 제기한 젊은 극작가였다. 그는 권력의 독점이 바로 진리의 독점을 의미하고 그것은 결국 진리를 가장한 허위를 제시하는 가공할 삶적 상황을 창출하기 때문에, 진리를 위해 싸울 수 있는 제도가 반드시 필요하다고 했다. '프라하의 봄'이 실패로 끝난 이후 대다수의 지식인들이 침묵하거나 또는 망명을 선택했지만 하벨은 1975년 '프라하의 봄'을 짓밟았던 당시 대통령 후사크에게 공개서한을 보냈을 뿐만 아니라 1977년에는 인권침해에 대한 대안제시를 목적으로 '77헌장그룹'을 주도하기도 했다. 1977년 1월 1일 프라하에서 발표된 '77헌장'에서는 1975년 체코슬로바키아가 조인한 인권 및 경제, 사회, 그리고 문화 권리에 대한 구제협정인 '헬싱키 조약(Helsinki Accords)'을 프라하 정부가 준수해야 한다는 것이 거론되었다. 아울러 여기서는 지식과 사상의 권리, 신앙의 자유, 도청 및 가택수사의 철폐 등이 요구되기도 했다. 이에 따라 하벨은 1979년부터 1983년까지 '국가전복죄'로 복역했으며 그의 작품은 동유럽 개혁이 있기 전까지 출판은 물론 공연도 금지되었다.

** 여기서 혁명에 대한 올바른 이해 내지는 개념정립이 필요하다고 하겠는데 그것을 위해서는 첫째, 혁명이란 단

명으로 체코슬로바키아는 오랜 전제주의체제를 청산하고 민주주의체제로 전환했으며, 국가명도 기존의 체코슬로바키아 사회주의 공화국(Československa socialistická republika: ČSSR) 대신에 체코와 슬로바키아 연방공화국(Česká a Slovenská federativní republika: ČSFR)으로 변경되었다. 이 당시 체코 측은 국호명을 체코슬로바키아 연방공화국(Československá federativní republka: ČSFR)으

로 바꾸려 했으나 슬로바키아 측의 반대로 실현
시키지 못했다.

1948년 이후 40년 만에 찾아온 민주화는 선
거를 통해 시작되었다. 모두 23개의 정당과 정
치연합들이 참여한 1990년 6월 8일과 9일의
연방의회 및 민족회의 선거에서 벨벳혁명을 주
도한 시민광장이 체코 지역에서 약 53%의 압
도적인 지지를 획득했다.[*] 슬로바키아 지역에서
도 시민광장의 슬로바키아 측 파트너로서 역시
벨벳혁명의 주역인 폭력에 반대하는 시민단체

■ 하벨

가 승리함으로써 민주세력의 승리와 민주주의의 출발은 확실해졌다.[**] 이에 반
해 체코슬로바키아 공산당은 약 13%의 지지를 얻음으로써 군소정당으로 전락
하게 되었다. 이에 따라 이 당은 자신들의 위상을 증대시키기 위해 체코–모라
비아 공산당(komunistická strana Čech a Moravy: KSČM)을 결성했다. 새롭게 구성
된 연방의회는 하벨을 1990년 7월 5일 체코와 슬로바키아 연방공화국의 대통
령으로 선출함으로써 1989년 11월부터 시작된 벨벳혁명은 종결되었다.

3. 혁명의 결과 및 후유증

40년간 지속된 전체주의체제를 일시에 청산하고 민주주의체제를 정착시키

---

[*] 시민광장은 1989년 11월 19일 하벨과 크리잔(J. Křižan)을 비롯한 일련의 반정부 인사들이 프라하 극장에 모
    여 공산주의체제가 붕괴된 이후 도입될 새로운 질서체제에 대한 논의를 했다. 여기서는 체코슬로바키아 공산당
    의 역할을 더 이상 인정하지 않는다는 것과 언론의 자유를 반드시 실천하겠다는 것 등이 강조되었다.
[**] 시민단체는 이 선거에서 32.5%의 지지율을 획득했다.

며, 뿌리 깊은 중앙통제체제를 자유시장경제체제로 전환시킨다는 것은 그리 쉬운 일이 아니었다. 구체제 청산에 따른 정치적 문제들과 국가경제사유화에 따른 생산성저하, 물가폭등, 그리고 실업증대 등은 체코와 슬로바키아인들 간의 민족문제와 엇갈려 상승작용을 일으켰다. 이 당시 체코의 시민광장(OF)이나 슬로바키아의 폭력에 반대하는 시민단체(VPN)는 이러한 문제를 해결할 능력이 없었다. 이들은 공산정권에 대항하기 위해 잠정적으로 힘을 합친 다양한 집단의 복합체들로서 정치적 견해와 지향하는 노선이 각기 달랐다. 이에 따라 1990년 6월 선거를 기점으로 시민광장은 와해되기 시작했고 거기서 3개의 정당이 등장했다.

시민광장의 와해가 가시화되면서 1989년 12월 17일 시민민주동맹 (Občanská demokratická aliance: ODA)이 등장했는데, 이 동맹은 전통적이고 보수주의적인 가치관을 토대로 체코의 이익을 대변했다. 그다음 등장한 그룹은 재무장관인 클라우스(V. Klaus)가 이끄는 시민민주당(Občanská demokratická strana: ODS)으로서, 가장 많은 당원 수와 잘 정비된 조직, 강력한 지도력을 보유한 우파적 정당이었다. 1968년 프라하 봄 운동 이후 시카고(Chicago)대학에서 2년간 수학했던 실용적 경제관료 출신인 클라우스는 급속한 사유화와 경제에 대한 국가간섭배제라는 경세개혁을 제창하면서 자신의 지지기반을 넓혀갔다. 세 번째 그룹으로 시민운동(Občanské hnuti: OH)을 들 수 있다. 리헤트스키 (P. Rychetský)와 디엔스트비에르(Dienstbier)의 주도로 1991년 4월에 결성된 이 정당은 자유주의적 가치관을 표방한 중도적 노선을 지향했는데, 정당과 정파를 초월한 심정적인 지지를 받았지만 클라우스의 시민민주당보다 규모 및 세력에서 열세였다.

격변기의 체코 민주화운동을 주도한 시민광장의 해체와 때를 같이하여 슬로바키아의 폭력을 반대하는 시민단체(VPN) 역시 붕괴되고 말았다. 곧이어 등장한 메치아르(V. Meciar)의 민주 슬로바키아 운동(Hnutí za demokratické Slovansko: HZDS)이 슬로바키아 정국을 주도해 갔다. 벨벳혁명 이후 급속히 추진되었던 경제개혁은 경제적 수준이 체코 지역에 비해 상대적으로 낮았던 슬로바키아 지역에 보다 많은 충격을 가져다주었다. 이를테면 냉전의 종식으로 이미 사양 길에 접어든 군수산업이 집중되었던 슬로바키아 지역의 실업률은 체코 지역의 그것보다 3배 이상 높았다. 이러한 개혁의 부작용은 슬로바키아인들의 불만을 고조시켰을 뿐만 아니라 메치아르 및 그의 정당에 대한 지지율도 급격히 높이는 계기가 되었다. 특히, 메치아르를 지지하는 세력들은 급격히 증가했는데 그것은 프라하 중심의 중앙집권적 연방정부에 대해 강한 반발을 보였던 슬로바키아인들의 민족적 감정을 어느 누구보다도 자신과 자신의 정당을 위해 효율적으로 활용할 수 있었던 메치아르의 뛰어난 정치적 능력과 수완에서 비롯된 것이라 하겠다. 그러나 보다 빠른 개혁을 추진하려던 체코 측과 그것을 저지시키려는 슬로바키아 측 간의 대립으로 메치아르는 1991년 봄 슬로바키아 공화국의 수상직에서 물러났다. 나아가 연방의회에서 슬로바키아 대표들의 반대로 새로운 연방헌법의 채택이 무산됨에 따라 연방공화국의 앞날은 그리 밝지 못했다.

　개혁과 민주화의 추진을 둘러싼 체코 측과 슬로바키아 측의 2년간에 걸친 알력과 반목은 1992년 6월의 선거에서 그 절정을 맞이하게 되었다. 체코공화국의 급진적 개혁파였던 클라우스의 시민민주당(OSD)이, 슬로바키아공화국에서는 그것에 반대하는 메치아르의 민주 슬로바키아운동(HZDS)이 각기 30%가량의 지지율을 확보하면서 제1당으로 부상했다. 이제 두 당은 각 공화국의 여당이 되었으며, 두 정치가는 각 공화국의 수상이 되었다. 서로 간의 정치적, 경제적 노선과 방향이 판이하게 다른 두 정당이 연방정부와 연방의회를 이끌어 갈 수 없다는 것은 자명한 사실이었다.

    1992년 7월 3일에 실시된 연방의회의 대통령선거에서 슬로바키아 측 대표들이 체코 측이 내세운 하벨에 대한 지지를 거부함에 따라 하벨은 7월 20일 대통령직에서 사임했다. 이 당시 하벨은 체코슬로바키아연방체제를 계속 유지시켜야 한다는 입장을 표방했고 그것을 위해 슬로바키아 정치가들과 접촉을 펼쳤지만 아무런 성과도 거두지 못했다. 이에 따라 클라우스의 시민민주당과 메치아르의 민주슬로바키아운동은 수차례에 걸쳐 회담을 했고 거기서 체코슬로바키아연방(Československa federace)을 해체하기로 합의했다. 1992년 11월 25일 연방의회는 1992년 12월 31일을 끝으로 체코슬로바키아(Československo)의 소멸을 의결했고, 이보다 앞서 1992년 9월 3일 슬로바키아 민족회의가 독립슬로바키아 공화국 헌법을 채택한 데 이어 체코민족회의 역시 1992년 12월 16일 체코국가의 헌법(Sbírka zákonů České republiky)을 승인했다. 1993년 1월 1일자로 유럽의 지도에는 체코공화국(Česká republika: ČR)과 슬로바키아공화국(Slovenská republika: SR)이 새로운 독립국가로 등장했다. 1993년 1월 1일 체코슬로바키아연방국이 해체된 후 등장한 체코공화국의 초대 대통령 선거에서 하벨이 대통령으로 선출되었다.* 대통령이 된 이 인물은 국외에서 높은 평가를 받은 반면 국내에서는 다소 엇갈린 평가를 받기도 했다.

---

* 1993년 1월 1일 78,864㎢의 면적과 10,302,000명의 인구를 가진 체코 공화국이 유럽지도에 등장했다.

• 체코의 명품 정치가들

우리나라에 진출한 명품회사들은 가격을 올리기 전에 인상예고를 하는 경우가 많은데 그것은 사람들로 하여금 자신들의 상품을 빨리 구매해야 한다는 압박적인 효과도 가지기 때문이다. 이러한 판매 전략에 대해 적지 않은 사람들이 불만을 토로하지만 이들 역시 다른 구매자들과 마찬가지로 명품회사의 의도대로 매장을 찾아 인상 전의 가격으로 상품을 구매하는 경우가 많은데 이것은 명품이 매우 고가임에도 불구하고 누구나 갖고 싶어 하는 신변치장구로 자리 잡았기 때문이다. 그리고 얼마 전에 한 일간지는 혼수품에서 명품들이 차지하는 비율과 그것으로 인해 야기되는 사회적 문제점들을 비교적 체계적으로 분석하면서 명품에 대한 사람들의 집착도가 이전보다 훨씬 높아졌음을 수치로 제시하기도 했다. 이렇듯 명품에 대한 선호도 급증은 명품을 통해 사회적 신분이 자동적으로 업그레이드될 수 있다는 왜곡된 인식에서 비롯된 것 같다. 그리고 이러한 것을 묵인하는 사회적 분위기 역시 선호도 급증에 일조를 한 것 같다.

본 에세이에서 필자는 명품에 대한 '세속적 애찬론'을 언급하려고 하는 것은 아니다. 다만 필자는 많은 사람들이 선호하는 '명품'이라는 단어를 정치가들에도 활용할 수 있지 않을까라는 생각에서 명품에 대한 세속적 개념을 거론했을 뿐이다.

여기서 필자는 명품정치가에 대해 언급하고자 하는데 이것은 분명 기존의 통속적 개념과는 다른 의미를 가질 수밖에 없을 것이다. 즉 어떤 정치가가 자신에게 주어진 정치적 과제나 책임을 올바르게 수행하거나 동시대 다른 정치가들의 귀감적 역할을 할 때 그는 명품정치가라는 명칭을 부여받을 수 있을 것이다.

여기서 거론하게 될 팔라츠키, 마사리크, 그리고 하벨은 오늘날 체코 민족의 국부(otec naroda) 내지는 존경하는 인물로 추앙되고 있는데 이들은 위에서 언급한 명품정치가의 기준에 충분히 부합된다 하겠다. 우선 팔라츠키에 대해 언급하도록 한다. 이 인물은 오스트리아 제국에서 3월혁명(1848)이 발발한 후 그동안 제국 내에서 견지되었던 슬라브 민족의 법적·사회적 불평등을 더 이상 용인하지 않으려고 했다. 그러나 이 인물은 3월혁명 이후 쟁점화되었던 오스트리아 제국의 해체에 대해서는 동의하지 않았는데 그것은 체코 민족을 비롯한 제국 내 슬라브 민족들의 권익향상이 오스트리아 제국에서만 가능하다는 자신의 판단에서 비롯된 것 같다. 여기서 그는 슬라브 민족들이 민족주의 원칙에 따라 오스트리아 제국을 이탈하여 독립 국가를 형성할 경우 과연 그러한 국가들이 얼마나 오랫동안 지속될 수 있을지에 대해 강한 의구심도 제기했는데 그것은 그가 러시아의 범슬라브주의와 그것에 따른 슬라브 세계의 통합을 의식했기 때문이다. 따라서 팔라츠키는 제국 내 슬라브 민족들이 주어진 체제를 인정하고 거기서 그들의 민족성을 보존하면서 권익 향상을 점차적으로 도모하는 것이 최선의 방법이라는 견해를 제시했는데 이것이 바로 그가 제시한 친오스트리아슬라브주의의 핵심적 내용이라 하겠다.

이렇게 당시 중부유럽의 권력구도하에서 체코민족을 비롯한 약소민족들이 나아갈 길을 올바르게 제시한 팔라츠키에 대한 필자의 관심은 1980년부터 시작되었다. 필자가 이 인물에 대해 관심을 가지게 된 것은 강대국에 둘러싸인 체코의 상황이 당시 우리 한반도의 그것과 너무도 흡사하다는 판단에서 비롯된 같다. 실제적으로 팔라츠키는 당시 체코 민족을 둘러싸고 있는 열강 간의 역학적 구도를 정확히 파악했기 때문에 민족의 독립보다는 자치권확보를 우선시했던 것이다. 물론 이 인물은 자치권확보를 최종적 목표가 아닌 한시적 목표로 설정했는데 그것은 체코민족이 독립국가로서 활동하는 데 필요한 모든 여건을 갖춘 후 민족적 독립을 모색해야 한다는 그의 관점에서 확인할 수 있다. 여기서 필자는 팔라츠키의 객관적이고 현실주의적 판단을 오늘날의 유사한 국제적 상황에 대입시킬 경우 문제해결에 필요한 방법 역시 찾을 수 있다는 확신도 가지게 되었다.

이어서 마사라크에 대해 언급하도록 한다. 1914년 6월 28일 보스니아의 사라예보에서 발생한 오스트리아-헝가리 제국의 왕위계승자였던 페르디난트 황태자 부부에 대한 저격은 제1차 세계대전 발발의 직접적 요인으로 작용했다. 이렇게 시작된 세계대전은 체코 민족과 그들의 정치가들을 매우 당혹스럽게 했다. 전쟁이 발발하기 직전 체코인들은 자신들이 정치적, 경제적, 그리고 문화적 분야에서 괄목할 만한 성장을 했기 때문에 그들 민족이 기존의 독일화적 위험으로부터 벗어날 수 있다는 확신도 가지고 있었다. 이 당시 이들은 권력의 집중화와 관료주의적 행정체제에 대해 불만을 가졌지만 가까운 장래에 체코 민족 역시 제국 내에서 자신들의 역량에 적합한 자치 및 평등을 확보할 수 있다는 희망적 믿음도 가지고 있었다. 그러나 전쟁의 발발로 체코 민족과 그들의 지도자들은 선택적 상황에 놓이게 되었고 그것은 이들로 하여금 기존의 친오스트리아 슬라브주의적 관점을 포기하게 하는 요인으로도 작용했다.

제1차 세계대전이 발발한 이후부터 마사리크는 국내외 정세를 객관적으로 분석하는 데 주력했고 거기서 그는 전쟁이 발발한 이상 오스트리아-헝가리 제국 내에서 체코 문제를 해결할 수 없다는 사실도 인지하게 되었다. 따라서 그는 반합스부르크 항쟁을 통해 체코 문제를 해결해야 한다는 생각을 가지게 되었고 그러한 것을 실천시키기 위해 필요한 방법도 구체적으로 모색하기 시작했다. 이 당시 마사리크는 독일-오스트리아 동맹국이 연합국에게 승리할 수 없다는 것을 알고 있었기 때문에 체코 민족이 향후 독일 민족과 마찬가지로 패전 민족으로 취급될 수 있다는 우려도 했다. 따라서 그는 프랑스, 영국, 그리고 미국의 도움을 받아 체코 문제를 해결해야 한다는 생각도 가지기 시작했다.

따라서 그는 자신을 지지하던 세력을 규합한 후 '체코국외위원회'를 공식적으로 출범시켰다. 이렇게 출범한 위원회는 1차 세계대전이 발생한 직후 마사리크가 제시한 체코 민족의 독립보다 이 민족이 슬로바키아 민족과 더불어 체코슬로바키아라는 독립 국가를 건설해야 한다는 데 더 큰 비중을 두었다. 이 당시 마사리크와 그의 추종세력들은 연합국이 승리하고 오스트리아—헝가리 제국이 붕괴될 경우 자신들의 민족 국가도 건설할 수 있다는 확신을 가지고 있었다. 마사리크는 1916년에 발표한 자신의 논문에서 기존 질서체제의 붕괴와 그것을 대신할 새로운 질서체제, 즉 민주주의체제의 도입을 '세계혁명'으로 지칭했다. 여기서 그는 패전국의 신분으로 전락하게 될 독일과 오스트리아의 향후 처리방안에 대해서도 거론했다. 그리고 그는 이러한 세계혁명의 진행과정에서 체코슬로바키아 공화국이 등장하게 되리라는 확신도 피력했다. 여기서 마사리크는 보헤미아 왕국에 포함되었던 지방들과 헝가리의 지배로부터 벗어날 슬로바키아가 통합해야 할 당위성을 도덕적 측면에서 찾고자 했다. 즉 그는 체코슬로바키아 공화국을 단순히 한 국가의 건설이 아닌 혁신이란 측면에서 접근하고자 했던 것이다. 마사리크는 이러한 접근을 통해 보헤미아 왕국의 유구한 역사뿐만 아니라 향후 등장할 체코슬로바키아의 새롭고, 시대순응적인 정치체제, 즉 민주주의적인 정치제제도 부각시키려 했던 것이다.

1918년부터 체코슬로바키아 대통령직을 수행한 마사리크는 1935년 노령으로 은퇴할 때까지, 그리고 은퇴 후부터 서거할 때까지 초당적 인물로서 신생독립국가의 정치를 주도했으며, 그의 높은 인품, 풍부한 지혜, 그리고 인본주의적 도덕 정치는 국내뿐만 아니라 국외에서도 평가 및 칭송의 대상이 되었나. 더욱이 체코슬로바키아 국가 형태가 내각중심제와 대통령 중심제의 혼합형이었기 때문에 대통령의 권한 역시 매우 제한적이었다는 사실을 고려할 경우 마사리크의 정치적 지도력은 더욱더 뛰어나다 하겠다.

1989년 12월 29일 체코와 슬로바키아 연방공화국(Česká a Slovenská federativní republika: ČSFR)의 대통령으로 선출된 바츨라프 하벨(V. Havel)은 공산주의체제가 붕괴된 이후 어떠한 정치체제를 자국에 도입해야 하는지를 정확히 직시하고 있었다. 그는 체코슬로바키아인들 모두가 전체주의적 정치기구의 작동자들이었기 때문에 그것에 대한 책임에서 자유로울 수 없다고 했다. 따라서 그는 그러한 질서체제의 희생자들보다는 공동창조자들만 체코슬로바키아에 있다는 주장을 펼쳤다. 이러한 사회적 시스템으로 인해 체코슬로바키아인들은 도덕적으로 불완전하다고 할 수 있는데 그러한 것은 새로운 질서체제의 도입 필요성을 제기하기보다는 기존의 질서체제를 단순히 언급하고 비난하는 데 치중한 데서 비롯되었다는 것이 하벨의 분석이었다. 실제적으로 대통령에 취임한 이후 하벨은 이러한 문제점들을 해결하기 위한 방안들을 강구했고 거기서 어느 정도의 가시적인 효과도 거두었다. 그러나 40년간 지속되어 온 공산주의체제를 체코슬로바키아에서 일시에 청산하고 민주주의체제를 정착시키며, 뿌리 깊은 중앙통제체제를 버리고 자유시장경제체제로 전환시킨다는 것은 그리 쉬운 일이 아니었다. 그리고 구체제의 청산에 따른 정치적 문제들과 국가경제사유화에 따른 생산성 저하, 고인플레이션, 실업증대 등은 체코와 슬로바키아인들 간의 민족문제와 엇갈려 상승작용을 일으켰다. 벨벳혁명 이후 급속히 추진되었던 경제개혁은 경제적 수준이 체코 지역에 비해 상대적으로 낮았던 슬로바키아 지역에 보다 큰 충격을 가져다주었다. 이를테면 냉전의 종식으로 이미 사양길에 접어든 군수산업이 집중되었던 슬로바키아 지역의 실업률은 체코 지역의 그것보다 3배 이상 높았다. 점차적으로 슬로바키아인들은 자신들이 불평등한 대우를 받고 있다는 느낌을 가지게 되었고 그것은 결국 1992년 7월 3일에 실시된 연방의회의 대통령선거에서 슬로바키아 측 대표들이 체코 측이 내세운 하벨에 대한 지지를 거부하게끔 했다. 이에 따라 하벨은 7월 20일 대통령직에서 사임했지만 그는 체코와 슬로바키아 민족이 분리되어서는 안 된다는 주장을 펼쳤는데 그것은 신생 민주국가의 위상 견지에 어느 정도의 국력이 필요하다는 현실적 요구에서 비롯된 것 같다. 사임 직전까지 하벨은 슬로바키아 정치가들과 접촉하면서 자신의 관점을 피력했지만 이들의 반응은 매우 부정적이었다.

　지금까지 살펴본 체코 정치가들은 개인적인 이익보다는 국가의 이익을 위해 정치활동을 펼쳤다는 공통점을 가졌다. 그리고 이것이 아마도 이들을 명품정치가의 반열에 올려놓는 계기가 된 것 같다.

항상 주변 국가들과의 대립과정에서 민족적 이익을 추구해야 하는 것과 그러한 과정에서 민족적 결속의 필요성이 강조되는 우리의 현실적 상황에서 위에서 언급한 정치가들과 같은 인물들이 등장한다면 우리 민족에게 큰 도움이 되리라 생각하지만 아직까지 그러한 인물의 출현은 요원한 것 같다.

• 사회주의체제 해체 이후 진행된 체코 역사학계의 변화 및 전망

체코슬로바키아 사회주의체제는 1990년대 초반 동유럽에서 진행된 민주화운동으로 역사의 뒤안길로 사라지게 되었다. 그리고 그러한 질서체제를 대신하여 그동안 배타 시 되었던 민주주의적이고, 자본주의적인 질서체제가 다시 도입되었다. 40여 년 동안 지속되었던 사회주의체제하에서 특히 체코의 역사학계는 기존 질서체제가 지향하는 바를 정확히 인지했기 때문에 그것을 이론적으로 지원하는 관변적이고 수동적인 자세에서 벗어나지 못했다. 따라서 체코의 역사학계는 러시아 주도로 슬라브 세계를 통합하려고 한 범슬라브주의에 대해 관심을 보였고 거기서 그러한 이론을 체계화시키는 데 주도적 역할을 담당하거나 추종한 인물들을 자신들의 연구대상으로 설정했다. 신슬라브주의(Neoslavism)를 주창한 크라마르시(K. Kramář)에 대한 연구기 매우 활발했었다는 것을 그 일례로 제시할 수 있을 것이다. 크라마르시는 제1차 세계대전이 발발한 이후 체코 민족이 소극적인 저항만 해도 러시아군이 체코 민족을 해방시켜 줄 것이고 체코 민족은 러시아가 주도하는 대슬라브 제국의 일원으로 참여할 수 있다는 주장을 펼쳤다. 이러한 분위기는 사회주의체제가 등장하기 이전 체코 역사학계의 최대 관심사였던 '친오스트리아슬라브주의'와 '민족자결론과 그것에 따른 체코민족의 독립'을 연구대상에서 인위적으로 배제시키는 분위기를 조성했다. 그렇다면 왜 이러한 주제들이 연구대상에서 배제되었을까? 이러한 의문제기에 대한 해답을 찾기 위해서는 '친오스트리아슬라브주의'와 '민족자결론과 그것에 따른 체코민족의 독립'의 내용과 지향하는 바를 확인해야 할 것이다.

그것을 위해 우선 친오스트리아슬라브주의를 간략히 살펴보도록 한다. 이 주의는 오늘날 체코 민족의 국부로 간주되고 있는 팔라츠키에 의해 이론적으로 체계화되었는데 여기서는 오스트리아제국의 존속을 인정하고 그것에 대한 반대급부로 슬라브 민족의 자치권을 보장받는 연방(federace) 체제의 도입이 지향되었다. 따라서 3월혁명(1848)이 발발한 이후부터 이중체제(1867)가 도입될 때까지 팔라츠키와 그의 추종 인물들은 당시 러시아 정부 및 지식인들이 제시한 범슬라브주의에 대해 부정적인 시각을 보였는데 그 이유는 이들이 체코 민족을 비롯한 슬라브 민족들이 러시아에 편입될 경우 어떠한 상황에 놓이게 될 것인지를 잘 알고 있었기 때문이다. 이들의 관점에 따를 경우 오스트리아 제국 내의 슬라브 민족들이 러시아에 편입될 경우 오스트리아 제국에 사는 것보다 훨씬 열악한 상황하에서 살아나가야 한다는 것이었다. 범슬라브주의는 쉘링과 샤토브리앙, 그리고 드 메스트로의 민족주의 이론을 수용한 악사코프, 카트코프, 그리고 포고진에 의해 이론적으로 체계화되었고 알렉산데르 2세를 비롯한 러시아 정치가들은 이러한 이론에 대해 매우 긍정적이었다. 물론 이원체제가 도입된 이후 팔라츠키를 비롯한 일련의 체코 지식인들이 범슬라브주의에 대해 한시적으로 관심을 보였지만 이들은 러시아의 주도로 펼쳐질 슬라브 세계의 통합은 문제점을 가질 수밖에 없다는 판단을 하게 되었다. 또 다른 배척 사안을 제시했던 마사리크는 팔라츠키와 더불어 체코 민족의 국부로 추앙되고 있는 인물이다. 이 인물은 오스트리아—헝가리 제국의 존속보다는 민족자결론에 따른 체코 민족의 독립에 대해 보다 많은 관심을 보였다. 물론 마사리크는 이러한 과정에서 당시 연합국이었던 미국, 영국, 그리고 프랑스의 지지가 절대적으로 필요하다는 것을 인지했지만 사회주의체제를 도입한 러시아와의 결속에 대해서는 매우 부정적이었다. 1916년부터 간행되기 시작한 '신유럽(The New Europe)'의 창간호에서 마사리크는 자신의 관점을 보다 체계화시켰다. 마사리크는 자신이 발표한 논문에서 세계적인 전쟁에서 독일인들이 지향하는 것이 바로 중부유럽에서 자신들의 절대적 우위를 확보하는 것이라 했다. 이 당시 그는 전쟁의 양상을 민족적인 대립보다는 정치체제의 대립, 즉 신권정치와 민주정치와의 대립으로 간주했다. 그는 신권정치를 펼치는 대표적인 국가들로 오스트리아와 독일을 제시했다. 그리고 프랑스와 영국이 민주정치를 지향하는 대표적 국가라는 것이 그의 관점이었다. 여기서 마사리크는 러시아를 이러한 대립적 구도에서 배제시켰는데 그것은 그 자신이 중부 유럽에 대한 러시아의 영향력을 크게 평가하지 않았기 때문이다. 마사리크는 전쟁이 진행되는 과정에서 신권정치체제는 민주정치체제로 대체될 것이라는 확신을 가지고 있었다. 그리고 당시 전쟁의 산물로 부각되던 볼셰비키적 또는 파시즘적인 정치체제, 즉 전체주의적 정치체제가 전쟁보다 더 심각하고 파괴적인 후유증을 가져다줄 것이라는 예견도 했다. 마사리크는 자신의 논문에서 기존 질서체제의 붕괴와 그것을 대신할 새로운 질서체제, 즉 민주주의체제의 도입을 '세계혁명(Světová revolice)'으로 지칭했다. 또한 그는 패전국의 신분으로 전락할 독일과 오스트리아의 향후 처리방안에 대해서도 거론했다. 그에 따를 경우 연합국은 독일인들이 타민족에 대한 우위권을 포기하지 않는 한 독일과 오스트리아의 존속을 허용해서는 안 된다는 것이다. 만일 독일인들이 민족 간의 동등권 내지는 민족자결의 원칙을 수용할 경우 이들 역시 새로운 질서체제하에서 동등하게 살아나갈 수 있다는 것이 마사리크의 입장이었다. 그리고 그는 이러한 세계혁명의 진행과정에서 체코슬로바키아 공화국이 등장하게 될 것이라는 확신도 피력했다. 여기서 마사리크는 보헤미아 왕국에 포함되었던 지방들과 헝가리의 지배로부터 벗어날 슬로바키아가 통합해야 할 당위성을 도덕적 측면에서 찾고자 했다. 즉 그는 체코슬로바키아 공화국을 한 국가의 건설이 아닌 혁신이란 측면에서 접근하고자 했던 것이다. 마사리크는 이러한 접근을 통해 보헤미아 왕국의 긴 역사뿐만 아니라 향후 등장할 체코슬로바키아의 새롭고, 시대에 부합되는 민주주의적 정치제제도 부각시키려 했던 것이다. 사회주의체제하에서 인위적으로 배제되었던 친오스트리아슬라브주의와 민족자결원칙은 벨벳혁명 이후 다시금 역사학계의 관심대상으로 부각되었는데 그러한 것은 이러한 주제들에 대한 저서나 논문들이 많이 출간되고, 발표된 데서 확인할 수 있을 것이다. 아울러 체코 민족과 독일 민족과의 관계를 반독일적 관점, 즉 주관적인 관점에서 서술했던 자세에서 벗어나 비교적 중립적인 관점에서 서술을 모색하려는 체코 역사학계의 새로운 흐름도 파악된다. 오늘날의 체코 역사학계는 독일 민족이 민족적 양보를 어느 정도 했다면 오스트리아 제국 내에서 체코 민족과 독일 민족의 평화적 공존도 가능했으리라는 긍정적 입장을 표방하여 이전의 독일 민족과 체코 민족의 대립적 구도와 그것에 따른 민족적 분리의 불가피성에서 벗어나려는 시도도 동시에 펼치고 있다.

F. M. Alamir, *Der Präsident Václav Havel: Seine politische Rolle im Spannungsfeld zwischen Verfassungsbestimmungen und politischer Kräftefiguration von 1990 bis 2003*(Potsdam, 2003).

M. Alexander, *Kleine Geschichte der böhmischen Länder*(Stuttgart, 2008).

A. Bachmann, *Lehrbuch der österreichischen Reichsgeschichte*(Prag, 1896).

J. Bahlcke, "Böhmen und Mähren", in: H.Roth(ed.), *Studien-handbuch Östliches Europa: Geschichte Ostmittel-und Südost-europa*(Köln-Weimar-Wien, 2009).

B. Baxa, *Jednání o připojení zemí koruny české k německému Bundu*(Praha, 1979).

K. Bosl, *Handbuch der Geschichte der böhmischen Länder* Bd.,IV (Stuttgart, 1968).

T. Chorherr, *Eine kurze Geschichte Österreichs*(Wien, 2013).

H. Brandt, *Europa 1815-1850*(Stuttgart, 2002).

K. Boudová, "Úloha J.V.Friče v revolučním studentskěm hnuíi roku 1848-1849", in: *J. V Frič a demokratické proudy v české politice a literatuře. Sborník statí*(Praha, 1956).

P. Bugge, *Czech Nationbildung: National Selfperception and Politics 1780-1914*(Aarhus Univ. 1994).

J. M. Cerný, *Boj za právo: Sborník aktů politických u věcech státu a národa českého od roku 1848*(Praha, 1893).

Z. V. David, "The Clash of two Political Cultures", in: *East European Politics and Societies* 12-1(1998).

P. Demetz, *Prag in Schwarz und Gold*(München, 1998).

F. Jilek, "Pražská politechnika a její studenti v revolučním roce 1848", in: *Sborník Národního technického muzea, IV* (1965).

J. Loužil, *Bernard Bolzano*(Praha, 1978).

E. Emeliantseva, A.Malz, D. Ursprung, *Einführung in die Öst-europaische Geschichte*(Zürich, 2009).

Friedrich Graf Dyem, *Was soll in Österreich geschehen*(Karlsbad, 1848).

M. Erbe, *Die Habsburger 1493-1918*(Stuttgart-Berlin-Köln, 2000).

E. T. v. Falkenstein, *Der Kampf der Tschechen um die historischen Rechte der böhmischen Krone im Spiegel der Presse 1861-1879*(Berlin, 1982).

H. P. Fink, *Österreich und die Slaven in der Publizistik der Slavophilen von den 40er Jahren des 19. Jahrhunderts bis zum Ausgleich*(Wien, 1973).

J. Fisch, *Europa zwischen Wachstum und Gleichheit 1850-1914*(Stuttgart, 2002).

E. J. Görlich, *Grundzüge der Geschichte der Habsburgermonarchie und Österreichs*(Darmstadt, 1980).

M. Görtemaker, *Deutschland im 19. Jahrhundert*(Opladen, 1989).

J. Hain, *Handbuch der Statistik des österreichischen Kaiser-staates*, Bd., 1(Wien, 1852).

J. A. Helfert, *Geschichte Österreichs vom Ausgang des Wiener Oktoberaufstandes 1848*(Prag, 1869-1886).

G. Hildebrandt, *Die Paulskirche*(Berlin, 1985).

R. Hill, *Deutsche und Tschechen*(Opladen, 1986).

P. Hilsch, *Johannes Hus. Prediger Gottes und Ketzer*(Regens-burg,1999).

J. L. Hromádka, *Palackeho osobnost a význam v národnim probu-zení*(Praha, 1926).

L. Jandásek, *Přehled-né dějíny Sokolstva*(Praha, 1923).

H. Kaelble, *Wege zur Demokratie. Von der Französischen Re-volution zur europäischen Union*(Stuttgart-München, 2002).

J. Kalousek, *O potřebě prohloubiti vědomosti o Husovi a jeho době*(Praha, 1902).

Robert A. Kann, *Das Nationalitätenproblem der Habsburgermo-narchie* Bd., I.(Graz-Köln, 1972).

Z. E. Kohut, "historical Setting", in: L.R. Mortimer(ed.), *Cze-choslovakia: a country study*(Washington, 1989).

K. Kořalka, *Tschechen im Habsburgerreich und in Europa 1815-1914. Sozialgeschichtliche Zusammenhänge der neuzeitlichen Nationsbildung und der Nationalitätenfrage in den böhmischen Ländern*(Wien-München, 1991).

A. Klima, *Češi a Němci v revoluce 1848-1849*(Praha, 1988).

J. Křen, "Palackýs Mitteleuropavorstellung" in: *unabhängige Ge schichtsschreibung in der Teschechoslowakai 1960-1980*(Hanover, 1980).

T. Krzenck, *Johannes Hus: Theologe, Kirchenreformer, Märtyrer*(Gleichen-Zürich, 2011).

H. Lehmann u. S.Lehmann, *Das Nationalitätenproblem in Öster-reich 1848-1918*(Götingen, 1976).

L. L'ubomir, *Slovensko v 20. storočí*(Bratislava, 1968).

O. Mahler, *Události pražské v červnu 1848*(Praha, 1989).

K-J. Matz, *Europa Chronik*(München, 1999).

G. Morava, *F. Palacký*(Wien, 1990).

A. Moritsch, *Der Austroslawismus*(Wien-Köln-Weimar, 1998).

T. Nipperdey, *Deutsche Geschichte*(München,1985).

E. Nittner, "Volk, Nation und Vaterland in der Sozialethik Bolzanos", in: F.Seibt(ed.), *die böhmischen Länder zwischen Ost und West. Festschrift für Karl Bosl zum 75. Geburtstag*(München-Wien, 1983).

M. Novák, "Austroslavismus, přiíspěpek k jeho pojetí v době před-březnové", in: *Sborník archívních prací* 6/1(Praha, 1956).

J. Novotný, *Pavel Josef Šafaík*(Praha, 1971).

__________, "Rakouská policie a politický vývoj v Čechách před r. 1848", in: *Sborník archívních prací* 3/1-2(Praha, 1953).

J. Opat, *Filozof a politik Tomáš Garrigue Masaryk 1882-1893*(Praha, 1987).

J. Opat, *Masarykiana a jiné studie 1980-1994*(Praha, 1994).

L. D. Orton. *The Prague Slav Congress of 1848*(New York, 1978).

F. Palacký, *Politisches Vermächtnis*(Prag, 1872).

__________, *Österreichs Staatsidee*(Wien, 1972).

David W. Paul, *The Cultural Limits of Revolutionary Politics: Change & Continuity in Socialist Czechoslovakia*(New York, 1979).

Z. Pech, *the Czech Revolution of 1848*(Chapel Hill, 1969).

J. Petráň, "Učené zdroje obrození", in: *Počátky českého národního obrození 1770-1791*(Praha, 1990).

C. Ploetz(ed.), *Der grosse Ploetz*(Köln, 1998).

J. v. Puttkamer, "Ungarn", in: H.Roth(ed.), *Studienhandbuch Östliches Europa: Geschichte Ostmittel-und Südosteuropa*(Köln-Weimar-Wien, 2009).

__________, "Slowakei/Oberungarn", in: H. Roth(ed.), *Studien handbuch Östliches Europa: Geschichte Ostmittel-und Südost-europa*(Köln-Weimar-Wien, 2009).

__________, "Tschechoslowakei, Tschechische Republik", in: H. Roth(ed.), *Studienhandbuch Östliches Europa: Geschichte Ost-mittel-und Südosteuropa*(Köln-Weimar-Wien, 2009).

M. Ransdorf, *Mistr Jan Hus*(Praha, 1993).

B. Rill, *Böhmen und Mähren: Geschichte im Herzen Mitteleuropas*(Gernsbach, 2006).

Rychlík, "Tschechoslawismus und Tschechoslowakismus", in: W. Koschmal(ed.), *Deut sche und Tschechen*(München, 2001).

Z. Šamberger, "Austroslavismus ve světle snah feudání reakce(Poznámky k jeho třídnímu charakeru a pojetí)", in: *Slovanské historické studies* 16(1988).

T. Schieder, *Staatensystem als Vormacht der Welt 1848-1918*(Frankfurt-Berlin-Wien, 1975).

F. J. Schopf, *Wahre und ausführliche Darstellung der am 11. März 1848 in Prag begonnenen Volksbewegung*(Leitmeritz, 1848).

R. Schreiber, *Alexander Dubček und Wladyslaw Gomułka:ein Vergleich*(München, 2010).

F. Seibt, "Bohemia. Problem und Literatur seit 1945", in: *Historische Zeitschrift*(1970)<Sonderheft>.

__________, *Deutschland und die Tschechen*(München, 1974).

I. Seidlerová, *Politické a sociální názory Bernarda Bolzano*(Praha, 1963).

Z. Šimeček, "Výuka slovanských jazyků a slavistická studia v období českého národního obrození", in: *Slovanské historické studie* 12(1979).

Z. Sládek, *Slovanská politika Karla Kramáře*(Praha, 1971).

A. Springer, *Österreich nach der Revolution*(Leipzig-Prag, 1850).

K. Stloukal(ed.), *Rodinne listy Frantiska Palackeho dcere Mariia zeti F. L. Riegrovi*(Praha,1930).

C. Tilly, *Die europäischen Revolutionen*(München, 1999).

Z. Tobolka(ed.), *Karla Havlíčka Borovského politické spisy* I (Praha, 1901).

__________, *Politické dějiny ceskoslovenského národa*, Bd., I , II (Praha, 1932-1937).

M. Trapl, *Olomoucká univerita v prvním(vzestupném) období revoluce roku 1848*(Praha, 1957).

H. Traub, "Ze života a působeni Egbĕrta hrabeta Belcrediho", in: *Česka revue* 10(1917).

__________, *O připravách k slovanskému sjezdu roku 1848*(Praha, 1918).

O. Urban, *Die tschechische Gesellschaft 1848-1918*(Wien-Köln-Weimar, 1994).

F. Walter, *Die böhmische Charte vom 8. April 1848*(Prag, 1967).

A. Wandruszka, "Großdeutsche und Kleindeutsche Ideologie 1840-1871", in: Robert A. Kann(ed.), *Deutschland und Östereich*(München, 1980).

A. Wandruszka u. P. Urbanistsc(ed.), *Die Habsburgermonarchie*(1848-1918) Bd., III (Wien, 1980).

S. Wank, "Foreign Policy and Nationality Problem in Austria-Hungry 1867-1914", in: *Austrian History Yearbook* 3(1967).

F. Weissensteiner, *Große Herrscher des Hauses Habsburg*(München, 2011).

A. Werner, *Die Studenten-Legionen der Prager Universität vom 30jährigen Krieg bis 1848*(Prag, 1934).

E. Werner, *Jan Hus Welt und Umwelt eines Prager Frühreformators*(Weinar, 1991).

G. Wollstein, *Das "Großdeutschland" der Paulskirche*(Düsseldorf, 1977).

W. W. v. Wolmar, *Prag und das Reich. 600 Jahre Kampf deutscher Studenten*(Dresden, 1943).

V. Žáček, *Slovanský sjezd v Praze roku 1848. Sbírka doku-mentů*(Praha, 1958).

김장수(金長壽)

한양대학교 사학과 졸업
베를린자유대학교 역사학부 졸업(석사 및 철학박사)
현) 관동대학교 인문대학 사학과 교수
　　한국서양문화사학회 회장

『Die politische Tätigkeit F. Palackýs』
『Korea und der 'Westen' von 1860 bis 1900』
『Die Beziehungen Koreas zu den europäischen Großmächten, mit besonderer Berücksichtigung der Beziehungen zum Deutschen Reich』
『프란티세크 팔라츠키(F. Palacký)의 정치활동』
『서양근대사』
『독일의 대학생활동 및 그 영향』
『서양의 제 혁명』
『비스마르크』
『중유럽 민족문제』(공저)
『주제별로 접근한 독일근대사』
『유럽의 절대왕정시대』

「프랑스혁명시기의 독일의 대학생활동: 슈투트가르트(Stuttgart)의 칼 학교(Carlsschule)를 중심으로」
「19세기 이후 제시된 오스트리아제국의 존속방안: 구오스트리아주의와 친오스트리아슬라브주의를 중심으로」
「아르놀드 루게(A. Ruge)의 정치적 활동(1821–1850)」
「팔라츠키(F. Palacký)의 오스트리아 명제: 정립과 실천과정을 중심으로」
「슬라브민족회의 개최필요성제기와 그 준비과정」
「프라하 슬라브민족회의(1848)의 활동과 지향 목적」
「3월혁명기 프라하(Praha)대학생들의 활동과 그 한계성」
「크렘지어(Kremsier)제국의회에 제출된 오스트리아제국 개편안: 팔라츠키(F. Palacký)와 마이어(K. Mayer)의 헌법초안을 중심으로」
「체코정치가들의 활동 및 지향목표: 소극정치(passivní politika) 이후부터 체코슬로바키아공화국 등장 이전까지의 시기를 중심으로」
「토머시 개리그 마사리크(Tomas Garrigue Masaryk)의 정치활동: 1890년대부터 체코슬로바키아 독립국가 등장 이후까지를 중심으로」
「체코정치가들의 지향목표와 벨크레디(R. Belcredi)의 대응: 쾨니히그래츠(Königgrätz) 패배 이후의 시기를 중심으로」
「팔라츠키의 정치활동과 그 한계성: 2월칙령 발표이후부터 러시아 방문까지의 시기를 중심으로」
「페르디난트 2세(Ferdinand Ⅱ)의 대보헤미아 정책: 프라하 창밖 투척사건(1618) 이후부터 개정지방법(1627) 발표까지를 중심으로」
「합스부르크가문의 대보헤미아 정책과 보헤미아 귀족들의 대응책: 페르디난트 1세의 등극부터 빌라 호라(Bilá hora) 전투 이후까지의 시기를 중심으로」
외 다수